Histoire de Flanc

Kervyn de Lettenhove

Alpha Editions

This edition published in 2023

ISBN : 9789357956505

Design and Setting By
Alpha Editions
www.alphaedis.com
Email - info@alphaedis.com

Contents

LIVRE QUATORZIÈME.
1383-1404.

Marguerite de Male et Philippe le Hardi.
Nouvelle invasion de Charles VI.
Pacification de la Flandre.—Croisade de Nicopoli.

La Flandre a soutenu deux siècles de combats avant de succomber à la bataille de Roosebeke qui arrête le développement des libertés communales; mais ses institutions sont devenues pour tous ceux qui en apprécièrent les bienfaits et qui les défendirent de leur sang l'objet d'un respect si profond, qu'à peine ébranlées par ces désastres elles se consolideront bientôt, même malgré les vainqueurs: et certes ce n'est point l'un des événements les moins dignes de l'intérêt de notre histoire, que le hasard étrange qui porte l'héritage du pays le plus libre de l'Europe entre les mains d'un prince appelé depuis longtemps par son habileté à être en France le tuteur et le conseiller de la royauté absolue: de là de longues luttes et une alternative de paix et de guerre où nous verrons tour à tour les grands ducs de Bourgogne, comme les appelle Brantôme, opprimer les communes ou les flatter quand ils seront trop faibles pour les combattre.

Le duc Philippe, qui venait de réunir à ses Etats de Bourgogne les comtés de Flandre, d'Artois, de Nevers et de Rethel, avait été surnommé *le Hardi*, parce qu'il avait résisté deux fois au Prince noir, un jour à la bataille de Poitiers où il combattit vaillamment, un autre jour à Londres, pendant sa captivité, à propos d'une partie d'échecs. Mais l'intrépidité que l'on vantait chez lui n'était ni impétueuse ni aveugle comme celle de son arrière-petit-fils qui porta le même surnom. «Il estoit, dit Froissart, sage, froid et imaginatif et sur ses besognes véoit au long.» et Christine de Pisan ajoute: «Prince estoit de souverain sens et bon conseil: doulx estoit et amiable à grans, moyens et petis; les bons amoit de tous estas; large comme un Alexandre, noble et pontifical, en court et estat magnificent; ses gens amoit moult chièrement, privé estoit à eulx, et moult leur donnoit de bien.»

Lorsque Christine de Pisan loue la générosité du duc de Bourgogne, il semble que cet éloge ne soit point complètement désintéressé chez elle; et néanmoins il reproduit les traits de son caractère qui frappèrent le plus vivement ses contemporains. Provoquant par son propre luxe le luxe des bourgeois, multipliant les joutes et les fêtes, protégeant les relations des marchands étrangers établis en Flandre plutôt que l'industrie de ses habitants, Philippe le Hardi opposa sans cesse à l'énergie du sentiment national chez les communes un système de corruption lente et astucieuse que devaient poursuivre ses successeurs. Le jour même des obsèques de Louis de Malc, tandis que les cierges funéraires éclairaient encore les églises de Lille tendues de deuil, il conviait ses conseillers, ses chevaliers et ses amis à un banquet où il s'était plu à étaler toute sa pompe et toute sa magnificence: c'était le programme de la domination qu'il inaugurait.

Trois mois s'écoulèrent: le duc de Bourgogne s'était rendu à Bruges, dans les derniers jours d'avril 1384, pour y recevoir les serments des échevins. Il se montrait gracieux et affable pour les bourgeois, et venait de faire publier une déclaration où il remettait tous ses griefs aux villes soumises à son autorité, quand on apprit tout à coup que le sire d'Escornay était entré à Audenarde.

Une surprise avait enlevé aux Gantois ce qu'une surprise leur avait livré. Le sire d'Escornay, instruit que François Ackerman avait quitté Audenarde pour aller assister aux noces de l'un de ses neveux, avait réuni quatre cents chevaliers et écuyers dans les bois d'Edelare. Plusieurs de ses compagnons s'étaient déguisés et étaient arrivés aux barrières d'Audenarde: leur premier soin avait été de briser les roues de leurs chariots pour que l'on ne pût plus fermer les portes, et le sire d'Escornay était accouru aussitôt avec les siens en criant: *Ville gagnée!* Les compagnons d'Ackerman n'avaient eu que le temps de se retirer à Gand.

Lorsque des députés gantois vinrent se plaindre au duc de Bourgogne de cette violation de la trêve, il se contenta de leur répondre que le sire d'Escornay n'avait agi qu'en son propre nom et pour venger ses querelles particulières. Cependant il n'en continua pas moins à mander en Artois les nobles du duché de Bourgogne, et la guerre, que renouvelaient à la fois les murmures des bourgeois de Gand et l'intérêt politique du prince, se ralluma de toutes parts. Elle offrit le même caractère que sous Louis de Male. Les capitaines qui commandaient dans les villes les plus importantes multiplièrent leurs excursions pour piller les villages et incendier les moissons; le plus redouté de tous était le sire de Jumont, chevalier bourguignon récemment créé grand bailli de Flandre, qui se tenait à Courtray. «Quand il pouvoit, dit Froissart, attraper des Gantois, il n'en prensist nulle rançon qu'il ne les mist à mort, ou fit crever les yeux, ou couper les poings, ou les oreilles, ou les pieds, et puis les laissoit aller en cel état pour exemplier les autres; et estoit si renommé par toute Flandre de tenir justice sans point de pitié et de corriger cruellement les Gantois, que on ne parloit d'autrui en Flandre que de lui.» De non moins cruelles représailles attendaient les hommes d'armes du sire de Jumont. Des bandes de laboureurs chassés de leurs terres, que les Bourguignons appelaient les *pourcelets de la Raspaille*, s'assemblèrent dans les bois de la Raspaille, entre Renaix et Grammont, et de là ils allaient, pour se venger de leurs insultes, les attaquer jusque dans les châteaux où ils trouvaient un asile. Une désolation profonde s'était répandue dans toute la Flandre.

Cependant les Gantois espéraient des secours de l'Angleterre: ils n'avaient pas interrompu leurs relations avec les communes du Brabant et du Hainaut; mais ils s'appuyaient surtout sur la Zélande, qui leur servait d'entrepôt dans leur commerce avec la hanse teutonique. C'était de ce côté que, pour les affaiblir, il fallait d'abord les isoler. Philippe le Hardi s'adressa au duc Albert de Bavière; des ordres rigoureux étouffèrent le zèle des communes zélandaises; et par une suite immédiate de ce premier succès, Philippe le Hardi ne recula devant aucun sacrifice pour corrompre l'un des capitaines flamands, Arnould Janssone, qui commandait dans le pays des Quatre-Métiers, d'où les bourgeois de Gand tiraient de nombreux approvisionnements. Sa trahison les en priva désormais et ils apprirent à redouter la famine.

D'autres complots menacèrent bientôt les Gantois jusque dans leurs foyers. Une profonde agitation régnait au milieu d'eux depuis que l'heureuse tentative du sire d'Escornay leur avait enlevé une forteresse à laquelle semblaient attachées les destinées de la Flandre; mille rumeurs accusaient d'honorables bourgeois de se préparer à imiter l'exemple de Janssone, et déjà quelques-uns avaient osé déclarer, disait-on, qu'il fallait se réconcilier avec le roi de France. La commune n'en reste pas moins pleine d'enthousiasme pour la défense de ses franchises. Le 18 juillet, l'étendard du roi d'Angleterre est publiquement arboré: c'est à la fois une protestation en faveur de l'alliance anglaise et une déclaration solennelle que Gand repousse toute négociation où le duc de Bourgogne voudrait lui imposer la suzeraineté de son neveu. Cependant les *Leliaerts* accourent sur la place publique et cherchent à renverser la bannière où Edouard III a placé les fleurs de lis à l'ombre des léopards; mais leurs chefs sont presque aussitôt arrêtés et chargés de chaînes. Le plus illustre est le sire d'Herzeele, que le souvenir des exploits du héros de Nevele ne protége plus: on sait qu'en 1382 il a refusé de suivre Philippe d'Artevelde, quand il quitta Audenarde pour se diriger vers Roosebeke; on lui reproche aussi de s'être montré constamment l'ennemi d'Ackerman; enfin on l'a entendu dans cette funeste lutte appeler tous ses amis à s'armer contre la commune.

Cette journée avait consolidé les relations de la Flandre avec l'Angleterre; on en apprit avec joie les résultats à Londres. Les conseillers de Richard II voyaient depuis longtemps avec jalousie les efforts du duc de Bourgogne pour rendre à la monarchie de Charles VI l'une de ses plus belles provinces. Dès le mois de mai 1384, au moment où de nouvelles négociations s'engageaient pour la conclusion d'une paix définitive, ils avaient eu soin d'omettre le nom du comte de Flandre dans les instructions données au duc de Lancastre et au comte de Buckingham. La défaite des *Leliaerts* à Gand ranima leurs espérances, et le 18 novembre 1384, ils firent publier à Londres une déclaration complètement hostile au duc de Bourgogne.

Le roi d'Angleterre y rappelait «que jusqu'à ce moment le pays de Flandre, soumis à sa suzeraineté comme relevant de sa couronne et de son royaume de France, si célèbre autrefois par le nombre de ses villes et celui de ses habitants, se trouvait, depuis la mort de son cher cousin Louis, comte de Flandre, dépourvu de tout gouvernement régulier, puisque son héritier ne s'était pas présenté pour faire acte d'hommage à son seigneur et légitime souverain;» puis, après avoir retracé les guerres, les dévastations et les pillages qui menaçaient chaque jour les communes flamandes, notamment les bourgeois de la cité de Gand, pour lesquels il nourrissait une sincère affection, il annonçait qu'il avait créé *rewaert* de Flandre un illustre chevalier anglais nommé Jean Bourchier, qui avait dans sa jeunesse combattu en Bretagne sous les drapeaux de Jeanne de Montfort.

Ce fut vers le mois de janvier que Jean Bourchier arriva à Gand avec mille archers et une troupe d'hommes d'armes qui ne semble pas avoir été fort nombreuse. Sa présence assura de plus en plus l'autorité des capitaines de la commune, parmi lesquels François Ackerman n'avait pas cessé d'occuper le premier rang.

Cependant le duc de Bourgogne, déçu dans l'espoir de voir ses amis lui ouvrir les portes de Gand, redoublait d'activité dans les préparatifs de la guerre. Il faisait lui-même de fréquents voyages de Lille à Bruxelles, de Bruxelles à Anvers, ordonnant qu'on élevât de toutes parts des retranchements pour arrêter les excursions des Gantois, et veillant surtout à ce qu'ils ne pussent renouveler leurs approvisionnements. Jamais la puissance du duc de Bourgogne n'avait été aussi grande. Le duc de Brabant venait de mourir, et l'héritière de Jean III, veuve de Guillaume de Bavière et de Wenceslas de Luxembourg, n'écoutait que les conseils de Philippe le Hardi. Elle se montrait, dit Froissart, vivement affligée des troubles de Flandre et des embarras «de son neveu et de sa nièce de Bourgogne, qui devoient estre par droit ses héritiers et qui estoient des plus grands du monde.» Chaque jour elle entendait répéter que les Gantois se fortifiaient dans leur résistance par leur alliance avec les Anglais. Elle avait même appris que le duc de Lancastre négociait le mariage de l'une de ses filles avec le fils aîné d'Albert de Bavière, appelé à recueillir plus tard l'héritage des comtés de Hainaut, de Hollande et de Zélande: ces négociations étaient d'autant plus importantes que les communes de Hainaut avaient toujours été favorables aux Flamands, qui avaient également continué à entretenir d'étroites relations commerciales avec toutes les villes des bords de la Meuse et du Rhin. La duchesse de Brabant forma à la fois le projet de les rompre et celui d'intervenir comme médiatrice dans les discordes des Gantois et de leur prince: son premier soin fut de réunir à Cambray le duc de Bourgogne et le duc Albert de Bavière, pour leur faire conclure le mariage de Marguerite de Bourgogne avec l'héritier du Hainaut; mais ses efforts rencontrèrent de nombreux obstacles. Le duc de Bavière exigeait comme condition de ce mariage que l'on en arrêtât un second entre l'une de ses filles et Jean de Nevers, fils aîné du duc de Bourgogne, à qui son père songeait à faire épouser Catherine de France, sœur du roi Charles

VI. Enfin, le duc Philippe céda, et cette double union entre les maisons de Bourgogne et de Bavière fut résolue: une nouvelle combinaison politique lui offrait dans cette alliance même le moyen de s'attacher, par des liens de plus en plus étroits, la dynastie de Charles VI. Le 12 avril 1385 on célébra à Cambray le mariage de Jean de Nevers avec Marguerite de Bavière, et celui de Marguerite de Bourgogne avec Guillaume de Bavière. Le 18 juillet suivant, une autre princesse de cette même maison de Bavière, si intimement unie à celle de Bourgogne, épousait le jeune roi de France, et apportait pour dot à Charles VI et à son peuple un demi-siècle de désordres domestiques et de calamités publiques.

Dès ce moment le duc de Bourgogne fut le véritable chef de la maison de France. Le parlement venait de déclarer solennellement «que toujours la cour obéyrait aux commandemens du roy et de monseigneur de Bourgogne.» Son ambition s'était accrue en même temps que sa puissance. Ce n'était point assez qu'il domptât les communes flamandes: ce triomphe ne lui suffisait plus; il n'attendait que le terme des trêves de Lelinghen pour conduire sur les rivages de l'Angleterre, où il avait été longtemps captif, une vaste expédition dont sa volonté eût réglé le but et les résultats. La jeunesse de Richard II, son orgueil, sa cruauté avaient rapidement affaibli la redoutable monarchie d'Edouard III, et jamais moment plus favorable ne s'était présenté aux Français pour effacer les désastres des règnes précédents. Tandis qu'une armée confiée au duc de Bourbon s'avançait vers l'Auvergne et le Limousin, une flotte nombreuse mettait à la voile des côtes de France pour aller seconder le roi Robert II, fondateur de la dynastie des Stuarts, dans ses efforts pour assurer l'indépendance de l'Ecosse.

Au moment où Philippe le Hardi veut placer en Flandre le camp de la France féodale prête à envahir l'Angleterre, les communes flamandes osent encore rêver la défense de leurs libertés et le maintien de leur alliance avec les Anglais. Ackerman fait fortifier avec soin tous les villages des environs de Gand: il pousse même parfois ses excursions jusque sous les murs d'Audenarde et de Courtray. Puis, lorsqu'on croit ses amis réduits par la famine à recourir à la clémence du duc de Bourgogne, des navires anglais abordent dans l'île de Cadzand et, grâce à leur appui, les vaisseaux des marchands osterlings portent à Gand des approvisionnements considérables. Peu de jours après, les Gantois, conduits par Jacques de Schotelaere, essayaient de surprendre Anvers, dont les bourgeois leur étaient favorables; mais Gui de la Trémouille, qui y commandait une garnison bourguignonne, les repoussa et leur fit quelques prisonniers, qu'à l'exemple de Jean de Jumont il renvoya à Gand après leur avoir fait crever les yeux. Les Gantois se préparaient à exercer les mêmes vengeances sur ceux de leurs ennemis qui étaient tombés en leur pouvoir, quand Jean Bourchier leur représenta qu'ils s'étaient loyalement remis à leur générosité pour sauver leurs vies, et qu'il était plus juste de n'exercer de représailles que sur ceux que la fortune de la guerre leur livrerait désormais.

Simon Parys réussit mieux dans une autre expédition où il força Guillaume de Bavière, gendre du duc Philippe, à évacuer le pays des Quatre-Métiers. Mais les chevaliers bourguignons ne tardèrent point à former le projet de le reconquérir. Ils avaient quitté en grand nombre les villes qu'ils occupaient pour se réunir dans cette expédition, lorsqu'ils se trouvèrent tout à coup en présence de deux mille Gantois, commandés par François Ackerman. Bien que les chevaliers bourguignons eussent mis pied à terre et saisi leurs glaives, les Gantois les assaillaient si impétueusement qu'ils rompirent leurs rangs, et les Français (c'est ainsi que Froissart désigne les défenseurs de Philippe le Hardi) eurent à peine le temps de s'élancer sur leurs chevaux pour se retirer à Ardenbourg: ils abandonnaient parmi les morts les sires de Berlette, de Belle-Fourrière, de Grancey et plusieurs autres chevaliers.

Les Gantois ne se laissent intimider ni par les nouvelles fortifications que s'est empressé d'élever à Ardenbourg Jean de Jumont, le plus redouté de leurs ennemis, ni par les renforts qu'y a conduits le vicomte de Meaux. Ackerman, accompagné de Pierre Van den Bossche et de Rasse Van de Voorde, sort de Gand avec sept mille hommes et se présente devant les portes d'Ardenbourg aux premières lueurs de l'aurore, à l'heure même où les veilleurs du guet viennent de se retire; déjà il a donné l'ordre de descendre les échelles dans les fossés, et l'un des siens a touché le sommet des remparts, quand deux ou trois écuyers, «qui alloient tout jouant selon les murs,» reconnurent le danger dont ils étaient menacés. A leurs cris, les chevaliers bourguignons accoururent, «et au voir dire, ajoute Froissart, si ils n'eussent là été, sans nulle faute Ardenbourg estoit prise, et tous les chevaliers et écuyers en leurs lits.»

Cet échec n'abat point le courage des Gantois; on les retrouve presque aussitôt après assiégeant le bourg de Biervliet, constant asile des *Leliaerts*, où s'est retranché cette fois l'un des bâtards de Louis de Male. Enfin, tandis que l'on célèbre à Amiens les noces du roi de France, François Ackerman et Pierre Van den Bossche impatients de réparer les malheurs de la tentative qu'ils ont dirigée contre Ardenbourg, s'éloignent de Gand. Jean Bourchier les accompagne. Le secret de leur expédition a été fidèlement gardé. Ils marchent pendant toute la nuit, espérant surprendre Bruges à l'aube du jour; mais les hommes d'armes bourguignons sont trop vigilants, et les Gantois, trouvant toutes les portes bien gardées, se préparent à se retirer, quand un messager accourt auprès d'eux, chargé par les bourgeois de Damme de leur annoncer que leur capitaine, Roger de Ghistelles, est absent ainsi que plusieurs de ses compagnons, et que rien n'est plus aisé que de s'emparer de leur ville. Une heure après, Ackerman entre à Damme au son des trompettes. Aucun désordre ne signale ce succès. Tous les biens des marchands étrangers sont respectés, et plusieurs nobles dames, qui habitaient l'hôtel du sire de

Ghistelles, obtiennent des bourgeois de Gand une protection généreuse dont eussent pu s'honorer des chevaliers. «Ce n'est pas aux femmes que je fais la guerre,» a dit Ackerman, et tous ses compagnons se sont montrés dociles à sa voix.

Par une de ces alternatives dont la fortune de la guerre multiplie les exemples, la ville de Gand, naguère privée, par les compagnies bourguignonnes et les maraudeurs *leliaerts* de Janssone, de toutes ses communications avec la Zélande et la mer, s'applaudissait à son tour de voir les bourgeois de Bruges, devenus les alliés du duc, perdre en quelques heures le monopole industriel que leur assuraient leurs relations avec Damme et l'Ecluse. Jacques de Schotelaere s'était hâté de rejoindre Ackerman avec d'importants renforts, et toutes les forces de Philippe le Hardi n'eussent pas suffi pour réparer la coupable négligence de Roger de Ghistelles.

Dès le 19 juillet, la prise de Damme fut connue à Amiens; elle troubla les fêtes que l'on offrait à la jeune reine de France. Les oncles du roi se réunirent; le duc de Bourgogne insistait pour qu'on tirât une vengeance éclatante de la témérité des Gantois et pour qu'on complétât par leur extermination la glorieuse expédition de Roosebeke; l'influence qu'il exerçait était si grande qu'on interrompit les joutes et les tournois pour proclamer le mandement royal qui convoquait à douze jours de là le ban et l'arrière-ban du royaume, déjà prêts dans la plupart des provinces à s'armer contre les Anglais. Le 25 juillet, Charles VI quittait Amiens; le 1er août, il se trouvait devant Damme, entouré de cent mille hommes.

Ackerman s'était séparé de Jean Bourchier et de Pierre Van den Bossche, et, pour ménager ses approvisionnements, il n'avait gardé avec lui que quinze cents combattants choisis parmi les plus braves: mais il comptait sur sa nombreuse artillerie et sur l'adresse de quelques archers anglais.

Les *Leliaerts* s'enorgueillissaient de leur double défense d'Audenarde et de celle d'Ypres; mais l'héroïque résistance des Gantois à Damme devait effacer ces pompeux souvenirs. Dès le premier jour, un vaillant chevalier du Vermandois, le sire de Clary, fut tué par l'un des canons de la ville. Ses compagnons voulurent venger sa mort. Les assauts se multiplièrent, mais à chaque tentative les assaillants étaient repoussés avec de nouvelles pertes. Quel que fût le petit nombre des défenseurs de Damme, Ackerman espérait qu'il pourrait lutter assez longtemps contre l'armée de Charles VI pour laisser aux Anglais, qu'il attendait, le temps d'arriver à son secours.

Un parlement, convoqué à Westminster, avait voté un subside de dix mille marcs pour couvrir les frais d'une grande expédition qui devait assurer l'indépendance des communes flamandes; par malheur, les plus intrépides chevaliers anglais se trouvaient retenus sur les frontières d'Ecosse par l'invasion du sire de Vienne, et le plus influent des ministres du roi, Michel de la Pole, qui s'était élevé d'une condition obscure jusqu'au rang de comte de Suffolk et de chancelier d'Angleterre, conserva les dix mille marcs destinés à la guerre de Flandre; il permit même à des Génois, qui avaient été arrêtés par des vaisseaux anglais, de continuer leur navigation vers les ports occupés par le duc de Bourgogne, bien que depuis longtemps on leur reprochât d'être les constants alliés des Français dans toutes leurs guerres contre la Flandre. Enfin, pour mettre le comble à des mesures qu'une secrète trahison semblait avoir dictées, il envoya à Berwick tous les hommes d'armes déjà réunis sur le rivage.

A peu près vers la même époque, un complot se formait à l'Ecluse en faveur des Gantois; un grand nombre de bourgeois y avaient conçu le dessein de surprendre dans le port la flotte que le duc de Bourgogne avait assemblée pour envahir l'Angleterre, et de rétablir les communications des assiégés de Damme avec la mer. Ils espéraient que ce succès hâterait l'arrivée des vaisseaux anglais dans le Zwyn: s'ils ne paraissaient point ou s'ils paraissaient trop tard, le désespoir leur suggérait un dernier effort pour que la Flandre restât libre et fière jusqu'à sa dernière heure: ils avaient, dit-on, unanimement résolu, dans cette prévision extrême, de rompre les digues qui la protégeaient et de la livrer à l'Océan pour l'arracher à ses ennemis. Tant d'audace et de courage rendait cette conspiration redoutable, mais des espions de Philippe le Hardi la découvrirent: tous ceux qui y avaient pris part furent mis à mort.

Peut-être ce complot des habitants de l'Ecluse s'étendait-il jusque dans le camp de Charles VI. Le duc de Bourgogne, qui avait convoqué sous ses bannières la commune de Bruges, conduite par Gilles de Themseke, et les milices de plusieurs autres villes de Flandre, ne s'était assuré de leur obéissance qu'en les plaçant au milieu du camp, sous les ordres du sire de Saimpy, dont l'heureuse témérité avait ouvert la Flandre à l'expédition de Roosebeke.

Ackerman vit bientôt s'évanouir avec ses espérances toutes les ressources de sa défense; il avait vainement placé sa confiance dans la position presque inaccessible de la ville de Damme, entourée de canaux, de fossés et de marais; les chaleurs d'un été brûlant avaient desséché tous les étangs et tous les ruisseaux. Les assiégés étaient accablés de fatigues et de privations; et au moment même où leurs puits tarissaient, les Français avaient brisé le conduit souterrain qui portait dans leurs remparts les eaux des viviers de Male; les munitions de leur artillerie étaient également épuisées. Le 22 août, Ackerman convoqua ses compagnons d'armes. Il s'était opposé pendant vingt jours, avec quinze cents hommes, à l'invasion de cent mille Français, et n'ignorait point que sa résistance, en rendant impossible l'exécution immédiate de tout projet contre l'Angleterre, avait suffi pour sauver d'un péril imminent la monarchie de Richard III qui l'abandonnait. Il ne lui restait plus qu'à tenter un dernier effort pour assurer le salut des siens. Toutes les mesures propres à protéger leur retraite furent secrètement adoptées, et lorsque la nuit fut arrivée, François Ackerman et Jacques de Schotelaere, réunissant leurs amis, sortirent en silence de la ville en se dirigeant vers Moerkerke; ils se trouvaient au milieu des Français sans que ceux-ci eussent eu l'éveil de cette tentative et pussent chercher à les arrêter. Ackerman, ramenant à Gand sa petite armée, y fut reçu par de longues acclamations.

Les députés des bourgeois de Damme s'étaient présentés, humbles et suppliants, au château de Male qu'occupait Charles VI pour se mettre à sa merci; avant qu'ils eussent obtenu une réponse, les Français avaient escaladé la ville et y avaient mis le feu; à peine les nobles dames, dont les Gantois avaient honoré l'infortune, furent-elles respectées des sergents recrutés dans leurs propres domaines. L'incendie éclaira de féroces scènes de massacre. Les Bretons savaient bien qu'on avait décidé la destruction de la Flandre: ce qu'ils faisaient, les princes l'approuvaient. Quelques Gantois avaient été faits prisonniers: on les conduisit à Bruges où la plupart furent décapités devant le Steen.

Si le duc de Bourgogne se voyait réduit à renoncer à ses projets contre l'Angleterre, il était bien résolu à continuer sa guerre d'extermination contre la Flandre. On avait raconté à Charles VI, dit un historien du quinzième siècle, «que sur les marches de Zélande avoit un pays assez fort, où il y avoit beaux pâturages, et largement vivres et gens.» C'était le pays des Quatre-Métiers, fertile contrée que les ravages de la guerre avaient jusqu'alors à peu près épargnée. Charles VI ordonna qu'on l'envahît sans délai (26 août 1385). Les habitants se défendirent vaillamment, mais rien n'était prêt pour une résistance dont ils n'avaient point prévu la nécessité. On les poursuivit avec une atroce persévérance. Les châteaux, les villages, les hameaux, les chaumières, tout fut détruit; les moissons furent incendiées, et comme les femmes et les enfants se réfugiaient dans les bois, on résolut aussi de les brûler, afin qu'il n'y eût personne qui échappât à la sentence du glaive. Chaque jour multipliait le nombre des victimes; mais leur mort même était une dernière protestation contre l'autorité des vainqueurs.

Ni la grande bataille de Roosebeke, ni la reddition de Damme n'avaient pu amener la soumission de la Flandre. Charles VI, qui avait cru qu'à son approche tout le peuple se jetterait à ses pieds, empressé à lui livrer ses foyers et ses franchises tutélaires, s'ennuyait déjà d'être séparé si longtemps de la jeune reine de France, qui tenait sa cour à Creil en attendant son retour: son frère Louis, comte de Valois, plus connu depuis sous le nom de duc d'Orléans, était également impatient de quitter la Flandre. Une ambassade, composée d'un évêque et de plusieurs chevaliers, était arrivée au camp français, afin de l'engager à se rendre en Hongrie pour y épouser la reine Marie et partager son trône; le moindre retard, disaient-ils (les événements justifièrent leurs craintes), pouvait être fatal à ses prétentions et faire triompher celles du marquis de Brandebourg.

Charles VI avait adressé aux bourgeois de Gand des lettres pressantes pour les engager à la paix, mais il n'avait point reçu de réponse, et depuis le retour d'Ackerman rien n'était venu fortifier le parti des *Leliarts*, quand le roi de France, tentant un nouvel effort, s'avança avec ses hommes d'armes sur la route d'Assenede à Gand. Cependant ses chevaucheurs ne tardèrent point à lui annoncer un nouveau combat. Seize Gantois s'étaient fortifiés dans la tour d'une église; leur courage défiait toute une armée: il fallut pour les vaincre amener les machines de guerre et démolir les murailles. Tant d'héroïsme frappa Charles VI; il s'arrêta subjugué par ce sentiment d'admiration auquel nos passions les plus vives ne peuvent se dérober, et resta pendant douze jours enfermé dans son camp. Ce village portait le nom d'Artevelde: là s'était également arrêté Louis de Male après la bataille de Nevele, lorsqu'une sanglante défaite avait détruit les forces des Gantois. Les souvenirs d'un nom immortel semblaient planer sur ces lieux, comme si le berceau des plus illustres défenseurs de la nationalité flamande devait en être le seuil infranchissable.

Ce fut sans doute dans ce village d'Artevelde, patrie du génie et asile du courage, qu'on amena au camp de Charles VI quelques captifs choisis parmi les plus riches habitants du pays de Waes. Les hommes d'armes, qui semaient de toutes parts l'incendie et le carnage, ne les avaient épargnés que parce qu'ils en espéraient une rançon considérable; mais les princes français, loin de les excepter de l'arrêt porté contre toute la population, voulurent qu'on les mît immédiatement à mort, afin que ces supplices apprissent de plus en plus à la Flandre à éviter désormais toute rébellion. Le glaive du bourreau se leva et retomba tour à tour inondé de sang, jusqu'à ce qu'il ne restât plus que vingt-quatre prisonniers, tous d'une même famille et non moins distingués que les autres par leur influence et leur autorité. A leur aspect, plusieurs chevaliers français, émus de pitié, intercédèrent pour qu'on leur fît grâce et obtinrent qu'on les conduisît près du roi. Là on les interrogea sur les motifs de leur résistance, qui aux yeux des conseillers de Charles VI n'était qu'une odieuse insurrection; on leur laissa entrevoir à quel prix ils pourraient, en acceptant le joug étranger, mériter la merci royale; mais l'un d'eux, qui semblait, par sa taille élevée et par son âge, supérieur à tous ses compagnons, se hâta de répondre: «S'il est au pouvoir du roi de vaincre des hommes courageux, il ne pourra au moins jamais les faire changer de sentiments.» Sa voix était restée libre au milieu des fers, et comme on lui représentait qu'il fallait respecter les arrêts de la victoire, et que la Flandre, asservie et mutilée, avait vu disperser toutes les milices réunies pour sa défense, il répliqua fièrement: «Lors même que le roi ferait mettre à mort tous les Flamands, leurs ossements desséchés se lèveraient encore pour le combattre.» Charles VI, irrité, ordonna aussitôt de chercher un bourreau: beaucoup d'hommes sages, admirant une si noble fermeté au milieu des supplices, rapportèrent depuis, ajoute le moine de Saint-Denis, qu'aucune des victimes n'avait baissé les yeux ni laissé échapper une plainte, en voyant frapper un père, un frère ou un parent, et que, bravant la mort jusqu'au dernier moment, ils s'étaient offerts au glaive le front serein et le sourire à la bouche, en hommes libres, *libere, læteque.* C'est ainsi que, huit siècles plus tôt, leurs aïeux les Flamings et les Danes saluaient dans leurs chants les gloires du courage et les joies du trépas.

Ces souvenirs d'une grandeur passée, ce témoignage vivant d'une énergie qui ne s'était du moins pas affaiblie, l'indifférence du roi incapable de comprendre l'importance de cette guerre, l'abattement même de ses conseillers qui avaient appris que les vivres abondaient à Gand, tout contribuait à marquer le terme d'une expédition que rien de mémorable n'avait signalé; le 10 septembre, Charles VI quitta Artevelde pour retourner en France avec son armée.

En Ecosse comme en Flandre, les tentatives des Français étaient restées stériles, et peu de jours après la retraite du roi, Jean de Vienne et ses compagnons, repoussés par les Anglais, abordèrent au havre de l'Ecluse, qui devait être pour les barons de Charles VI ce que le rivage de Saint-Valery-sur-Somme fut pour les Normands de Guillaume prêts à combattre à Hastings. Les historiens de ce temps le nomment le meilleur et le plus célèbre de tous les ports que possède le royaume de France. Charles VI, avant de rentrer dans ses Etats, avait donné l'ordre qu'on y construisît une vaste citadelle qui non-seulement protégeât les armements contre l'Angleterre, mais dont l'on pût aussi «mestryer tout le pays de Flandres,» et aussitôt après de nombreux ouvriers avaient commencé à bâtir un château. Les uns prétendaient qu'il effacerait ceux de Calais, de Cherbourg et de Harfleur; selon les autres, il devait être assez élevé pour que la vue embrassât les flots à une distance de vingt lieues, et si bien garni d'arbalétriers et d'hommes d'armes qu'aucun navire ne sortirait du Zwyn et n'y pourrait pénétrer «que ce ne fust par leur congé.»

Philippe le Hardi n'était toutefois point éloigné de désirer la fin des discordes de la Flandre, depuis si longtemps entretenues par les chances incertaines de la guerre. De là dépendaient l'exécution de ses projets d'outre-mer et la prépondérance de son autorité à Paris. La situation des esprits était cette fois d'accord avec sa politique. Rejetant loin de lui la terreur comme une arme impuissante, il n'avait qu'à seconder ce mouvement de paix et de réconciliation qui se faisait sentir après sept années d'une guerre cruelle. Le commerce touchait à sa ruine. Sur toutes les mers, depuis les froids rivages de la Norwége jusqu'aux côtes de l'Afrique et de l'Arabie, dans les pays des Sarrasins comme dans les dix-sept royaumes chrétiens qui avaient leurs comptoirs à Bruges, les relations fondées par l'industrie flamande languissaient et semblaient prêtes à s'anéantir. Déjà elles s'étaient éteintes en Hainaut, en Brabant, en Zélande et dans les contrées voisines qui ne vivaient que de leurs rapports avec la France. Charles VI était à peine rentré à Paris quand les députés des villes d'Ypres et de Bruges vinrent le supplier de vouloir bien interposer une médiation désormais toute pacifique, afin de calmer les différends du duc de Bourgogne et de ses sujets. Philippe le Hardi favorisait sans doute leurs démarches, mais il n'était point aussi aisé de faire oublier aux Gantois leurs malheurs et tout ce qu'une triste expérience leur faisait redouter pour l'avenir. Un noble bourgeois de Gand, nommé messire Jean de Heyle, accepta avec un dévouement désintéressé une tâche d'autant plus difficile que ses concitoyens auraient pu y retrouver l'apparence d'un acte de trahison, et qu'il n'était lui-même pas certain de la reconnaissance du duc de Bourgogne dans une négociation qui touchait à la fois à la liberté et à la prospérité de la Flandre. Il jouissait à Gand d'une grande considération, et n'ignorait point que, des échevins et des capitaines, Pierre Van den Bossche était à peu près le seul que l'aveugle confiance de Richard II dans des ministres avides et perfides n'eût point éloigné de l'alliance anglaise. Ackerman lui-même, qui avait par son courage sauvé d'une invasion le royaume d'Angleterre, avait pu se convaincre qu'il ne fallait point espérer le secours des Anglais divisés et affaiblis. Deux autres bourgeois, Sohier Everwin et Jacques d'Ardenbourg, appartenant l'un à la corporation des bateliers, l'autre à celle des bouchers, c'est-à-dire aux métiers qui s'étaient toujours montrés les moins favorables à la guerre, s'assurèrent l'appui d'un grand nombre de leurs amis; mais il n'était personne qui ne vît dans la confirmation des anciennes franchises de la ville la première condition de la paix. Les choses en étaient arrivées à ce point, lorsque Jean de Heyle prétexta un pèlerinage à Saint-Quentin pour obtenir un sauf-conduit, et son premier soin fut de se rendre à Paris pour exposer les vœux de la plupart de ses concitoyens au duc de Bourgogne; Philippe le Hardi se montra fort disposé à les écouter. Gui de la Trémouille, Jean de Vienne, Olivier de Clisson, le sire de Coucy et les autres conseillers du roi jugeaient aussi qu'il valait mieux traiter avec les Gantois que de poursuivre une longue guerre qui épuisait les ressources de la France. Jean de Heyle était d'ailleurs un homme prudent et sage, qui savait s'exprimer «en beau langage.» Le duc Philippe approuva toutes ses paroles et le congédia en lui disant: «Retournez vers ceux qui vous envoient; je ferai tout ce que vous ordonnerez.» Dès que Jean de Heyle fut rentré en Flandre, il se rendit immédiatement au château de Gavre où se trouvait Ackerman, et «se découvrit de toutes ses besognes secrètement à lui.» «Ackerman pensa un petit,» dit Froissart, soit que quelques doutes s'offrissent à son esprit sur la foi que l'on pouvait ajouter aux promesses d'un prince qui avait, malgré une trêve solennelle, fait surprendre Audenarde, soit qu'il se demandât quel serait, après cette réconciliation, le sort des anciens capitaines de Gand. Dominé toutefois par une considération plus puissante, par celle des besoins et des malheurs de son pays, il répliqua presque aussitôt: «Là, où monseigneur de Bourgogne voudra tout pardonner et la bonne ville de Gand tenir en ses franchises, je ne serai jà rebelle, mais diligent grandement de venir à paix.»

Peu de jours après, Sohier Everwin, Jacques d'Ardenbourg et tous leurs amis se réunissaient au marché du Vendredi, rangés sous la bannière de Flandre et répétant le même cri: *«Flandre au lion! Le seigneur au pays! Paix à la ville de Gand, tenue en ses franchises!»* De toutes parts, les bourgeois accouraient à cette assemblée; Pierre Van den Bossche venait d'y paraître et cherchait à faire rejeter tout projet de négociation, lorsque Jean de Heyle prit la parole; il annonça qu'il portait des lettres du duc de Bourgogne, «moult douces et moult aimables,» et d'autres lettres de Charles VI qui reproduisaient les mêmes sentiments de conciliation.

A peine Jean de Heyle avait-il répété ces assurances du zèle du roi et du duc de Bourgogne pour la pacification de la Flandre, que le plus grand nombre de bourgeois, en signe d'adhésion aux propositions qui y étaient contenues, passa du côté de Sohier Everwin et de Jacques d'Ardenbourg. Ackerman, appelé du château de Gavre, avait déclaré lui-même «que d'avoir paix par celle manière à son naturel seigneur, il n'estoit point bon, ni loyal qui le déconseilloit.» Pierre Van den Bossche, moins confiant dans l'avenir, s'était retiré seul près de Jean Bourchier qui n'avait point quitté les murs de Gand.

On avait conclu une trêve jusqu'au 1er janvier. Des conférences devaient s'ouvrir à Tournay. Le duc de Bourgogne avait écrit le 7 novembre aux échevins de Gand qu'il y assisterait lui-même, et la ville de Gand y fut représentée par cent cinquante députés qui s'y rendirent en grande pompe et avec une suite nombreuse, afin de se montrer dignes de la puissance de la cité dont ils étaient les mandataires. Lorsque le 5 décembre le duc de Bourgogne arriva de Lille avec la duchesse et la comtesse de Nevers, les députés de Gand allèrent au devant de lui, et se découvrirent en le saluant, mais ils ne descendirent pas de leurs chevaux. Rasse Van de Voorde, Sohier Everwin, Daniel et Jacques de Vaernewyck se trouvaient parmi ces députés. François Ackerman les accompagnait. Bien qu'ils désirassent tous la paix, ils exigeaient unanimement qu'elle ne blessât ni l'honneur, ni les libertés de leur pays, et leur fierté eût fait abandonner mille fois les négociations, sans l'active médiation de messire Jean de Heyle.

Le premier soin des députés gantois avait été de remettre aux conseillers du duc «copie de leurs requêtes.» Après avoir déclaré que les bonnes gens de Gand désiraient sincèrement la conclusion d'une paix «en laquelle Dieu fust honoré, et le commun païs de Flandres sauvé en âme et en corps,» ils rappelaient que le roi et le duc de Bourgogne leur avaient garanti la conservation de leurs priviléges et de leurs franchises, et qu'à ces conditions ils étaient prêts à leur obéir «comme bonnes et franches gens à leurs francs droituriers seigneur et dame.» Toutes les libertés sont sœurs: la première réserve des Gantois était pour la liberté de leur culte et de leur foi religieuse. Ils protestaient qu'ils voulaient rester dans l'obéissance du pape Urbain, dans laquelle leur ancien comte, Louis de Male, avait lui-même persévéré jusqu'à sa mort. Par une seconde requête, les députés gantois, rappelant de nouveau que le duc avait déclaré qu'il ne voulait priver personne de ses franchises et de ses priviléges, demandaient que les conditions de la paix s'appliquassent non-seulement à leurs concitoyens, mais à toutes les villes où ils avaient trouvé des alliés, c'est-à-dire aux habitants de Courtray, d'Audenarde, de Deynze, de Grammont, de Ninove, aussi bien qu'à ceux de Termonde, de Rupelmonde, d'Alost, de Hulst, d'Axel et de Biervliet. Après la question des priviléges et des franchises, qui touche à la liberté de la Flandre, ces requêtes abordent immédiatement celle de l'industrie et du commerce, qui représente sa prospérité. Comme en 1305, comme en 1340, «deur entente est que chacun marchand, de quelque estat ou condition qu'il soit, pourra franchement arriver en Flandres, achetant, vendant et bien païant, si comme à bons marchands appartient, sans estre empeschié ou arresté.»

Les articles suivants se rapportaient à la délivrance des prisonniers et au rappel des bannis, «qui devoient être mis francs ainsi qu'ils furent devant ces guerres, et aussi francs comme si oncques ils n'eussent été bannis.» C'est à peu près dans les mêmes termes que les bourgeois de Gand déclaraient vouloir rester «non moins francs que gens non bourgeois, mais plus francs pour ce qu'ils sont privilégiez.» Les Gantois réclamaient aussi des monnaies de bon aloi, le choix d'officiers «nez du païs,» la punition de quiconque voudrait venger d'anciennes injures et la ratification de la paix par le duc Albert de Bavière, et les bonnes villes de Hainaut, de Zélande, de Hollande et de Brabant.

Toutes ces requêtes furent agréées, et le duc de Bourgogne en y accédant se contenta des protestations les plus respectueuses de dévouement et de fidélité. A défaut du fond, il conservait la forme; enfin, comme selon les anciens usages tout traité était rédigé dans la langue de ceux qui l'avaient dicté ou imposé, il fut convenu que pour éviter les difficultés qui auraient pu s'élever à cet égard, on écrirait en français la copie destinée au duc de Bourgogne, en flamand celle qui devait être remise aux Gantois. Il était toutefois une condition à laquelle Philippe tenait rigoureusement: il ne comprenait pas qu'un prince oubliât les méfaits de ses sujets sans que ceux-ci lui en eussent humblement demandé merci, et exigeait impérieusement que cette cérémonie s'accomplît; mais les députés gantois refusaient de s'y soumettre et déclaraient que jamais leurs concitoyens ne leur avaient donné un semblable mandat. Tout allait être rompu, lorsque la duchesse de Brabant et la comtesse de Nevers se jetèrent aux pieds du duc en s'écriant que c'était au nom des Gantois qu'elles imploraient sa générosité. La fille de Louis de Male, la duchesse Marguerite, quittant elle-même le trône qu'elle occupait, s'agenouilla à leur exemple; et Philippe le Hardi se déclara satisfait, tandis que les députés de Gand assistaient debout et muets à cette scène.

Lorsqu'un message de Jean Bourchier avait apporté à Londres la nouvelle du mouvement dirigé par Jean de Heyle, immédiatement suivi des conférences de Tournay, l'opinion publique s'était vivement émue de ces événements qui allaient séparer de l'Angleterre ses plus anciens et ses plus utiles alliés. Les conseillers de Richard II s'alarment eux-mêmes: cherchant à réparer les malheurs de leur imprudente négligence, ils envoient, le 8 décembre 1385, dans les ports de Douvres et de Sandwich, l'ordre de préparer des navires pour Hugues Spencer et Guillaume de Drayton, chargés par le roi de conduire en toute hâte un corps d'hommes d'armes et d'archers dans sa bonne ville de Gand: *ad proficiscendum versus villam nostram de Gandavo cum omni festinatione qua fieri poterit.*

Il est trop tard; avant que ces ordres soient exécutés, d'autres nouvelles reçues de Gand annoncent la conclusion de la paix, et dès le 20 décembre, Hugues Spencer et Guillaume de Drayton, au lieu de se rendre en Flandre, se dirigent vers les frontières de l'Ecosse. Il ne restait aux Anglais qu'à accuser les Gantois, dont ils avaient les premiers méconnu le dévouement, d'avoir trahi leurs serments et leurs devoirs, et Walsingham se contente de dire que les Flamands se montrèrent inconstants et légers, selon la coutume de leur nation, en prouvant qu'il leur était impossible de demeurer longtemps fidèles à leurs engagements vis-à-vis de leurs seigneurs ou vis-à-vis de leurs amis.

Le traité conclu à Tournay, le 18 décembre 1385, a été porté à Gand par Claude de Toulongeon. Pierre Van den Bossche tente inutilement un dernier effort pour le faire rejeter, et le 21 décembre, dix jours avant l'expiration des trêves, il est publié dans toute la Flandre. La première clause maintient les priviléges de Courtray, d'Audenarde, de Grammont, de Ninove, de Termonde, et des autres villes alliées aux Gantois. La seconde rétablit la libre circulation du commerce. Par les articles suivants du traité, le duc promet de rendre la liberté aux Gantois prisonniers, de révoquer toutes les sentences prononcées contre eux, de restituer leurs biens qui avaient été confisqués, et de veiller à ce qu'ils ne soient jamais inquiétés à cause des anciennes discordes, même en pays étranger, «des protégeant et réconfortant de tout son pouvoir, comme bons seigneurs doivent faire à leurs bons sujets.» Il défend à tous, «sur quant que ils se peuvent méfaire envers luy, que pour occasion des débats et dissensions dessusdits, ils ne méfassent ou fassent méfaire par voie directe ou oblique, de fait ni de parole auxdits de Gand, et ne leur disent aucuns opprobres, reproches, ni injures.» A ces conditions, les bourgeois de Gand renoncent «à toutes alliances, serments, obligations et hommages que eux ou aucun d'eux avoient faits au roi d'Angleterre,» et jurent d'obéir désormais au roi de France, au duc et à la duchesse de Bourgogne, «comme leurs droituriers seigneur et dame, et de garder leurs honneurs, héritages et droits, sauf leurs priviléges et franchises.»

Dans l'acte de «rémission,» le duc et la duchesse de Bourgogne s'exprimaient à peu près dans les mêmes termes: «Nous restituons et confirmons, y disaient-ils, à nos bonnes gens de Gand leurs priviléges, franchises, libertez, coustumes, usages et droits généralement et particulièrement; si mandons à tous nos justiciers et officiers de nostredit païs de Flandres que lesdits eschevins, doyens, conseils, habitants et communauté de nostredite ville de Gand facent et souffrent joïr et user paisiblement de nostre présente grace, sans les contraindre, molester ou empescher.» Enfin une déclaration spéciale garantissait aux Gantois la liberté religieuse qu'avaient réclamée leurs députés. «Quant à la supplication que vous avez faite sur le fait de l'Eglise, avait dit le duc de Bourgogne, nous vous ferons informer, toutes fois qu'il vous plaira, de la vérité de la matière, et n'est pas nostre intention de vous faire tenir aucune chose contre vos consciences, ne le salut de vos âmes.»

Dès que les députés de Gand eurent juré d'observer ce traité, ils allèrent saluer la duchesse de Brabant qui s'était toujours montrée bonne et douce pour eux, et ils écrivirent également au roi de France pour le remercier de la part qu'il avait prise au rétablissement de la paix.

Tandis que Philippe le Hardi retournait à Lille, afin d'y attendre le moment où tout serait prêt pour qu'il parût à Gand, les magistrats de cette ville allaient solennellement exprimer à Jan Bourchier leur gratitude du zèle qu'il avait montré en défendant leurs remparts. Pierre Van den Bossche, qui se défiait de la générosité de Philippe le Hardi, avait demandé, comme unique récompense de ses longs et périlleux services, qu'il lui fût permis de se retirer également en Angleterre. On lui accorda tout ce qu'il désirait, et ce fut Jean de Heyle lui-même qui accompagna jusqu'aux portes de Calais Jean Bourchier et son illustre ami. Pierre Van den Bossche, retiré en Angleterre, fut accueilli avec honneur par Richard II, par le duc de Lancastre et les autres princes anglais, et obtint une pension de cent marcs sur l'étape des laines de Londres: il retrouvait jusqu'au sein de l'exil les souvenirs de l'ancienne confédération industrielle de la Flandre et de l'Angleterre, à laquelle, digne émule de Jean Yoens, il était constamment resté fidèle.

Le duc et la duchesse de Bourgogne étaient déjà entrés à Gand: là, comme à Tournay, la confirmation des libertés précéda la soumission de la commune et l'amnistie du prince, et ce ne fut que lorsque Marguerite et Philippe eurent juré de se montrer bons seigneurs et de rendre justice à chacun selon les anciennes coutumes, que les bourgeois de Gand prêtèrent le serment de se conduire désormais en loyaux et fidèles sujets.

En exécution de la clause du traité qui exigeait que tous les officiers du duc fussent «nez du païs,» le sire de Jumont, si fameux par sa cruauté et les haines que réveillait son nom, avait cessé de remplir les hautes fonctions de souverain bailli de Flandre. Son successeur fut un chevalier flamand aimé des communes: il se nommait Jean Van der Capelle.

Malgré ces apparences de paix et de réconciliation, une guerre si acharnée avait laissé partout après elle un vague sentiment de méfiance; Philippe le Hardi semblait lui-même le justifier par les mesures qui ne suivirent que de trop près la paix de Tournay. Il venait d'acquérir de Guillaume de Namur la seigneurie de l'Ecluse en échange de celle de Béthune, afin que rien ne s'opposât aux grands travaux qu'il projetait pour la défense du Zwyn. Il avait aussi ordonné que l'on fortifiât Furnes, Bergues, Dixmude et Bourbourg; il entourait Ypres de murailles, garnissait, à Nieuport, l'église de Saint-Laurent de barbacanes et de créneaux, et relevait les remparts de Courtray et d'Audenarde. Ce n'était point toutefois assez qu'il environnât la cité de Gand, encore protégée par les souvenirs de sa gloire, d'une barrière de mangonneaux et d'hommes d'armes: par des lettres du 5 février 1385 (v. st.), il établit à Lille un conseil suprême d'administration de justice civile et criminelle, qui devait étendre sa juridiction sur toute la Flandre.

Ces lettres avaient été écrites à Paris. Philippe s'était rendu en France pour y traiter des projets, pendant si longtemps différés, d'une expédition en Angleterre. La pacification de Gand avait levé les obstacles qui en avaient arrêté l'accomplissement l'année précédente, et le duc de Bourgogne, qui redoutait, pour ses nouveaux Etats encore plus que pour les autres provinces de France, l'action hostile de l'Angleterre, obtint aisément que l'on préparerait sans retard tout ce que réclamait une aussi grande entreprise.

Cependant, soit que ces délibérations fussent restées secrètes, soit que l'exécution de ces desseins parût impossible, l'Angleterre négligeait le soin de sa défense, et la sécurité où elle s'endormait pouvait lui devenir d'autant plus fatale qu'elle était plus imprudente et plus complète. Le duc de Lancastre, le seul prince de la dynastie des Plantagenêts qui fût digne d'appartenir à la postérité d'Edouard III, s'occupait beaucoup moins des affaires de son neveu que des intérêts de sa propre ambition engagée dans de longues querelles pour la succession du trône de Castille. Richard II lui avait remis, le jour de la solennité de Pâques 1386, une couronne d'or, en ordonnant qu'on lui reconnût désormais le titre de roi des Espagnes. Vingt mille hommes d'armes se dirigèrent successivement vers le port de Plymouth, et le 9 juillet une flotte nombreuse porta en Galice l'élite de la chevalerie anglaise.

On attendait en France ce moment pour commencer les hostilités, et dans toutes les provinces, en Bourgogne, en Champagne, en Gascogne, en Normandie, en Poitou, en Touraine, en Bretagne, en Lorraine, au pied des

Vosges, des Cévennes et des Pyrénées, l'ordre fut aussitôt adressé aux baillis et aux sénéchaux d'appeler sous les armes les écuyers et les sergents. Le comte d'Armagnac promit de quitter ses montagnes, et le comte de Savoie lui-même annonça un secours de cinq cents lances. Depuis plusieurs mois, d'énormes gabelles avaient été établies dans tout le royaume: les impôts recueillis en moins d'une année excédaient, disait-on, tous ceux qui avaient été perçus depuis un siècle. Les riches avaient été taxés au quart ou au tiers de ce qu'ils possédaient; les pauvres payaient plus qu'ils n'avaient; en même temps, avec une sage prévoyance, on avait loué dans les ports de la Bretagne, en Hollande et en Zélande (malgré les protestations des marins de Zierikzee), et jusque sur les lointains rivages de la Prusse et de l'Andalousie, tous les gros vaisseaux qui se trouvaient en état de prendre la mer. Mais rien n'égalait la grande flotte que le connétable Olivier de Clisson réunissait à Tréguier. Il avait fait abattre les plus beaux chênes des forêts de la Normandie pour former toute une ville de bois qu'on voulait transporter en Angleterre, afin qu'elle offrît aux Français un asile et un abri.

Vers le milieu du mois d'août 1386, on vit arriver aux frontières de Flandre, c'est-à-dire en Artois et dans les châtellenies de Lille, de Douay et de Tournay, une multitude d'aventuriers accourus de toutes les provinces de France. L'espoir de recueillir un riche butin en Angleterre les avait tentés, et même avant d'avoir passé la mer ils pillaient, plus que ne l'eussent fait les Anglais eux-mêmes, le pauvre peuple qui n'osait se plaindre.

Les Anglais avaient craint un instant que l'on ne songeât à assiéger Calais; ils y envoyèrent le fils du comte de Northumberland, Henri Percy, surnommé Hotspur. Le héros de Shakspeare protégea la cité que n'avait pu défendre le dévouement d'Eustache de Saint-Pierre. Les Français, sans chercher à le combattre, se dirigèrent vers le port de l'Ecluse, choisi de nouveau comme centre de leur expédition contre l'Angleterre. L'Ecluse, assise sur le Zwyn vis-à-vis de la Tamise, menaçait tout le rivage ennemi depuis Thanet jusqu'à Norwich, où il n'y avait ni ville ni château qui ne rappelât les audacieuses invasions des chefs flamands sous Philippe d'Alsace.

Charles VI, voulant exciter de plus en plus le zèle de ses serviteurs, venait de quitter lui-même Paris, après avoir entendu une messe solennelle dans l'église de Notre-Dame. Les ducs de Bourbon, de Bar et de Lorraine, les comtes d'Armagnac, d'Eu, de Savoie, de Genève, de Longueville, de Saint-Pol, et un grand nombre d'autres barons non moins illustres, l'accompagnaient. Les communes de Noyon, de Péronne et d'Arras s'inclinèrent en silence devant ce formidable armement auquel la conquête de l'Angleterre semblait promise; mais parfois quelque laboureur, chassé de sa métairie par les gens de guerre, les maudissait du fond des bois où il errait fugitif en faisant des vœux pour leur extermination.

Le duc de Bourgogne était arrivé du Hainaut pour conduire le roi de France dans ses Etats. Charles VI ne s'arrêta à Bruges que pour permettre aux magistrats de lui offrir une magnifique coupe d'or ornée de perles et de pierreries: il se rendit sans retard à l'Ecluse; mais, bien qu'on eût eu soin de défendre l'entrée de cette ville aux ribauds et aux valets, il fut impossible à beaucoup de chevaliers de s'y loger. Le comte de Saint-Pol, le dauphin d'Auvergne, les sires de Coucy et d'Antoing se virent réduits à retourner à Bruges; d'autres seigneurs s'établirent à Damme et à Ardenbourg. En ce moment l'expédition française comptait trois mille six cents chevaliers et cent mille hommes d'armes. Douze ou treize cents navires étaient déjà réunis, sans y comprendre la flotte de Bretagne que l'on attendait chaque jour. La plupart étaient de petits bâtiments à éperon qui ne portaient que deux voiles; mais il y en avait d'autres plus vastes destinés au transport des chevaux; d'autres encore, connus sous le nom de *dromons*, devaient recevoir les vivres et les machines de guerre. Froissart, témoin de ces préparatifs, qui effaçaient tous les souvenirs conservés dans la mémoire des hommes, a pris plaisir à décrire dans ses chroniques la pompe et la magnificence qui s'y associaient. Les barons rivalisaient de luxe dans les ornements de leurs navires, où l'on voyait au haut des mâts recouverts de feuilles d'or flotter des bannières de cendal. Le vaisseau du duc de Bourgogne était complètement doré. On y remarquait cinq grandes bannières aux armes de Bourgogne, de Flandre, d'Artois et de Rethel, quatre pavillons azurés et trois mille pennons. Les voiles portaient des devises écrites en lettres d'or qui étaient répétées sur une tente richement brodée et ornée de perles et de trente-deux écussons.

Charles VI trouvait tant de charme dans ces projets d'un caractère tout nouveau pour son imagination agitée, que parfois il s'aventurait hors du port, afin de s'habituer au mouvement des vents et des flots; à son exemple, le duc de Bourbon, à qui avait été promis le commandement de l'avant-garde, et plusieurs jeunes seigneurs avaient fait sortir leurs navires du golfe et s'étaient placés dans la rade du Zwyn, tous également impatients de montrer qu'ils seraient les premiers à descendre en Angleterre: déjà le point du débarquement avait été déterminé. Edouard III avait quitté Orwell pour aborder à l'Ecluse; Charles VI voulait quitter l'Ecluse pour aborder à Orwell.

Par une de ces transitions rapides qui appartiennent aussi bien aux nations qu'à chacun des hommes, une terreur profonde avait succédé en Angleterre à la confiance et au dédain: la renommée exagérait les proportions déjà presque fabuleuses de cet armement. Tandis qu'en France de solennelles processions allaient d'église en église implorer la victoire, des prières publiques avaient lieu dans toutes les provinces anglaises pour invoquer la protection céleste. A Londres les bourgeois avaient détruit les faubourgs et veillaient sur leurs murailles, comme si les Français avaient déjà paru aux bords de la Tamise. Les nobles, les bourgeois, les laboureurs rivalisaient de zèle pour la défense du pays. Les prêtres eux-mêmes s'étaient enrôlés dans la milice du siècle, confondant le culte de Dieu et celui de la patrie, et l'on avait vu à Canterbury l'abbé de Saint-Augustin franchir le seuil de son monastère suivi de deux cents lances et de cinq cents archers. Enfin le parlement s'assembla; son premier soin fut d'accuser le comte de Suffolk dont la coupable incurie avait, l'année précédente, laissé sans secours les intrépides assiégés de Damme, et malgré l'appui du roi, Michel de la Pole, dépouillé de ses dignités, fut relégué au château de Windsor d'où il chercha bientôt à fuir à Calais ayant, selon Knyghton, quitté la robe de chancelier d'Angleterre pour se déguiser en marmiton flamand.

Cependant la flotte française ne mettait point à la voile. Les bourgeois de Flandre, qui souffraient de plus en plus de la présence des hommes d'armes étrangers, répétaient chaque jour: «Le roi de France entrera samedi en mer,» ou bien: «Il partira demain ou après-demain;» mais le jour du départ n'arrivait pas. La même incertitude régnait parmi les barons de France; à toutes les questions que multipliait leur impatience on répondait: «Quand nous aurons bon vent.» Or, le vent changeait et ils ne s'éloignaient point; d'autres fois on leur disait: «Quand monseigneur de Berri sera venu.»

C'était là le grand motif de ces longs retards. Le duc de Berri était l'aîné des oncles du roi. Depuis longtemps il était jaloux de l'influence dominante du duc de Bourgogne, et rien n'était plus contraire à ses pensées qu'une expédition qui devait y mettre le comble. Il était resté à Paris tant que la saison était bonne pour le passage; mais lorsqu'il jugea qu'il n'était plus praticable, il feignit de se montrer bien résolu à se rendre en Angleterre. Chaque jour lui parvenaient des lettres du roi ou du duc de Bourgogne qui le pressaient de se hâter, mais il n'en faisait rien et voyageait à petites journées.

Lorsqu'il arriva en Flandre, les choses étaient telles qu'il eût pu les désirer. Le séjour prolongé d'un si grand nombre d'hommes d'armes avait quadruplé le prix des vivres qu'ils ne se procuraient qu'à grand'peine; mais leurs plaintes n'étaient point écoutées, et après de longues réclamations, ils n'avaient obtenu que huit jours de solde, tandis qu'on leur devait plus de six semaines. Beaucoup avaient même déjà quitté la Flandre pour retourner dans leur pays. Les nuits étaient de plus en plus longues, les jours froids et sombres. «Ah! bel oncle,» s'était écrié Charles VI quand il vit le duc de Berri, «que je vous ai désiré et que vous avez mis de temps à venir! Pourquoi avez-vous tant attendu? Nous devrions être en Angleterre et combattre nos ennemis.»

Cependant dès le lendemain de l'arrivée du duc de Berri, les vents cessèrent d'être favorables; la mer devint houleuse et agitée, d'épaisses ténèbres se répandirent dans le ciel, et l'on y vit succéder des torrents de pluie; les navires perdaient leurs agrès; les hommes d'armes, campés sur le rivage, cherchaient vainement un abri contre les intempéries de l'air. Tous les marins déclaraient que la traversée était désormais impossible; mais Charles VI se montrait peu disposé à renoncer à ses illusions de conquérant. Dès que le temps parut un peu plus calme, il donna l'ordre d'appareiller et se rendit lui-même à bord du vaisseau royal; mais à peine avait-il fait lever l'ancre que le vent changea et rejeta toute la flotte française dans le Zwyn.

Le duc de Berri s'applaudissait seul de ce contre-temps; il ne cessait de répéter que c'était une grande responsabilité que d'exposer aux chances d'une guerre téméraire le roi et toute la noblesse française. A l'entendre, il valait mieux ajourner à l'année suivante cette expédition, soit qu'on conservât comme point de départ le port de l'Ecluse, soit qu'on préférât celui de Harfleur.

Le duc de Bourgogne reconnaissait lui-même qu'il n'était ni sage, ni prudent de persévérer plus longtemps dans ses desseins. Les Anglais s'étaient remis de leur effroi, et répétaient que si les Français abordaient sur leurs rivages, pas un seul ne rentrerait dans son pays. Leurs vaisseaux croisaient devant les ports de Flandre et attaquaient les navires isolés qui se dirigeaient vers l'Ecluse; mais ce dont les Anglais s'enorgueillissaient le plus, c'était de s'être emparés de la plus grande partie de la flotte de Tréguier et de la fameuse ville de bois qu'on pouvait réunir en trois heures et qui embrassait, disait-on, un espace de sept lieues de tour. L'architecte qui en avait dirigé la construction était lui-même au nombre des prisonniers, et le roi d'Angleterre lui ordonna de la faire dresser sous ses yeux, près de Winchelsea.

Les communes flamandes ne se réjouissaient pas moins de la triste issue des projets des princes français. Si l'on pouvait ajouter foi au récit assez confus d'un historien anglais, leurs députés se seraient rendus secrètement à Calais, offrant de conclure une nouvelle alliance avec les Anglais et de chasser tous les Français de leur pays; mais les Anglais exigeaient qu'on démolît les fortifications de Gravelines, élevées par Louis de Male, qui avaient arrêté un instant, en 1383, la croisade de l'évêque de Norwich, et les discussions soulevées à ce sujet rompirent les négociations. En reproduisant cette version, ne faudrait-il pas attribuer l'initiative ou du moins l'influence la plus considérable dans ces pourparlers à la commune de Gand, où les amis d'Ackerman ne croyaient désormais, pas plus que ceux de Pierre Van den Bossche, à la sincérité des promesses de Philippe le Hardi? Rien n'est plus probable, car, au moment où le duc de Bourgogne se plaint le plus vivement des honteux résultats d'une tentative pour laquelle on avait en quelque sorte appauvri tout le royaume de France, nous voyons le duc de Berri réussir tout à coup à l'apaiser, et aux rêves de l'invasion de l'Angleterre succède un projet dirigé contre les communes flamandes que l'Océan ne protége point de ses abîmes et de ses tempêtes.

Charles VI annonçait qu'abjurant tout ressentiment contre les courageux bourgeois qu'il avait deux fois inutilement menacés de sa colère, il voulait aller célébrer les fêtes de Noël à Gand pour faire honneur à cette ville et à ses habitants. Ses serviteurs l'avaient déjà précédé avec les approvisionnements et les autres objets nécessaires au séjour du roi de France et de ses conseillers: ils étaient environ huit cents et conduisaient sur leurs chariots des tonneaux qui semblaient remplis de vin; leur nombre et ce que présentaient ces vastes apprêts, si peu d'accord avec l'abondance qui régnait à Gand, firent soupçonner quelque dessein sinistre, car le bruit courait depuis longtemps, parmi les bourgeois de Gand, que l'expédition de l'Ecluse était aussi bien dirigée contre eux que contre les Anglais, et ils craignaient les fureurs des Français qui avaient naguère mis à mort tous leurs concitoyens saisis à Damme. L'un d'eux, agité par sa méfiance et ses doutes, saisit un moment favorable pour toucher l'un de ces tonneaux, et il s'empressa de rapporter qu'il l'avait trouvé pesant et qu'assurément il ne contenait point de liquide. Tous les bourgeois s'assemblent aussitôt: ils s'écrient qu'ils veulent goûter le vin du roi; malgré la résistance qu'on leur oppose, ils brisent les tonneaux où ils découvrent des armes, et les serviteurs de Charles VI, dont la mort doit expier la mission exterminatrice, avouent, avant de succomber sous la hache du bourreau, qu'ils ont été chargés d'ouvrir les portes de la ville à leurs compagnons: «Tous les Gantois, disent-ils, étaient condamnés à périr; leur ville même devait être complètement détruite.»

Peu d'heures après, le sanglant dénoûment de ce complot était connu à l'Ecluse. Charles VI, devançant le départ des autres princes et celui des chevaliers, s'éloigna précipitamment; mais les Bretons, qui attendaient depuis quatre ans le pillage de Gand, cherchèrent à se consoler de leurs regrets en saccageant les maisons de l'Ecluse et en y outrageant les femmes, les veuves et les jeunes filles. A Bruges, leur passage fut signalé par de semblables désordres, mais toute la commune se souleva pour les réprimer. En ce même moment où les nouvelles du péril des Gantois augmentaient l'agitation du peuple, le duc de Berri, plus vivement désigné à sa haine parce que de vagues rumeurs l'accusaient de la mort de Louis de Male, arriva à Bruges où il se vit bientôt attaqué près du pont des Carmes, et renversé de cheval. Les chevaliers français se hâtaient de se réfugier dans leurs hôtels: on leur annonçait que les corps de métiers se réunissaient sur la place du Marché pour les combattre. Le sire de Ghistelles eut à peine le temps de monter à cheval. Issu de l'une des plus illustres maisons de Flandre qui était alliée (il est intéressant de l'observer) à celle de Jean de Heyle, il s'était acquis une grande influence en se faisant aimer du peuple. Il s'adressa aux bourgeois qui avaient pris les armes et réussit à les calmer par de douces paroles. Sans l'intervention du sire de Ghistelles, «il ne fût échappé, dit Froissart, ni chevalier, ni écuyer de France que tous n'eussent été morts sans merci.»

De pompeuses réjouissances eurent lieu en Angleterre lorsqu'on y apprit la retraite de Charles VI. Le roi Richard réunit à Westminster tous ceux qui avaient été chargés de la défense des provinces voisines de la mer et leur fit grand accueil. Mais bientôt on songea à profiter de la situation des choses: mille archers et cinq cents hommes d'armes se rendirent à bord d'une flotte que commandaient les comtes d'Arundel, de Nottingham, de Devonshire et l'évêque de Norwich, le fameux Henri Spencer. Après avoir croisé pendant tout l'hiver des côtes de Cornouailles aux côtes de Normandie, en épiant les navires français, elle se trouvait, dans les derniers jours de mars, à l'embouchure de la Tamise lorsqu'on signala des voiles ennemies à l'horizon; c'était la flotte du duc de Bourgogne, commandée par un chevalier *leliaert* nommé messire Jean Buyck, qui escortait un grand nombre de navires de la Rochelle chargés de douze ou de treize mille tonneaux de vins de Saintonge et de Poitou. Jean Buyck avait longtemps combattu les Anglais sur mer, il était sage et courageux, et comprit aussitôt que les vaisseaux anglais chercheraient à prendre le vent pour l'attaquer avant la nuit. Quoique décidé à éviter le combat, il arma ses arbalétriers et il ordonna en même temps au pilote de hâter la marche de la flotte, afin qu'elle repoussât les Anglais en se dérobant à leur poursuite. Déjà il était en vue de Dunkerque et il espérait pouvoir gagner l'Ecluse en côtoyant le rivage de la Flandre. Ce système réussit d'abord: quelques galères pleines d'archers anglais s'étaient avancées, mais leurs traits ne frappaient point leurs ennemis, qui ne se montraient pas et continuaient leur route. Enfin le comte d'Arundel s'élança au milieu d'eux avec ses gros vaisseaux; dès ce moment, la lutte fut sanglante et opiniâtre. Trois fois la marée se retirant obligea les combattants à se séparer et à jeter l'ancre; trois fois, ils s'assaillirent de nouveau.

Cependant la flotte bourguignonne s'approchait des ports de Flandre. Jean Buyck était parvenu à dépasser Blankenberghe et était près d'atteindre le havre du Zwyn: mais sa résistance s'affaiblissait d'heure en heure. Parmi les vaisseaux anglais, il en était un surtout qui attaquait avec acharnement les hommes d'armes du duc de Bourgogne; le capitaine qui en dirigeait les manœuvres se nommait Pierre Van den Bossche: il vengeait Barthélemi Coolman dont Jean Buyck avait été le successeur. En vain les Bourguignons espéraient-ils qu'une flotte sortirait de l'Ecluse pour les soutenir: ce port, qui avait armé tant de vaisseaux pour décider la victoire d'Edouard III, n'en avait plus pour protéger la retraite de l'amiral de Philippe le Hardi. Jean Buyck fut pris par les Anglais et avec lui cent vingt-six de ses navires. Pendant toute cette année, tandis que les vins de Saintonge se vendaient à vil prix en Angleterre, ils manquèrent complètement en Flandre, ce qui augmenta les murmures du peuple. Philippe le Hardi ne pouvait rien pour réparer ces revers; mais il fit de nombreuses démarches pour que son brave amiral lui fût rendu, et offrit inutilement, en échange de sa liberté, celle d'un prince portugais, fils d'Inès de Castro, qu'un autre jeu de la fortune retenait à cette époque captif à Biervliet. Jean Buyck devait passer trois années à Londres et y rendre le dernier soupir.

Pierre Van den Bossche voulait entrer dans le port même de l'Ecluse et y effacer par le fer et la flamme jusqu'aux derniers vestiges de l'expédition préparée pour la conquête de l'Angleterre. Là, sur les ruines de cette citadelle élevée comme un monument de la servitude de la Flandre, il aurait arboré le drapeau de Jean Yoens et de Philippe d'Artevelde. Le lion de Gand sommeillait à peine; les homme d'armes bourguignons s'étaient dispersés, et la France, épuisée par les impôts, ne pouvait plus rien. On ne voulut point l'écouter. Les Anglais se bornèrent à piller le village de Coxide et les environs d'Ardenbourg: ils n'avaient su profiter ni des sympathies populaires qui les appelaient, ni de la consternation de leurs ennemis qui s'était répandue jusqu'à Paris, où Charles VI écrivait au duc de Bourbon: «Vous sçavez, beaux oncles, si l'Escluse estoit prise, ce seroit la destruction de nostre royaume.»

Pierre Van den Bossche rentra à Londres avec les Anglais. N'osant plus rêver désormais la délivrance de la Flandre, il disparut tout à coup de la scène des révolutions et des grandes luttes politiques. Les dernières paroles de Pierre Van den Bossche que l'histoire nous ait conservées furent l'expression d'un patriotique regret pour son pays menacé et pour ses amis proscrits, parce qu'ils avaient été trop crédules et trop confiants. L'avenir ne réservait à sa vieillesse que l'oubli de l'exil et le silence du tombeau.

Le duc de Bourgogne ne se trouvait pas en Flandre lors de l'agression des Anglais; il avait accompagnée Charles VI à Paris. Malgré son court dissentiment avec le duc de Berri, son influence s'était maintenue. On en eut bientôt une nouvelle preuve. Depuis la mort de Louis de Male, les conseillers du roi avaient, à plusieurs reprises, soulevé la question de la restitution des châtellenies de Lille, de Douay et d'Orchies, à laquelle Philippe le Hardi s'était engagé par ses lettres secrètes du 12 septembre 1368; mais le duc de Bourgogne s'etait contenté de répondre qu'il était vrai que, vers le mois d'août 1368, le roi Charles V lui avait remis le texte de la promesse, sur laquelle il avait, peu de jours après, fait apposer son scel à Péronne, mais qu'il espérait dès ce moment que les lettres de transport des trois châtellenies lui seraient octroyées purement et simplement, sans aucune mention de conditions semblables, ce qui eut lieu en effet, et il ajoutait qu'il avait été expressément stipulé, dans la convention du 12 avril 1369, que ce transport ne serait pas fait comme donation à titre gratuit et sujette à révocation, mais «pour satisfier et faire raison à Monsieur de Flandres de dix mille livres à l'héritage qu'il demandoit au roy, par lettres du roy Jean et les siennes sur ce faictes.» Il observait aussi que cette charte annulait formellement toutes conventions contraires, «comme cassées, rappelées et mises du tout au néant,» alléguant qu'il n'avait pas eu le droit de disposer de ce qui touchait aux prétentions héréditaires de Marguerite de Male, et qu'il était d'ailleurs bien certain que c'était uniquement sur la foi de ces lettres de transport que les communes flamandes avaient consenti au mariage de l'héritière de leur comté. C'est ainsi qu'il cherchait lui-même dans la ruse des raisons pour déchirer un engagement qui n'avait d'autre origine qu'une ruse préparée pour tromper les villes de Flandre. Ce fut au retour de l'expédition de l'Ecluse, le 16 janvier 1386 (v. st.), qu'une transaction définitive confirma les réclamations de Philippe le Hardi, en ne laissant aux successeurs de Charles V que l'éventualité d'un droit de rachat après la mort de l'héritier immédiat du duc de Bourgogne, rachat qui ne pouvait, même dans ce cas, s'exécuter qu'en échange de possessions sises dans le Ponthieu, représentant dix mille livres tournois de rente, c'est-à-dire d'une valeur égale à celle des trois châtellenies de Lille, de Douay et d'Orchies, qui avaient été cédées pour cette somme à Louis de Male.

Le duc de Bourgogne profitait en même temps de son autorité et de l'influence qu'il exerçait en France pour chercher à se soumettre cette redoutable cité de Gand, qui avait traité avec lui plutôt comme un Etat indépendant que comme une population rebelle, et, dans son désir de l'affaiblir et de la ruiner, il persécutait également tous ses bourgeois, ceux auxquels il devait la paix comme ceux auxquels il avait promis d'oublier la guerre.

Lorsque, dans les derniers jours de l'année 1379, il avait interposé sa médiation pour faire conclure entre Louis de Male et les Gantois le traité d'Audenarde, deux hommes l'avaient secondé de leur zèle et de leur appui le plus actif.

L'un, prudent conseiller de Louis de Male, était le prévôt d'Harlebeke, Jean d'Hertsberghe. Le comte de Flandre n'avait pas tardé à oublier ses services, car, neuf jours après la bataille de Roosebeke, traversant le bourg d'Harlebeke, où se conservent les traditions de nos premiers forestiers, il s'y était arrêté afin de sceller une charte qui prononçait la confiscation des biens de Jean d'Hertsberghe.

L'autre, le plus illustre des amis de Simon Bette et de Gilbert de Gruutere, Jean Van den Zickele, que Froissart appelle «un moult renommé homme sage,» avait survécu au prévôt d'Harlebeke; cependant six mois ne s'étaient point écoulés depuis le désastre du 27 novembre 1382, lorsqu'il fut cité à la cour de Charles VI pour se justifier d'une vague accusation de complicité avec Philippe d'Artevelde. Il ne parvint à se disculper à Paris que pour trouver de nouveaux accusateurs à Lille, et bientôt après, ayant inutilement réclamé l'intervention du duc Albert de Bavière, il y périssait dans un duel judiciaire, le 25 septembre 1384, moins d'un an après l'avénement du duc de Bourgogne.

En 1387, on voit éclater, sous la protection de Philippe le Hardi, d'autres vengeances dirigées contre les derniers représentants de la puissance des communes. Cette fois, l'ancien capitaine de Gand, François Ackerman, devait en être la victime. Pendant quelque temps, il avait été l'objet des flatteries du duc, qui avait voulu l'admettre parmi les officiers de sa maison; mais il les avait constamment repoussées et vivait dans la retraite, se contentant de se promener parfois, suivi de quelques valets qui portaient ses armes, au milieu de cette cité dont tous les bourgeois étaient pleins de respect pour lui; mais il arriva bientôt que le duc de Bourgogne s'opposa au maintien de cet usage qui s'était toujours conservé à Gand, et comme Ackerman se croyait au-dessus de cette ordonnance, le bailli lui demanda s'il songeait à recommencer la guerre et alla même jusqu'à le menacer de le considérer, s'il ne se hâtait point d'obéir, comme l'ennemi du duc de Bourgogne. Ackerman rentra tristement dans son hôtel et y fit déposer ses armes, de sorte qu'on ne le voyait plus se promener que confondu parmi les plus obscurs habitants et à peine accompagné d'un valet ou d'un page. Or, peu de temps après, un bâtard du sire d'Herzeele, qui l'accusait d'avoir contribué à la mort de son père, le suivit avec dix des siens, au moment où il revenait du quartier de Saint-Pierre, et l'assomma, par derrière, d'un violent coup de massue (22 juillet 1387). Le meurtrier était assuré de l'impunité.

Une sentence d'exil frappa les neveux d'Ackerman qui avaient voulu venger sa mort.

Le deuil régnait encore à Gand quand le duc de Bourgogne, sacrifiant l'espoir d'envahir l'Angleterre au désir ambitieux d'étendre sa domination vers le nord au delà de la Meuse et du Rhin, entraîna, malgré l'opposition du duc de Berri, Charles VI et toute la noblesse française à travers les solitudes des Ardennes et les marais du Limbourg pour guerroyer contre le duc de Gueldre, allié douteux des Anglais. Les pluies et les difficultés du pays firent échouer cette expédition comme celle de l'Ecluse, et après de si vastes préparatifs dirigés contre un si petit prince, il fallut se résoudre à conclure un traité qui semblait lui reconnaître une puissance qu'il n'avait jamais possédée.

Charles VI avait vingt ans: après avoir été deux fois le témoin de ces grandes entreprises qui avaient coûté tant d'argent à la France pour lui rapporter si peu d'honneur, il avait senti, à la voix du sire de Clisson, se réveiller dans son cœur de vagues souvenirs de la sagesse de Charles V; un éclair de raison avait jailli de son intelligence affaiblie; il était arrivé à Reims, au retour de son expédition de Gueldre, lorsque, dans une assemblée solennelle, le cardinal de Montaigu, évêque de Laon, exposa que l'âge du roi lui permettrait désormais de diriger lui-même le gouvernement. Les oncles du roi furent congédiés et remplacés par des conseillers actifs et prudents, qui abolirent les tailles générales et conclurent une trêve de trois ans avec les Anglais. Paris, recouvrant ses libertés confisquées six années auparavant, reçut pour prévôt Juvénal des Ursins, et le roi se rendit lui-même de province en province pour écouter les plaintes du peuple: il ne rappela auprès de lui les ducs de Berri et de Bourgogne que pour les contraindre à le suivre dans une expédition contre le duc de Bretagne, leur allié ou leur complice. Déjà il était arrivé dans le Maine, lorsque survint ce bizarre accident auquel les historiens attribuent l'ébranlement complet de sa raison. Quel était cet homme couvert d'une mauvaise cotte blanche, qui vint impunément, pendant une demi-heure, poursuivre le jeune prince de ses clameurs menaçantes et sinistres, sans qu'on songeât à l'arrêter? Une habile prévoyance n'avait-elle point préparé cette apparition pour troubler l'esprit de Charles VI, déjà tout peuplé de visions et de fantômes? Lorsque les ducs de Bourgogne et de Berri eurent vu éclater ce terrible accès de folie qui coûta la vie à plusieurs chevaliers, ils s'écrièrent tout d'une voix: «Le voyage est fait pour cette saison, il faut retourner au Mans.» «Et encore, ajoute Froissart, ne disoient pas tout ce qu'ils pensoient.» Dès ce moment, ils recouvrèrent toute leur influence dans les affaires, et Marguerite de Male se chargea de gouverner le palais d'Isabeau de Bavière; les conseillers du roi furent exilés, dépouillés de leurs biens, et la plupart eussent péri dans les supplices sans les prières de la duchesse de Berri, et si l'on n'eût craint un instant le retour de la raison du roi. L'évêque de Laon était déjà mort, non sans soupçon de poison.

Plus l'autorité des ducs de Bourgogne se consolide en France, plus elle devient écrasante en Flandre. En 1387, Philippe le Hardi fait décrier la monnaie des comtes de Flandre et la remplace par des écus aux armes de Flandre et de Brabant qu'il nomme *Roosebeekschers*: menaces imprudentes, puisqu'elles rappelaient à la Flandre que le jour où elle avait succombé, les héritiers de ses princes se trouvaient parmi ses ennemis.

Le duc de Bourgogne alla plus loin; ce n'était point assez qu'il eût opprimé les communes flamandes, brisé leur bannière, anéanti tous les symboles de leur nationalité; il voulut qu'elles humiliassent devant lui non-seulement le front ou le regard, mais leur conscience, ce dernier asile de la liberté de l'homme, croyant qu'il lui serait facile d'en effacer le même jour, avec le souvenir de leurs devoirs vis-à-vis de leur pays, celui de leurs devoirs vis-à-vis de Dieu. La Flandre était convaincue que, hors du giron de l'Eglise romaine, il n'y avait qu'un schisme dangereux qui devait perpétuer vis-à-vis des princes temporels l'asservissement du pontificat suprême, et lorsque tous les obstacles qui protégeaient la Flandre eurent disparu, la fidélité qu'elle montrait dans son zèle religieux resta debout comme une barrière qui séparait les vainqueurs et les vaincus.

Dès le commencement du schisme, les conseillers du roi de France s'étaient vivement préoccupés du parti qu'embrasserait la Flandre. Il existe un mémoire adressé à Louis de Male par un ambassadeur de Charles V où l'on cherchait à persuader aux communes flamandes de se prononcer en faveur de Clément VII, parce qu'Urbain VI était, disait-on, hostile aux Anglais; une seconde dissertation conçue dans le même but avait été remise au comte de Flandre par Jean Lefebvre, abbé de Saint-Vaast; mais ni les communes, ni le comte lui-même ne s'étaient laissé ébranler. Jean de Lignano, célèbre théologien de Bologne, les avait confirmés dans leur sentiment, en discutant dans un long mémoire les droits des deux papes. Bien que Clément VII appartînt par son aïeule, Marie de Dampierre, à la maison de Flandre et qu'il eût en lui-même, pendant qu'il était évêque de Térouane et de Cambray, de fréquentes relations avec Louis de Male, celui-ci avait cru devoir d'autant plus repousser ses prétentions que Clément VII, alors cardinal de Genève, lui avait écrit lui-même pour vanter la piété d'Urbain VI, appelé depuis peu de jours au pontificat suprême. «Après avoir pesé les relations qui nous sont venues d'Italie, nous continuerons, avait déclaré le comte de Flandre, à reconnaître pour vrai pape, celui dont l'élection est la plus ancienne.» Les communes flamandes, qui avaient longtemps gémi sur l'exil des papes à Avignon, s'étaient aussi prononcées unanimement en faveur du pape de Rome, en refusant au cardinal Gui de Maillesec, légat clémentin, l'accès de leurs frontières. Si Clément VII, élevé au pontificat par l'influence française dans la ville d'Anagni et bientôt réduit à se retirer aux bords du Rhône, semblait porter en mémoire de Clément V le nom de Clément VII, le successeur d'Urbain VI avait pris celui de Boniface IX, qui rappelait l'odieux attentat dont cette même ville d'Anagni avait autrefois été le théâtre.

Jean de Lignano avait à plusieurs reprises exprimé le vœu qu'un concile mît un terme aux incertitudes du schisme en statuant sur la rivalité des deux papes; cette opinion soutenue en France par les plus savants docteurs de l'université, avait été aussi, disait-on, le dernier vœu de Charles V, et elle prenait chaque jour plus d'extension. Philippe craignait qu'elle ne dominât dans l'assemblée des clercs de Flandre à laquelle, lors de la paix de Tournay, il avait été fait allusion dans les requêtes des Gantois, et l'un des cardinaux clémentins, Pierre de Sarcenas, archevêque d'Embrun, fut chargé de rédiger des instructions secrètes sur la réponse que le duc de Bourgogne pourrait faire à ces réclamations, en ayant soin de cacher toutefois qu'elle lui avait été dictée par le pape d'Avignon. «Ne vaut-il pas mieux, disait-il dans ce mémoire, chercher à ajourner cette assemblée, si les Flamands ne persistent point à exiger qu'elle soit tenue? Les Flamands voudraient-ils investir le concile d'une autorité souveraine et arbitrale? En effet, si Urbain est un intrus, pourquoi le reconnaissent-ils? S'il est vrai pape, comment accorderaient-ils à un concile le droit de le déposer? Où trouverait-on, au moment où toute l'Europe est divisée par les guerres, un lieu qui offrît sûreté pour tous? Les Anglais consentiraient-ils à venir en France? Les partisans du pape Clément se rendraient-ils dans un pays soumis au pape Urbain, ceux du pape Urbain dans un pays soumis au pape Clément? Si tous les prélats s'assemblaient ainsi, que deviendraient les diocèses et les abbayes? Les rois qui ont reconnu Clément VII ne peuvent d'ailleurs pas souffrir aisément qu'on examine s'ils sont hérétiques.»

Les actes du synode de Gand ont été perdus, et ce n'est qu'en comparant les monuments épars de l'histoire ecclésiastique du moyen-âge que l'on retrouve quelques traces des débats qui, au quatorzième siècle, préoccupaient si vivement tous les esprits. En 1337, les Gantois excommuniés par les évêques français avaient chargé Jean Van den Bossche d'aller consulter les clercs de Liége; il paraît qu'en 1390, également menacés dans l'exercice de leur foi religieuse par un prince étranger et les légats du pape d'Avignon, ils recoururent de nouveau à l'habileté des théologiens de la grande cité épiscopale des bords de la Meuse, qui, pour les peuples des Pays-Bas, était la Rome du Nord.

La réponse des chanoines de Saint-Lambert ne se fit point attendre: «Au très-illustre duc de Bourgogne, comte de Flandre, le chapitre de Liége. Afin que vous connaissiez clairement notre opinion sur les choses qui nous ont été écrites, nous vous prions de vouloir bien croire que ce n'est pas par légèreté ni par esprit de parti que nous nous sommes soumis à l'obédience du pape Urbain VI, mais conformément au témoignage des anciens cardinaux, qui possédaient le pouvoir d'élire un pape et non celui de le déposer. Que votre magnanimité daigne se garder des conseils perfides de ceux qui, étant les auteurs du schisme, ont livré le monde à de si funestes divisions: car ce sont eux qui, de leur propre autorité, ont refusé d'obéir à Urbain VI de sainte mémoire, lorsqu'il était déjà investi du pontificat suprême; à la fois accusateurs, témoins et juges, ils ont démenti leur propre conduite et condamné tour à tour les deux partis, puisqu'ils ont reconnu et rejeté successivement le même pape; ce sont ceux-là, illustre prince, qui ont véritablement fait naître le schisme, en foulant aux pieds toutes les règles du droit et de la justice. Daignez remarquer que si leur manière de procéder est licite, aucun évêque, aucun prince ne peut jouir tranquillement de ses honneurs, puisqu'il serait permis à leurs sujets de les renier pour seigneurs et de renoncer de leur propre autorité à tous les liens de l'obéissance. Vit on jamais un appel plus manifeste à la rébellion? et combien ne devons-nous point nous attrister de ce que ce soient ces mêmes hommes qui trouvent de si puissants protecteurs!»

Philippe le Hardi n'écouta point ces représentations, et le seul résultat du synode de Gand fut le droit que conserva la Flandre, moyennant le payement de soixante mille francs, de continuer à rester libre et neutre au milieu des tristes déchirements du schisme.

Cette trêve religieuse dura à peine quelques mois: vers la fin de 1390, Simon, évêque de Térouane, déclara renoncer à l'obédience du pape de Rome pour se soumettre à celle de Clément VII, et, presque au même moment, les habitants d'Anvers l'imitèrent: c'était le signal d'un mouvement de prosélytisme religieux que le duc de Bourgogne voulait favoriser par tous les moyens, par la corruption comme par la violence; ce fut en vain que l'évêque élu de Liége, Jean de Bavière, reçut de Boniface IX l'ordre de poursuivre les clémentins, et que l'évêque d'Ancône fut spécialement désigné comme légat pour combattre les progrès du schisme en Belgique. Leurs efforts devaient échouer devant la volonté énergique du duc de Bourgogne, qui avait récemment fait défendre à ses sujets, sous les peines les plus sévères, d'obéir au pape de Rome. Dès ce jour, les églises des villages se fermèrent; le peuple eût arraché de l'autel le prêtre qui se fût rendu coupable d'apostasie: à peine quelque clerc clémentin osait-il célébrer les divins offices dans la chapelle des châteaux, protégé par une double enceinte de fossés et de créneaux. A Bruges, Jean de Waes, curé de Sainte-Walburge, monta en chaire pour déclarer que le Seigneur maudirait tous ceux qui reconnaîtraient le pape d'Avignon, et il quitta aussitôt après la Flandre. L'abbé de Saint-Pierre et l'abbé de Baudeloo suivirent son exemple, et l'on vit un grand nombre de religieux et de bourgeois se retirer à Londres, à Liége ou à Cologne.

Philippe le Hardi, irrité de cette résistance, multipliait ses menaces et ses rigueurs pour l'étouffer; et l'histoire a conservé le nom de Pierre de Roulers, l'un des magistrats de Bruges et l'un des plus riches bourgeois de cette ville, qui fut décapité à Lille parce qu'on le croyait favorable aux urbanistes. Jean Van der Capelle fut, sous le même prétexte, privé de la dignité de souverain bailli de Flandre. Ce fut aussi au milieu de ces persécutions que succomba la dernière victime de l'ingratitude de Philippe le Hardi, «ce chevalier de Flandre qui s'appeloit Jean de Heyle, sage homme et traitable, qui avoit rendu grand peine à la paix de Tournay;» chargé de chaînes comme ennemi des clémentins, il expia par une fin cruelle une médiation généreuse; mais sa mort même répandit une dernière auréole sur sa vertu. «Pour ledit temps, dit un chroniqueur anonyme du quatorzième siècle, tenoit ledit ducq de Bourgogne prisonnier un chevalier de Flandres, nommé Jehan d'Elle, dont par-dessus est faicte mencion, lequel chevalier moru en ladite prison, si comme on disoit comme martir, pour cause de ce que il fut bien deux mois que oncques ne mangea, et estoit tous jours en oraisons en ladite prison.»

Le duc de Bourgogne n'ignorait pas combien le peuple murmurait de voir toutes les cérémonies religieuses suspendues, comme s'il avait été frappé de quelque sentence d'anathème: il jugea utile d'appeler d'autres prêtres dans les églises des villes, en inaugurant avec pompe l'avénement du clergé clémentin; et bientôt après, il se rendit lui-même à Bruges, accompagné de l'évêque de Tournay, Louis de la Trémouille. Néanmoins, le peuple persistait dans ses sentiments. Lorsque aux fêtes de la Pentecôte l'évêque de Tournay ordonna de nouveaux clercs dans l'église de Saint-Sauveur, toutes les nefs restèrent vides, et peu de jours après, le prélat clémentin s'étant rendu à l'Ecluse pour y accomplir le même acte de son ministère, un violent incendie éclata dans la paroisse de Notre-Dame où cette cérémonie devait avoir lieu, ce qui parut aux habitants un remarquable signe de la colère du ciel.

La cité de Gand osait seule résister ouvertement aux ordres de Philippe le Hardi. Dès qu'ils avaient été proclamés, une émeute y avait éclaté, et il avait fallu pour la calmer recourir à l'intervention des prêtres urbanistes. Le duc de Bourgogne avait reconnu que, pour imposer le pape d'Avignon aux Gantois, il fallait recommencer la guerre: il recula, et Gand, depuis longtemps la métropole de la liberté politique, devint, par une nouvelle transformation de sa puissance, celle de la liberté religieuse: on y accourait de toutes parts, non plus pour y saluer le *rewaert* de Flandre, mais pour y prier sans entraves au pied d'un autel et s'y unir aux processions solennelles qui parcouraient la ville sous la garde des bourgeois armés. Jadis asile des défenseurs de la patrie proscrits et menacés, elle appelait maintenant à elle toutes les âmes à la foi brûlante et vive, et l'on vit, aux fêtes de Pâques 1394, la population de Bruges, abandonnant presque tout entière ses foyers, se presser dans ses églises pour y assister à la célébration des sacrés mystères.

Cependant, le duc de Bourgogne avait formé le dessein de donner à sa dynastie cette sanction de la gloire qui lui manquait pour la consolider: si Robert le Frison avait fait bénir à Jérusalem la légitimité de ses droits, jusque-là contestés et douteux, il voulait aussi chercher au pied des remparts de la cité sainte la justification de son zèle en faveur des clémentins, et il ne s'agissait de rien moins que de renouveler les merveilleuses croisades de Godefroi de Bouillon et de Baudouin de Constantinople: qui aurait osé reprocher aux libérateurs de l'Orient d'être les défenseurs d'un schisme impie?

Les progrès des infidèles devenaient de jour en jour plus alarmants. Le fratricide Bajazet, surnommé *l'Eclair* par les historiens ottomans, venait de succéder à Amurath. Maître de la Romanie et de la Thessalie, il était le premier des sultans qui eût osé assiéger Constantinople et franchir le Danube. Les plus importantes forteresses situées sur la rive droite de ce fleuve, Silistrie, Widin, Nicopoli, Rachowa, étaient tombées en son pouvoir, et lorsqu'une ambassade hongroise était venue lui demander quels étaient ses droits sur la Bulgarie, il leur avait montré les trophées des villes conquises suspendus aux parois de son palais. «La main du Seigneur, raconte le moine de Saint-Denis, s'était appesantie sur les chrétiens; il avait résolu de les châtier de la verge de sa colère. La nombreuse nation des Turcs, pleine de confiance dans l'étendue de ses forces et transportée du désir de soumettre à sa domination toute la chrétienté, avait traversé la Perse et se préparait à commencer la guerre en attaquant l'empire de Constantinople. Le chef des infidèles avait conquis seize journées de pays et menaçait Byzance de ses assauts multipliés. Il espérait l'appui du sultan de Babylone, et fondait sur les divisions des chrétiens les plus vastes espérances; car dans un songe il avait cru voir Apollon lui offrir une couronne d'or étincelante de pierreries, dont l'éclat lumineux lui montrait à l'occident treize princes revêtus de la croix, qui s'inclinaient devant lui.» L'on ajoutait qu'il se vantait d'aller établir à Rome le siége de son empire et d'y faire manger l'avoine à son cheval sur l'autel de saint Pierre.

Le roi de Hongrie, dont les Etats formaient depuis longtemps la barrière de la chrétienté, avait adressé à Charles VI les lettres les plus pressantes pour lui faire connaître les périls dont il était menacé; c'était de l'avis du duc de Bourgogne que cette démarche avait eu lieu, et il l'appuya de toutes ses forces dans le conseil du roi; il semblait qu'il eût recueilli avec l'héritage de la Flandre la noble mission de s'opposer aux progrès des infidèles et le droit de rallier sous la bannière de l'un des princes de sa maison tous les barons et tous les chevaliers des royaumes de l'Occident.

Jean de Bourgogne, comte de Nevers, fils aîné du duc, avait vingt-cinq ans; si son père unissait une incontestable habileté et un grand courage à ce faste qui éblouit le peuple, il ne possédait aucune de ces qualités: une ambition haineuse et jalouse couvait sous une feinte inertie. Les chroniqueurs nous le représentent d'un caractère sombre; sa taille était difforme; sa physionomie muette et glacée ne s'éclairait jamais. Le moment était arrivé où il devenait nécessaire qu'il s'initiât aux épreuves de la guerre. Jacques de Vergy, Gui et Guillaume de la Trémouille et d'autres chevaliers exposèrent au duc de Bourgogne qu'il ne pourrait le faire plus honorablement que dans une expédition dirigée contre les infidèles. Philippe le Hardi applaudit à ce projet, qui fut approuvé par Charles VI, et bientôt l'on raconta de toutes parts que le comte de Nevers allait traverser l'Allemagne pour vaincre Bajazet sous les murs de Constantinople et délivrer ensuite Jérusalem et le Saint-Sépulcre.

On s'occupait déjà activement des préparatifs de la croisade. Une foule de chevaliers avaient réclamé l'honneur d'y prendre part. L'un des plus fameux était le sire de Coucy, que le duc de Bourgogne avait choisi pour que le comte de Nevers se laissât guider par ses conseils. On remarquait aussi parmi les barons français le comte d'Eu, que l'influence du duc de Bourgogne avait élevé à la dignité de connétable après la disgrâce du sire de Clisson, Henri et Philippe de Bar, et l'amiral de France Jean de Vienne. Mais c'était surtout parmi les chevaliers de Flandre et de Hainaut, toujours pleins de zèle pour les expéditions d'outre-mer, que le duc avait trouvé le plus grand enthousiasme pour la croisade.

Le 6 avril 1396, le comte de Nevers, sans attendre plus longtemps ceux qui étaient en marche pour le rejoindre, quitta Paris avec une armée qui, d'après les témoignages les plus exacts, n'était en ce moment que de mille chevaliers, de mille écuyers et de quatre mille sergents. Elle traversa lentement l'Allemagne. Si le comte de Nevers croyait y retrouver les traces des héros de la première croisade, les hommes d'armes qui l'accompagnaient rappelaient bien davantage, par leurs désordres, les bandes indisciplinées qui avaient suivi Pierre l'Ermite.

Le roi de Hongrie, Sigismond de Luxembourg, attendait à Bude Jean de Nevers dont l'armée, jointe à la sienne, s'élevait, selon un récit probablement exagéré, à plus de cent mille chevaux, en y comprenant les Allemands et les milices réunies par l'ordre Teutonique et l'ordre de Saint-Jean de Jérusalem. Tandis que le roi de Hongrie traversait la Servie, le comte de Nevers s'avança vers la Valachie. Les croisés d'Occident employèrent huit jours à passer le Danube; dès qu'ils eurent touché la rive opposée, Jean de Nevers se fit armer chevalier, et trois cents jeunes écuyers imitèrent son exemple. Ils retrouvèrent les Hongrois qui s'étaient déjà emparés de Widin et d'Orsowa, devant les remparts de Nicopoli qui furent aussitôt étroitement bloqués de toutes parts.

Nicopoli, devenue une importante position militaire dans les guerres du règne d'Amurath Ier, n'était point une ville plus ancienne que Widin ou Orsowa. Elle avait emprunté son nom à une cité voisine qui n'était plus connue que sous la dénomination barbare de Trinovi; mais ce nom même de Nicopoli, ce nom de *ville de la victoire* qu'Auguste avait donné à une autre ville grecque après la bataille d'Actium, eût été d'un heureux augure pour les chevaliers chrétiens, s'ils avaient pu oublier que Trinovi, l'ancienne Nicopoli, était cette capitale de l'empire de Joanince, où l'empereur Baudouin de Flandre avait péri chargé de chaînes, après une défaite qu'il avait méritée par son imprudence.

Le siége se prolongeait: les croisés avaient dressé leurs tentes dans une plaine fertile, couverte de jardins et de vignobles. La plupart passaient leurs journées au milieu des jeux et des banquets; quelques-uns seulement déploraient cette honteuse inertie qui, sur les frontières mêmes des infidèles, paraissait déjà énerver toutes les forces des chrétiens. Le sire de Coucy déclara le premier que la croisade lui imposait d'autres devoirs, et, prenant avec lui cinq cents lances et autant d'arbalétriers à cheval, il alla, guidé par quelques chevaliers hongrois, reconnaître le pays.

Peu de jours s'écoulèrent avant que ses chevaucheurs lui annonçassent que vingt mille Turcs s'approchaient. Il se hâta de choisir une bonne position au milieu d'une forêt, et envoya en avant une centaine de lances pour attirer les Turcs dans les embûches qu'il avait habilement préparées. Ce qu'il avait prévu arriva. Les Turcs, s'étant élancés en désordre afin de poursuivre son avant-garde, se virent tout à coup entourés par les croisés qui les dispersèrent et en firent un terrible carnage. Pas un seul ne fut reçu à merci, car les vainqueurs ne prévoyaient point à quoi pourrait leur servir un exemple de clémence.

La ville de Nicopoli était près de capituler, mais déjà l'armée de Bajazet s'avançait, se déployant sur une largeur de près d'une lieue. Huit mille Turcs la précédaient; selon l'ordre qu'ils avaient reçu, dès que les chrétiens les attaqueraient, ils devaient, par une manœuvre semblable à celle du sire de Coucy, se retirer au centre de l'armée qui les suivait, afin de permettre aux deux ailes d'envelopper les assaillants: «Plus la vengeance de Dieu est tardive, plus elle est terrible,» s'était écrié Bajazet.

Le lundi avant la Saint-Michel (25 septembre 1396), vers dix heures du matin, au moment où les chefs de l'armée chrétienne étaient à dîner, on vint leur annoncer l'approche des ennemis. Ils ne purent le croire, car ils avaient coutume de répéter qu'ils étaient assez forts pour soutenir le ciel sur leurs lances et que les infidèles n'oseraient jamais les attaquer. D'ailleurs, les nouvelles qu'on leur apportait étaient vagues: on ignorait si les Turcs étaient nombreux et si Bajazet se trouvait avec eux. Malgré cette incertitude, les chevaliers, la plupart échauffés par le vin, demandèrent leurs armes et leurs chevaux et se mirent aussi bien qu'ils le purent en ordre de bataille.

Cependant, le roi de Hongrie, remarquant les préparatifs du comte de Nevers, avait envoyé en toute hâte le maréchal de son armée le supplier de ne pas engager le combat avant d'avoir reçu des renseignements plus positifs. Les conseillers du jeune prince s'assemblèrent aussitôt. Le sire de Coucy appuyait l'avis de Sigismond. Mais le comte d'Eu, depuis longtemps jaloux du sire de Coucy, s'empressa de combattre son opinion en disant qu'il était bien résolu à ne pas laisser au roi de Hongrie l'honneur de la journée. Et en même temps, il ordonna à l'un de ses chevaliers de se porter en avant avec sa bannière. Le sire de Coucy ne se dissimulait point tout le danger de cette résolution: il consulta le sire de Vienne sur ce qu'il y avait lieu de faire: «Sire de Coucy, repartit l'amiral de France, là où l'on n'écoute ni la vérité ni la raison, l'orgueil décide de tout, et puisque le comte d'Eu veut combattre, il faut que nous le suivions.» Ils parlaient encore et déjà il n'était plus temps d'entendre les conseils de la prudence. Les deux ailes ennemies, fortes chacune de soixante mille hommes, se rapprochaient de plus en plus et enfermaient les chrétiens dans un cercle menaçant.

Tous ces nobles chevaliers qui s'étaient crus trop assurés du triomphe comprirent que leur courage seul pouvait les sauver. Ils s'élancèrent vers le premier corps de l'armée turque et l'avaient culbuté, malgré les pieux ferrés qui le protégeaient, quand, parvenus au sommet d'une colline, ils aperçurent devant eux les quarante mille janissaires de Bajazet. Attaqués de toutes parts par les champions les plus redoutables de l'islamisme, ils cherchèrent vainement à se rallier autour de Jean de Vienne, qui portait la bannière de Notre-Dame: six fois elle fut abattue par les infidèles, six fois Jean de Vienne la releva, et il périt en la tenant serrée dans ses bras.

Le comte de Nevers était resté étranger à cette mêlée; moins heureux toutefois que le roi de Hongrie qui réussit à rentrer dans ses Etats, il fut atteint par les Turcs et dut la vie aux prières les plus humbles de ses serviteurs réunis autour de lui. «Les Turcs, poursuivant avec acharnement les chrétiens épars, parvinrent, dit le religieux de Saint-Denis, jusqu'au comte de Nevers. Ils le trouvèrent entouré d'un petit nombre d'hommes d'armes qui, prosternés à terre et dans l'attitude de la soumission, supplièrent instamment qu'on épargnât sa vie. Les Turcs, dont la fureur commençait à se lasser, leur accordèrent cette grâce. A l'exemple du comte, les autres chrétiens se résignèrent comme de vils esclaves à une honteuse servitude, s'exposant à un éternel déshonneur pour sauver leur misérable vie.» Ce ne fut que douze ans après que le comte de Nevers reçut dans une guerre contre les Liégeois le surnom de Jean sans Peur.

La joie des Turcs avait été grande quand, pénétrant dans le camp des chrétiens, ils le trouvèrent rempli d'approvisionnements et d'objets précieux. Bajazet vint lui-même visiter la tente qu'avait occupée le roi de Hongrie. Il s'y assit sur un tapis de soie, entouré de joueurs de flûte et de poètes qui chantaient son triomphe; mais lorsqu'il la quitta, afin de parcourir le champ de bataille, l'enivrement de sa gloire se dissipa. Les vainqueurs comptaient soixante mille cadavres parmi les morts, et autour de chaque chrétien on remarquait trente Turcs gisant à terre. Ce fut en ce moment que Bajazet versa, dit-on, des pleurs de rage et de douleur en jurant qu'il vengerait le sang des siens par celui de dix mille prisonniers tombés en son pouvoir.

Il passa la nuit dans une sombre fureur, et dès que le jour eut paru, il ordonna que tous les captifs fussent amenés devant lui. Ils défilèrent les uns après les autres devant le sultan des Ottomans, dépouillés de leurs vêtements et accablés d'outrages. Ils savaient bien quel sort leur était réservé, et renonçant désormais à l'espoir d'être rendus à leur patrie et à leurs familles, ils s'encourageaient les uns les autres en se promettant les palmes du martyre. «C'est pour Jésus-Christ que nous répandons notre sang, s'écriait un chevalier allemand conduit devant Bajazet, ce soir nous habiterons le ciel.» Bajazet gardait le silence, et à mesure que les chrétiens passaient devant lui, un signe de sa main avertissait le bourreau de n'épargner aucun de ses ennemis. Là périt, avec cent autres barons, le sire d'Antoing, «ce gentil chevalier,» fameux par ses exploits. Cependant quand le comte de Nevers parut, implorant de nouveau, comme la veille, la générosité des vainqueurs pour lui et pour ses amis, il l'excepta de la sentence commune et sacrifia sa colère au désir secret de se faire payer une immense rançon par ces contrées soumises à l'autorité du duc de Bourgogne, dont les richesses et la prospérité étaient fameuses dans tout l'Orient; mais il voulut qu'il continuât à être le témoin de cette sanglante immolation, à laquelle n'échappèrent avec leur chef que vingt-quatre chrétiens: c'étaient entre autres le comte d'Eu, le comte de la Marche, le sire de Coucy, Henri de Bar, Gui de la Trémouille, le maréchal Boucicault, et quatre chevaliers flamands, nommés Nicolas Uutenhove, Jean de Varssenare, Gilbert de Leeuwerghem et Tristan de Messem.

Deux de leurs compagnons de captivité avaient puissamment contribué à sauver le fils du roi de Flandre, comme l'on appelait en Orient le duc de Bourgogne. L'un était le sire de Helly, chevalier d'Artois, l'autre Jacques du Fay, écuyer du Tournaisis. Par un heureux hasard, ils comprenaient tous les deux la langue des infidèles. Le sire de Helly avait servi autrefois le sultan

Amurath, père de Bajazet; le sire du Fay avait pris part aux guerres du kan des Tartares.

Ce fut le sire de Helly qui reçut avec Gilbert de Leeuwerghem la mission de porter en Occident les lettres où Jean de Nevers réclamait de son père l'intervention la plus prompte en sa faveur. Déjà de désastreuses nouvelles, que les fuyards arrivés en Allemagne semaient devant eux, s'étaient répandues en France; mais le roi avait fait défendre de répéter ces vagues rumeurs, et on enferma au Châtelet tous ceux qui les avaient propagées, pour les noyer s'ils étaient convaincus de mensonge.

On ne les noya pas: la nuit de Noël, Jacques de Helly arriva à Paris et se rendit aussitôt à l'hôtel Saint-Paul où se tenait le roi. La solennité de ce jour y avait réuni les ducs de Bourgogne, de Berri, de Bourbon, d'Orléans et une foule de hauts barons. On leur annonça qu'un chevalier tout housé et éperonné demandait à entrer, et qu'il venait de la bataille de Nicopoli. On l'introduisit aussitôt. Il s'agenouilla devant le roi et raconta la défaite des chrétiens, dans laquelle Bajazet avait, moins par clémence que par cupidité, respecté les jours du comte de Nevers. Tous les barons versaient des larmes; le duc de Bourgogne n'était pas moins affligé de voir son fils captif chez les infidèles, mais il espérait beaucoup de l'intervention du sire de Helly, qu'il avait nommé son chambellan, et auquel il avait donné une somme de deux mille francs et deux cents livres de rente. Il s'était empressé de lui demander quels étaient les présents que l'on pourrait offrir à Bajazet, afin de le calmer et d'obtenir qu'il traitât généreusement les prisonniers, et Jacques de Helly avait répondu «que l'Amorath prendroit grand'plaisance à voir draps de hautes lices ouvrés à Arras, mais qu'ils fussent de bonnes histoires anciennes.» Il supposait qu'il recevrait aussi volontiers quelques-uns de ces faucons blancs que l'on désignait communément sous le nom de *gerfauts*, et il fut convenu que l'on joindrait à ces présents quelques pièces d'écarlate et de toiles blanches de Reims.

Douze jours s'étaient à peine écoulés depuis l'arrivée du sire de Helly, lorsqu'il quitta la France, le 20 janvier 1396 (v. st.), avec le sire de Chateaumorand, pour retourner en Orient. Le duc de Bourgogne avait fait venir d'Arras «des draps de haute lice, les mieux ouvrés qu'on pût avoir et recouvrer; et estoient ces draps faits de l'histoire du roi Alexandre, laquelle chose étoit très-plaisante et agréable à voir à toutes gens d'honneur et de bien.» On avait aussi choisi à Bruxelles de belles étoffes d'écarlate, blanches et vermeilles; elles étaient faciles à trouver en les payant bien, mais on eut grand'peine à se procurer si promptement les gerfauts. Leur rareté faillit faire manquer l'ambassade.

Le duc et la duchesse de Bourgogne avaient introduit une sévère économie dans leur maison. Leur vaisselle avait été mise en gage, et ils s'étaient adressés aux marchands génois et lombards qui, à cette époque, étaient les plus riches de l'Europe. Dès que le sire de Helly fut revenu, ils le renvoyèrent de nouveau en Orient avec Gilbert de Leeuwerghem. On lui avait remis des lettres d'un célèbre marchand lombard de Paris, nommé Dino Rapondi, qui chargeait un autre marchand, habitant l'île de Scio, de se porter caution pour les rançons des captifs à quelque somme qu'elles s'élevassent. Le roi de Chypre et les sires d'Abydos et de Mételin intervinrent également, et Bajazet consentit à fixer la rançon à deux cent mille ducats. Les marchands italiens s'engagèrent pour le comte de Nevers, et celui-ci, à son tour, promit de rester en otage à Venise jusqu'à ce que cette somme leur aurait été restituée.

Avant que ces négociations s'achevassent, le sire de Coucy était mort à Brousse où avaient été conduits les prisonniers chrétiens, et le comte d'Eu, épuisé de privations et de fatigues, avait peu tardé à le suivre dans le tombeau.

Cependant Bajazet avait donné l'ordre de traiter avec respect le comte de Nevers, et dès que les conditions de sa rançon eurent été réglées, il le considéra moins comme son captif que comme un hôte auquel il voulait montrer combien sa puissance était grande et sa colère redoutable. Un jour il fit en sa présence ouvrir le ventre à l'un de ses icoglans qu'une pauvre femme accusait de lui avoir dérobé le lait de sa chèvre; un autre jour, il menaça deux mille de ses fauconniers de leur faire trancher la tête parce qu'un aigle avait été mal poursuivi.

Enfin il permit aux captifs de s'éloigner; mais avant de leur rendre la liberté, il fit appeler devant lui le comte de Nevers et lui dit: «Jean, je sais que tu es en ton pays un grand seigneur et fils de grand seigneur. Tu es jeune, et il peut arriver que pour recouvrer ton honneur, tu veuilles me faire de nouveau la guerre. Si je te craignais je pourrais te faire jurer, avant ta délivrance, que jamais tu ne t'armeras contre moi. Mais je ne te ferai pas faire ce serment, et s'il te plaît de réunir tes armées contre moi, tu me trouveras toujours tout prêt à te livrer bataille, et ce que je te dis, dis-le aussi à tous ceux que tu verras, car je suis né pour ne jamais m'arrêter dans mes combats ni dans mes conquêtes.»

Le comte de Nevers et ceux de ses amis que la mort avait épargnés se dirigèrent de Brousse vers l'un des ports de la Propontide, et ils y trouvèrent des vaisseaux pour se rendre, en suivant le rivage de la Troade, dans l'île de Mételin, l'ancienne Lesbos, que gouvernait un noble Génois de la maison de Gattilusio. Ce prince, l'un des derniers barons chrétiens d'Orient, leur offrit des toiles fines et des draps de Damas; il chercha surtout à leur faire oublier, au milieu des plaisirs, les malheurs de la captivité et de l'exil. La dame de Mételin, gracieuse et belle, était digne de régner dans la patrie de Sapho, «car elle savoit d'amour tout ce que on en peut savoir sur toutes autres en la contrée de Grèce.»

D'autres galères portèrent les chevaliers croisés de Métclin dans l'île de Rhodes où le grand prieur d'Aquitaine prêta trente mille francs au comte de

Nevers. Ils y demeurèrent longtemps, attendant la flotte de Venise qui devait aller les y chercher. Lorsqu'elle arriva, Gui de la Trémouille venait de rendre le dernier soupir, et ils apprirent aussi que le sire de Leeuwerghem était mort après une horrible tempête en retournant en Occident.

Le comte de Nevers reste seul insensible à tous ces désastres: il néglige les enseignements de l'adversité et ne comprend pas mieux les devoirs que la liberté lui impose. Ni la honte de sa défaite, ni le mépris insultant de Bajazet, ni la triste fin de ses compagnons les plus braves et les plus illustres n'ont pu l'instruire; l'Orient le retient sous un ciel néfaste, enivré de mollesse et de volupté; il erre lentement de Mételin à Rhodes, de Rhodes à Modon, de Modon à Zante, sur ces mers où le chantre de l'Odyssée plaça les nymphes dont les charmes perfides faisaient oublier la patrie: au quatorzième siècle, le farouche Jean de Nevers a remplacé le sage Ulysse, mais les nymphes de l'épopée antique sont immortelles, et c'est Froissart qui reprend le récit d'Homère: «Et de là vinrent cheoir en l'île de Chifolignie et là ancrèrent. Et issirent hors des gallées, et trouvèrent grand nombre de dames et damoiselles qui demeurent au dit île et en ont la seigneurie, lesquelles reçurent les seigneurs de France à grand'joie et les menèrent ébattre tout parmi l'île qui est moult bel et plaisant. Et disent et maintiennent ceux qui la condition de l'île connoissent que les fées y conversent et les nymphes, et que plusieurs fois les marchands de Venise, qui là arrivoient et qui y séjournoient un temps, pour les fortunes qui sur la mer estoient, les apparences bien en véoient, et en vérité les paroles qui dites en sont éprouvoient. Moult grandement se contentèrent le comte de Nevers et les seigneurs de France des dames de Chifolignie, car joyeusement elles les recueillirent. Et leur dirent que leur venue leur avoit fait grand bien, pour cause de ce qu'ils estoient chevaliers et hommes de bien et d'honneur, et leur laissa le comte de Nevers de ses biens assez largement, selon l'aisement qu'il en avoit, et tant que les dames lui en seurent bon gré, et moult l'en remercièrent au départir.»

Cette fois le comte de Nevers se dirigea vers Venise: il y trouva le sire de Helly, qui était venu lui porter tout ce qui était nécessaire, afin qu'il pût convenablement soutenir son rang jusqu'à ce que le payement complet de sa rançon lui permît de quitter l'Italie. Ce moment arriva bientôt, et Jean de Nevers, que les souvenirs de Baudouin avaient rempli de terreur dans les plaines de Trinovi, quitta cette place de Saint-Marc où Villehardouin avait réclamé l'appui des Vénitiens pour la croisade de l'empereur de Constantinople. Henri de Bar avait succombé aux bords de l'Adriatique: le comte de Nevers rentrait presque seul dans le royaume qu'il avait quitté entouré de l'élite de la noblesse et de la chevalerie.

Autre exemple des vanités de la fortune: six ans après la bataille de Nicopoli, le kan des Tartares, qu'avait servi Jacques du Fay, livrait bataille à Bajazet et enfermait le vainqueur du comte de Nevers dans une cage de fer.

Le duc et la duchesse de Bourgogne avaient montré la plus grande activité pour hâter la délivrance de leur fils; mais les sommes qu'ils devaient payer s'accroissaient de jour en jour. Aux deux cent mille ducats exigés par Bajazet se joignaient des frais presque aussi considérables, résultat des dépenses que ces négociations avaient entraînées, et le duc, ayant vainement épuisé son trésor pour y suffire, s'était vu réduit à recourir successivement à la générosité des princes étrangers et à celle de ses propres sujets. Le roi de France donna quarante-six mille francs; le roi de Chypre avait déjà avancé dix mille ducats; le roi de Hongrie avait promis un subside de cent mille florins, et l'on s'était également adressé au duc de Brabant, au duc de Bavière et au comte de Savoie; mais les conseillers de Philippe le Hardi comptaient bien plus sur les taxes que s'imposeraient volontairement les principales villes de ses Etats, notamment celles de Flandre, «où il abonde, dit Froissart, moult de finances, pour le fait de marchandise.» Gand offrit cinquante mille florins; Bruges, Ypres, Courtray et les autres villes se montrèrent également disposées à d'importants sacrifices. Elles y trouvaient l'occasion d'obtenir la sanction et le développement de leurs priviléges; et, dès l'année suivante, malgré l'intervention de Martin Porée, évêque d'Arras et chancelier de Bourgogne, l'on vit les échevins de Gand, non moins puissants que lorsqu'en 1351 ils jugeaient le sire d'Espierres, condamner à un exil de cinquante années le grand bailli de Flandre, Jacques de Lichtervelde et d'autres officiers du duc, parce qu'ils avaient fait mettre un bourgeois à mort au mépris des lois de la commune. Jacques de Lichtervelde avait aussi un autre crime à expier: lors des efforts de Philippe le Hardi pour étendre le schisme d'Avignon, il avait été l'instrument odieux des persécutions religieuses.

L'héritier de l'autorité du duc de Bourgogne alla lui-même s'incliner devant la résurrection des libertés communales dans ces villes qui n'avaient contribué de leur or au payement de sa rançon que pour briser elles-mêmes les chaînes d'un joug odieux. En arrivant à Gand où son père l'attendait au château de Ten Walle, il remercia les bourgeois de leur empressement à s'imposer des taxes pour le délivrer, et ce fut ainsi qu'il alla successivement exprimer sa gratitude aux bourgeois de Bruges, d'Anvers, d'Ypres, de Termonde, de l'Ecluse.

Les communes flamandes se sentaient d'autant plus fortes qu'elles espéraient voir se renouer leurs relations avec l'Angleterre.

Au moment même où se livrait la bataille de Nicopoli, des fêtes splendides réunissaient entre Ardres et Calais l'élite des chevaliers de France et d'Angleterre. Il ne s'agissait de rien moins que de la réconciliation des deux peuples, cimentée par une trêve de vingt-cinq ans: la remise solennelle d'Isabelle de France, pauvre enfant de huit ans qui pleurait en s'éloignant, devait en être le gage. On avait même décidé qu'on élèverait sur le lieu de l'entrevue de Charles VI et de Richard II un autel en l'honneur de Notre-

Dame de la Paix; mais ce projet ne s'exécuta jamais, et le peuple ne conserva que le souvenir d'un effroyable orage qui renversa dans les deux camps la plupart des tentes.

Jamais il n'avait été plus difficile de former une alliance durable entre les deux nations. En Angleterre aussi bien qu'en France, autour du trône de Richard II comme à l'ombre de celui de Charles VI, des ambitions rivales ne cessaient de s'agiter, s'appuyant tour à tour sur la faiblesse du monarque ou sur les sympathies populaires. Si l'on voyait en France une grande partie de la noblesse appeler de tous ses vœux le jour où elle pourrait venger les désastres de Crécy et de Poitiers, les Anglais ne regrettaient pas moins de ne pouvoir poursuivre le cours si glorieux de leurs succès. Brest avait été restitué aux Français; le bruit courait qu'on leur rendrait également Calais. Le mécontentement se transforma bientôt en un complot dirigé par le plus jeune des fils d'Edouard III, Thomas, duc de Glocester; Richard II le dissipa par la terreur. Le duc de Glocester, arrêté dans l'escorte même du roi, fut étouffé à Calais. On désignait comme ses complices deux autres oncles du roi, Edmond de Cambridge, devenu duc d'York, et le duc Jean de Lancastre. Ce dernier surtout conservait cette énergie et cette activité dont nous avons signalé ailleurs l'influence dans les négociations du règne de Louis de Male. Né à Gand, lors des grandes expéditions de son père, il avait épousé en troisièmes noces la fille d'un chevalier de Hainaut, nommée Catherine de Rues, qui était venue en Angleterre avec «la noble roine, madame Philippe de Haynaut,» que Froissart, pendant sa jeunesse, «servoit de beaux ditties et traités amoureux.» Lorsque Henri de Derby, fils du duc de Lancastre, fut exilé par Richard II, une même sentence de bannissement frappa dans le parti opposé le comte de Nottingham, auquel l'opinion publique reprochait trop vivement la part qu'il avait prise à la mort du duc de Glocester. En quittant Calais, où le crime avait été consommé, il se rendit en Flandre, car «il avoit ordonné ses besognes et fait ses finances à prendre aux lombards à Bruges;» il passa quinze jours dans cette ville et fit aussi quelque séjour à Gand avant de continuer son voyage vers l'Allemagne.

Le comte de Derby avait suivi une autre route: il avait débarqué en France et s'était rendu à Paris; le duc de Berri et le frère du roi, Louis d'Orléans, lui firent grand accueil. Unis momentanément par leur jalousie contre Philippe le Hardi, ils oubliaient que le prince qu'ils saluaient avec de si grandes démonstrations d'amitié et de joie était le fils d'un des plus redoutables adversaires de la France et lui-même l'ennemi des Français; peu leur importait: ils ne voyaient en lui qu'un rival du comte de Nottingham, qui voyageait en Flandre sous la protection de ce duc de Bourgogne dont ils étaient eux-mêmes les rivaux.

On en eut bientôt de nouvelles preuves. Le duc de Bourgogne se trouvait à Paris quand on y traita dans le conseil du roi d'un projet de mariage entre le comte de Derby et la veuve du comte d'Eu. Il le combattit si vivement que le roi lui-même dit tout haut: «Les paroles de mon oncle viennent d'Angleterre.» On racontait, en effet, que le comte de Salisbury avait été envoyé près du duc Philippe par Richard II, et les amis du comte de Derby eurent grande peine à le consoler des propos injurieux dirigés contre lui, en l'assurant qu'il en serait dédommagé par l'affection des communes anglaises. Ils ne s'étaient point trompés. Les bourgeois de Londres profitèrent de l'absence du roi Richard, retenu en Irlande par la guerre, pour proclamer sa déchéance et appeler Henri de Derby. L'archevêque de Canterbury se chargea de leur message, et le premier prélat de l'Angleterre, député par les communes du royaume, aborda bientôt à l'Ecluse, déguisé en moine, un rosaire et un bourdon à la main, comme s'il se rendait à Liége, à Cologne ou dans quelque autre lieu de pèlerinage: ces précautions avaient été jugées nécessaires pour cacher son voyage au duc de Bourgogne.

De l'Ecluse, il se dirigea vers la France par Ardenbourg, Gand et Audenarde, et trouva au château de Bicêtre le comte de Derby. Celui-ci prétexta une excursion en Bretagne, parce qu'il craignait que le duc de Bourgogne ne lui tendît quelque embûche sur la route de Calais. Dans les premiers jours de juillet, il débarquait à Ravenspur; au mois de septembre, Richard, vaincu, remettait lui-même sa couronne à l'héritier de Jean de Gand, devenu le fondateur de la dynastie de Lancastre.

La colère du duc de Bourgogne fut extrême lorsque la dame de Courcy, qu'on avait renvoyée d'Angleterre avec les autres serviteurs de la jeune reine Isabelle, confirma les nouvelles qu'avaient déjà répandues des marchands flamands. Par son conseil, on essaya de faire soulever l'Aquitaine: on espérait qu'elle se souviendrait de son affection pour le roi Richard qui était né à Bordeaux; mais elle n'osa pas se confier dans la protection de la triste royauté de Charles VI.

La folie du roi présentait de jour en jour moins de chances de guérison, et à mesure qu'elles s'affaiblissaient, les divisions de ses oncles devenaient plus graves. Cependant le duc de Bourgogne, voyant échouer les tentatives qu'on avait faites en Aquitaine, avait renoncé à tout projet de déclarer la guerre au nouveau roi d'Angleterre. Il se montrait plus disposé à la paix, et alla lui-même à Lelinghen, suivi de cinq cents chevaliers, recevoir la jeune veuve de Richard II, dont l'hymen s'était conclu sous de si funestes auspices. Il attendait que sa puissance, ébranlée par tant d'échecs, eût le temps de trouver dans le cours des événements quelque élément nouveau de force et de vigueur.

Lorsque, après la mort du duc de Bretagne, le duc d'Orléans réclama la tutelle de son fils, Philippe réussit à la lui faire refuser par les barons bretons, et il se rendit lui-même en Bretagne pour recevoir, au nom du roi, le serment d'obéissance de cette province au jeune duc.

A la même époque, il saisissait l'occasion d'intervenir activement dans les affaires d'Allemagne. Les électeurs avaient déposé Wenceslas de Bohême: ils désignèrent pour son successeur un prince allié et tout dévoué à Philippe le Hardi. Les ducs de Bourgogne et de Berri s'étaient réconciliés pour combattre le duc d'Orléans qui soutenait Wenceslas, et, grâce à leur influence, des ambassadeurs français allèrent solennellement confirmer le choix de Robert de Bavière. La haine que se portaient les ducs de Bourgogne et d'Orléans devint bientôt si vive qu'ils réunirent leurs hommes d'armes autour de Paris pour se combattre, et ce fut à grand'peine qu'on parvint à les empêcher de livrer la France à une guerre civile.

Encouragé par ces succès, Philippe le Hardi essaye d'étendre une domination plus sévère sur la Flandre, en défendant que l'on se rende à Rome au grand jubilé de 1400; mais le peuple, de plus en plus hostile au schisme d'Avignon, trouve dans une peste violente, qui exerce les plus grands ravages dans la ville de Tournay, résidence de l'évêque clémentin, le châtiment de ces persécutions et refuse de s'y soumettre.

On voit bientôt après les communes flamandes envoyer à Lelinghen des députés qui traiteront, sans l'intervention du duc de Bourgogne, avec les ambassadeurs anglais, et au mois d'août 1403, on y signe une convention qui assure la liberté de la navigation aux navires flamands. Le duc de Bourgogne n'avait pas osé s'opposer à ces négociations. Il les avait même fait approuver par le roi de France dans une charte où il rappelait, en citant les célèbres déclarations de Philippe de Valois, que ses prédécesseurs avaient également reconnu la neutralité commerciale de la Flandre dans les guerres de la France et de l'Angleterre. Charles VI promet de plus de ne pas inquiéter les pêcheurs anglais qui se rendront sur les côtes de Flandre. Mais il suffit que le duc de Bourgogne veuille prendre part à la conclusion d'un traité définitif de commerce entre la Flandre et l'Angleterre pour que les envoyés de Henri IV élèvent des prétentions inadmissibles: ils demandent en effet que si les vaisseaux français abordent dans les ports de Flandre, on en arrête les matelots comme pirates; qu'on rappelle en Flandre tous ceux qui ont été bannis à cause de leur dévouement aux Anglais, et que l'on démolisse les fortifications de l'Ecluse et de Gravelines. Le duc de Bourgogne persistait à ne vouloir nommer Henri IV que «celui qui se dit roi d'Angleterre,» et les ambassadeurs anglais s'en plaignaient vivement: «Il n'a pas esté veu communément, disaient-ils, que ès cas qui désirent nourricement d'amour et traictié de pais et concorde, l'on ait usé de tieules paroles lesquelles ne peuvent grever le roy nostre seigneur pour lui toller ce que la divine puissance de Dieu lui a donné.»

Les négociations venaient d'être rompues lorsque le duc de Bourgogne quitta Paris pour aller recevoir à Bruxelles le gouvernement du Brabant des mains de sa tante, la duchesse Jeanne, et en assurer la transmission à Antoine, le second de ses fils. Cependant dès qu'il y fut arrivé, il éprouva les premières atteintes du mal qui devait le conduire au tombeau: d'heure en heure sa situation devenait plus grave, et il résolut de se faire transporter dans la litière de la duchesse de Bourgogne jusqu'à la petite ville de Halle, il voulait y implorer le rétablissement de sa santé à l'autel de Notre-Dame, où l'on vénérait une pieuse image qui avait autrefois appartenu à sainte Elisabeth de Hongrie; mais le ciel n'exauça point ses prières et il y rendit le dernier soupir, le 27 avril 1404.

Le règne de Philippe le Hardi avait inauguré en Flandre la domination des ducs de Bourgogne; mais il avait à peine ouvert la longue carrière réservée à ses successeurs. De tous ses grands projets, il n'en était presque aucun qui eût réussi; il laissait en France son influence douteuse et affaiblie, et tandis que les communes flamandes s'efforçaient de retrouver leur prospérité, source féconde de leur puissance, Philippe le Hardi, que l'on avait vu accabler ses sujets de Bourgogne d'impôts si ignominieux et appauvrir la France par tant de folles dépenses pour les guerres d'Angleterre, de Gueldre et d'Orient, expirait pauvre, abandonnant, chargé de dettes énormes, le plus riche héritage du monde. Ce prince, qui dès le lendemain de ses noces était réduit à emprunter aux marchands de Bruges et qui donnait sa ceinture en gage au duc de Bourbon et à Gui de la Trémouille pour soixante livres perdues au jeu de paume, ne laissait pas dans son trésor, où s'était englouti tant d'argent enlevé aux nobles, aux marchands et aux bourgeois, de quoi suffire aux frais de ses obsèques. Il fallut lever six mille écus d'or pour transporter à Dijon les restes du duc, enveloppé, par expiation et par pénitence, dans une humble robe de chartreux, et lorsqu'on s'arrêta à Arras, pour y célébrer solennellement les offices funèbres, une dernière cérémonie y rappela, pour la condamner, sa fastueuse prodigalité: «Là, dit Monstrelet, renonça la duchesse Marguerite, sa femme, à ses biens meubles, pour le doute qu'elle ne trouvât trop grands debtes, en mettant sur sa représentation sa ceinture avec la bourse et les clefs, comme il est de coutume, et de ce demanda un instrument à un notaire public qui estoit là présent.»

Peu de temps après la mort du duc de Bourgogne, des messagers du pape d'Avignon, Benoît XIII, apportèrent en Flandre des lettres adressées à Philippe le Hardi. Jean les ouvrit et y trouva deux bulles dont les termes étaient si étranges, qu'il ne put croire à leur authenticité que lorsque le pape eut consenti à y faire apposer son scel de plomb. Par la première, Benoît XIII, cédant à l'influence du duc d'Orléans, invitait le duc de Bourgogne à ne plus chercher à intervenir dans le gouvernement du royaume, et à en laisser tous les soins au frère de Charles VI. Que renfermait la seconde? on l'ignore. «Du contenu d'icelles, porte une chronique, fist le duc grand semblant de courroux et d'anoy, et aussy seroit-ce de recorder le contenu d'icelles.» Quoi qu'il en soit, Jean sans Peur convoqua immédiatement ses conseillers: il leur annonça brièvement qu'il avait résolu de faire mourir l'unique frère du roi de France. Sa haine l'aveuglait: selon les uns, il se souvenait d'un sanglant affront du duc d'Orléans; selon d'autres, il lui attribuait une odieuse tentative qu'aurait inspirée la beauté de Marguerite de Bavière.

Le duc de Bourgogne s'était hâté d'envoyer les bulles pontificales à sa mère, qui les transmit, à Bruxelles, au duc de Brabant. Marguerite de Male avait déjà déclaré qu'elle quitterait l'Artois pour se rendre en Flandre, soit qu'elle y fût appelée par un débarquement des Anglais dans l'île de Cadzand, soit qu'elle se proposât de convoquer les représentants des villes dont elle était restée souveraine, pour les appeler à soutenir ses querelles domestiques, dût-elle conduire les vaincus de Roosebeke jusqu'aux portes du palais de Paris. Au milieu de ces pourparlers et de ces projets, une attaque d'apoplexie l'enleva, à Arras, le 21 mars 1404 (v. st.), et elle fut ensevelie, comme elle en avait exprimé le vœu, près de son père, dans l'église de Saint-Pierre de Lille.

LIVRE QUINZIÈME
1404-1419.

Jean sans Peur.
Tendance des communes à reconstituer la nationalité flamande.
Combats, crimes et intrigues.

Les chevaliers qui avaient accompagné Jean de Nevers en Orient «racontoient communément qu'il y eut un Sarrasin, négromancien, devin ou sorcier, qui dist qu'on le sauvast et qu'il estoit taillé de faire mourir plus de chrestiens que le Basac ny tous ceux de sa loy ne sçauroient faire.»

La défaite de Poitiers avait répandu sur toute la vie de Philippe le Hardi une auréole chevaleresque, celle de Nicopoli laissa son fils sombre et haineux. Si l'on en croit le témoignage d'un vieux chroniqueur, Jean sans Peur ne cherchait, à l'époque de la mort de Marguerite de Male, que les moyens de poursuivre, par la violence et la guerre, sa jalousie contre le duc d'Orléans; cependant l'un de ses conseillers lui représenta «que son premier soin devait être de se concilier l'affection des villes et des peuples du royaume; qu'il lui serait aisé d'y parvenir en faisant répandre le bruit qu'il voyait avec douleur les bourgeois écrasés par des impôts si multipliés et qu'il était prêt à s'opposer de toutes ses forces aux mesures oppressives du duc d'Orléans, afin que la France recouvrât ses anciennes franchises.»

Le nouveau duc de Bourgogne suivit ce sage conseil; mais au moment où il faisait de loin espérer à la France le rétablissement de ses libertés, la Flandre, soumise à son autorité immédiate, se leva et lui demanda de proclamer et de sanctionner les siennes.

Lorsque Jean sans Peur quitta Lille pour se rendre en Flandre, il trouva à Menin les députés des bonnes villes. Ils étaient bien moins chargés de le féliciter sur son avénement que de lui exprimer les griefs du pays, car ils se plaignirent vivement de ce que le duc Philippe n'avait point habité la Flandre, et de ce qu'il avait réduit à la détresse le commerce et l'industrie, en troublant les communes dans l'exercice de leurs droits et dans leurs relations avec l'Angleterre. La réponse du duc fut douce et gracieuse, comme l'est toujours la parole des princes le premier jour de leur règne: il leur promit qu'il maintiendrait leurs priviléges et qu'il s'efforcerait d'assurer leur neutralité commerciale; puis il les suivit à Gand, où son inauguration solennelle devait avoir lieu le mardi après les fêtes de Pâques.

Le 20 avril 1405, le duc s'était arrêté à Zwinarde; le lendemain, il se présenta, vêtu de deuil et accompagné d'un grand nombre de chevaliers, aux portes de Gand, où le reçurent les échevins, les métiers et les corporations; et après avoir assisté à la messe à l'abbaye de Saint-Pierre, il se dirigea vers l'église de

Saint-Jean, où il prêta, sur le bois de la vraie croix, le serment de maintenir les priviléges et les franchises de la ville de Gand, de protéger les veuves et les orphelins, de rendre justice à tous, pauvres et riches, «et généralement de faire tout ce que droicturier seigneur et conte de Flandres est tenu de faire.»

Dès que le duc fut entré dans l'hôtel de Ten Walle, les députés des quatre *membres* de Flandre, c'est-à-dire des trois bonnes villes et du Franc, obtinrent qu'il leur fût permis de lui exposer leurs requêtes; c'étaient (l'histoire doit enregistrer leurs noms), pour la ville de Gand, Ghelnot Damman, Thomas Storm, Jacques van den Pitte, Victor van den Zickele, Martin Zoetaert, Jacques Uutergaleyden, Jean de Volmerbeke; pour la ville de Bruges, le bourgmestre, Liévin de Schotelaere, Jean Honin, Jean Heldebolle, Jean van der Burse et Victor de Leffinghe; pour la ville d'Ypres, Jean de Bailleul, Victor de Lichtervelde et Baudouin de Meedom; pour le Franc, Jean d'Oostkerke, Gilles Van der Kercsteden, Etienne Honstin et Nicolas vander Eecken. Liévin de Schotelaere, Ghelnot Damman et Thomas Storm n'étaient point étrangers à la famille de Jacques d'Artevelde, et l'hôtel de Ten Walle, où les députés de Gand venaient revendiquer leurs anciennes franchises, avait appartenu au *rewaert* de Flandre, Simon de Mirabel.

La première *requête* avait pour but d'engager le duc à résider en Flandre et à y laisser, s'il était forcé de s'éloigner, la duchesse munie de ses pleins pouvoirs, «vu les grands dommages qui avaient résulté pour le pays de l'absence du prince à diverses époques.»

Le duc fit répondre qu'il habiterait la Flandre, et que s'il était appelé ailleurs, la duchesse le remplacerait avec un conseil connaissant les besoins du pays.

Dans leur seconde *requête*, les députés des quatre *membres* priaient le duc de conserver à la Flandre les priviléges, libertés, usages et coutumes dont elle jouissait avant l'avénement de Philippe le Hardi. Ils réclamaient pour les villes le droit de n'être gouvernées que par leurs échevins, et demandaient que les affaires soumises aux officiers du duc fussent traitées en flamand et de la même manière que sous leurs anciens comtes.

Le duc y consentit, et peu après il ordonna que la cour supérieure de justice établie à Lille par Philippe le Hardi fût transférée à Audenarde.

La troisième requête se rapportait à un traité commercial avec l'Angleterre, sur l'achat des laines et la fabrication des draps: «car la Flandre ne peut être comparée à d'autres pays qui se suffisent à eux-mêmes, puisqu'elle vit principalement des relations commerciales qu'elle entretient par mer avec tous les royaumes, et le commerce exige la prospérité, la paix et le repos.» L'expédition prompte de toutes les affaires qui intéressaient l'industrie et le commerce devait contribuer à faire cesser la détresse et la misère qui étaient le résultat de leur décadence; mais il était surtout nécessaire qu'une protection généreuse fût assurée à tous les marchands, malgré les guerres des Français et des Anglais. Les députés de la Flandre invoquaient à ce sujet un mémorable monument de la puissance des communes sous Louis de Nevers, le privilége de Philippe de Valois, du 13 juin 1338.

Dans sa réponse à cette requête, Jean sans Peur se hâta de s'attribuer ce rôle de médiateur pacifique qu'il s'était proposé comme devant être la base de son influence: il déclara que depuis la mort de sa mère il avait fait tous ses efforts pour rétablir la paix entre la France et l'Angleterre, et que personne n'était plus intéressé que lui à voir fleurir l'industrie et le commerce de la Flandre; plus ses sujets étaient riches, plus ils pouvaient pour le soutenir. Une charte du 1er juin permit en effet aux communes de négocier un traité commercial avec l'Angleterre.

Les requêtes suivantes concernaient l'abandon de quelques procédures illégales commencées à Lille, et la répression des actes de piraterie commis sur les côtes de Flandre; d'autres, qui expliquent les négociations secrètement entamées en 1386 avec les Anglais devaient faire connaître au duc que la Flandre considérait la ville de Gravelines comme partie intégrante de son territoire et ne permettrait pas qu'elle en fût détachée. Les députés de la Flandre avaient aussi obtenu que la langue flamande fût seule employée dans les rapports du duc avec les quatre *membres* du pays, et, aussitôt après, ils résolurent d'un commun accord que si quelque réponse leur était adressée en français par les conseillers ou les officiers du duc, ils la considéreraient comme non avenue, et qu'il en serait immédiatement donné connaissance aux députés des quatre *membres* et aux échevins des villes et des châtellenies, afin qu'ils veillassent, sous peine de bannissement, à l'exécution des promesses «de leur très-redouté seigneur.» Les mandataires de la Flandre croyaient qu'ils ne cesseraient jamais d'être libres tant qu'ils conserveraient la langue de leurs ancêtres.

Au moment même où ces énergiques représentations s'élevaient contre toute participation active du duc de Bourgogne aux démêlés de Charles VI et de Henri IV, les Anglais se préparaient à profiter de l'incertitude et de la désorganisation qui signalent presque toujours la transmission de l'autorité supérieure, et Jean sans Peur, arrivé à Ypres pour y répéter le serment qu'il avait déjà prêté à Gand et à Bruges, y apprit à la fois que la garnison de Calais avait mis en fuite cinq cents lances commandées par Waleran de Luxembourg, et qu'une flotte anglaise de cent vaisseaux avait paru à l'entrée du Zwyn: à peine eut-il le temps d'envoyer Jean de Walle à Gravelines et quelques hommes d'armes à l'Ecluse.

Jamais la guerre contre l'Angleterre, guerre provoquée par la politique de Philippe le Hardi, qui venait troubler tout à coup de si précieuses espérances, ne fut plus impopulaire en Flandre. Waleran de Luxembourg, le sire de

Hangest, gouverneur de Boulogne, le sire de Dampierre, sénéchal de Ponthieu, et les autres chevaliers qui les accompagnaient, avaient forcé un millier de laboureurs et de bourgeois à marcher sous leurs drapeaux; ceux-ci les abandonnèrent dès le premier moment de la lutte; les habitants de la châtellenie de Béthune s'opposaient à la levée d'un subside destiné à assurer la protection de leurs frontières, et l'on racontait que dans le pays de Bergues et de Cassel les communes étaient prêtes à se soulever contre le duc de Bourgogne pour appeler les Anglais.

Les mêmes sentiments régnaient à Bruges; malgré les ordres du duc, les bourgeois ne prirent point les armes pour défendre les barbacanes de l'Ecluse contre les galères de Henri IV, et bien que Jean sans Peur se fût rendu lui-même au milieu d'eux, multipliant les instances et les prières, rien ne put les ébranler; le bourgmestre, Liévin de Schotelaere, interprète de la résistance unanime des bourgeois, avait refusé de conduire les milices communales sur les rives du Zwyn; ce n'était pas à la Flandre qu'il appartenait de protéger une citadelle bien moins menaçante pour les Anglais que pour ses propres libertés.

Le duc de Bourgogne ne pouvait rien: il apprit, sans chercher à dissimuler sa fureur, qu'après une attaque où avait succombé le comte de Pembroke, les Anglais s'étaient emparés de l'Ecluse, et ce ne fut que lorsqu'ils eurent brûlé ce redoutable château, qui retraçait les mauvais jours de la conquête de Charles VI, que les bourgeois de Gand, de Bruges et d'Ypres se laissèrent persuader qu'il était temps d'arrêter les progrès de l'invasion étrangère; les Anglais se retirèrent à leur approche, lentement toutefois et sans être inquiétés, plutôt en alliés qu'en ennemis; mais Jean sans Peur n'oublia pas combien les communes flamandes avaient montré peu de zèle pour le secourir: son ressentiment était surtout extrême contre les magistrats de Bruges. C'est ainsi que des événements imprévus avaient, en peu de jours, suspendu l'accomplissement des promesses solennellement proclamées à l'hôtel de Ten Walle.

Sous l'influence du mécontentement public du duc de Bourgogne, les députés des quatre *membres* se réunissent de nouveau et concluent une intime alliance pour le maintien de leurs franchises; ils suivent Jean sans Peur à Oudenbourg, au camp des Yprois, qu'il espérait peut-être se rendre plus favorables, et lui remontrent avec force que si la Flandre ne recouvre son industrie et son commerce, elle périra tout entière de misère et de détresse. Ils lui exposent que, loin de faire droit à leurs requêtes du 21 avril, il permet à sa flotte, sous le prétexte de harceler les Anglais, de continuer à bloquer tous les ports de Flandre, où n'osent plus aborder les marchands étrangers; et, comme cette fois ils n'obtiennent aucune réponse satisfaisante, ils évoquent à leur propre tribunal toutes les plaintes causées par les pirateries de la flotte bourguignonne, et condamnent à l'exil les chevaliers auxquels le duc avait confié le commandement de ses vaisseaux. C'étaient le capitaine de Saeftinghen, Jean Vilain, et deux bâtards de Louis de Male, Hector de Vorholt et Victor son frère.

Jean sans Peur avait quitté le camp d'Oudenbourg. Il s'était rendu à Paris pour y faire acte d'hommage du comté et de la pairie de Flandre (26 août 1405). Il allait aussi combattre l'influence du duc d'Orléans, qui s'était retiré à Chartres avec la reine Isabeau de Bavière et qui se préparait à y faire venir le dauphin; mais ce projet ne put s'exécuter: le duc de Bourgogne retint près de lui, au Louvre, le jeune héritier de Charles VI, et dès ce jour on le vit, pour attirer les Parisiens à son parti, les bercer de promesses non moins magnifiques que celles qui avaient signalé son inauguration à Gand. Tantôt il exposait les malheurs du peuple dans quelque longue remontrance que le monarque, privé de raison, ne pouvait comprendre, et faisait rendre aux bourgeois les chaînes qui leur avaient été enlevées après la bataille de Roosebeke; tantôt il répétait qu'il était urgent de convoquer les états généraux du royaume.

Cependant la guerre civile allait éclater. Le duc Jean avait réuni une armée pour assaillir les Orléanais. Le duc de Limbourg et l'évêque de Liége, Jean sans Pitié, l'avaient rejoint à Paris avec huit cents lances, dix-huit cents hommes d'armes et cinq cents archers. Le duc d'Autriche, le comte de Wurtemberg, le comte de Savoie et le prince d'Orange campaient près de Provins. Deux mille hommes de milices bourguignonnes pillaient les environs de Pontoise. Près du pont Saint-Maxence se tenaient les sergents recrutés en Brabant, en Flandre et en Hainaut; leurs chefs étaient Raoul de Flandre, bâtard de Louis de Male, Arnould de Gavre, Roland de la Hovarderie, Roland de Poucke, Jean et Louis de Ghistelles, Jean de Masmines, le sire de Heule et le sire d'Axel. Ils avaient écrit sur les pennonceaux de leurs lances ces mots flamands: «Ik houd,» «Je le soutiens,» pour répondre à la devise du duc d'Orléans: «Je l'envie,» et ils dévastaient le pays plus que les autres.

Le duc de Bourgogne se préparait à aller assiéger le château de Vincennes qu'occupait la reine Isabeau, lorsque l'intervention du roi de Sicile et du duc de Bourbon ramena la paix et réconcilia momentanément les deux factions. Jean sans Peur obtint tout ce qu'il avait demandé. Le 27 janvier 1405 (v. st.) on profita d'un intervalle de raison du roi pour lui faire signer une ordonnance qui appelait le duc de Bourgogne au conseil du royaume: on lui assurait, de plus, la tutelle du dauphin après la mort de Charles VI; on lui livrait même les frontières de la Somme et de l'Oise, en lui donnant le gouvernement de la Picardie. Un autre résultat important avait été atteint par le duc de Bourgogne: il avait réussi à se faire reconnaître pour chef d'une ligue puissante par une foule de seigneurs qui, jusque-là, n'obéissaient qu'au roi de France, et qui même le plus souvent ne lui obéissaient point.

Des fêtes brillantes marquèrent à Paris cette courte concorde: elles se renouvelèrent le 22 juin 1406, à Compiègne, pour le double hyménée qui unissait Isabelle de France, veuve d'un roi et détrônée à dix ans, à Charles, fils du duc d'Orléans, et Jean de Touraine, quatrième fils de Charles VI, à Jacqueline de Bavière, héritière du Hainaut: ce que le passé avait eu de douleurs et de périlleuses aventures pour l'une des fiancées, l'autre devait le retrouver dans l'avenir.

En même temps, l'évêque de Chartres et Jean de Hangest se rendaient en Angleterre pour traiter de la paix entre les deux royaumes, et Henri IV autorisait Richard d'Ashton et Thomas de Swynford à négocier une trêve avec les ambassadeurs du duc de Bourgogne, afin de faire cesser, y disait-il, «d'empeschement de la commune marchandise entre notre royalme et le pays de Flandres; laquelle souloit apporter grand proufit et utilité à toute la chrétienté.» Les négociations se prolongeaient lorsque le comte de Northumberland et Henri de Percy, qui avaient vainement essayé de ranimer, en Angleterre, le parti de Richard II, vinrent réclamer des secours en France. L'avis des conseillers du roi était de fermer l'oreille à leurs plaintes; mais il suffit, pour en assurer le succès, qu'un seul prince les accueillît.

Ce prince était le duc d'Orléans: il s'était persuadé qu'en chassant les Anglais des provinces de l'ouest, il mériterait le titre de duc d'Aquitaine, et le 16 septembre il quittait Paris pour se diriger vers Bordeaux.

Le duc de Bourgogne, inquiet de voir son rival entreprendre une guerre toute populaire en France, crut devoir suivre son exemple. Toutes les conférences furent brusquement rompues et il annonça qu'il voulait assiéger Calais, cette clef du royaume de France que les Anglais se vantaient de porter à leur ceinture. Saint-Omer devait servir de centre à ses opérations. Il fit construire, dans les forêts qui environnent cette ville, d'énormes bastilles qu'on devait conduire devant les remparts assiégés, des fondreffes, des bricoles, des échelles. Les bombardes, les canons, les munitions, les vivres abondaient. Cependant les amis du duc d'Orléans avaient profité de l'éloignement du duc Jean pour lui faire retirer les secours d'hommes et d'argent qu'on lui avait promis; ils avaient même obtenu une lettre du roi qui lui défendait de continuer son expédition. Le duc de Bourgogne l'apprit le 5 novembre 1406, au moment où il venait de passer ses hommes d'armes en revue; il pleura, dit-on, en voyant que l'on avait, par des retards multipliés, réussi à le retenir à Saint-Omer jusqu'à ce que les pluies de l'automne, bien plus que la défense du roi, rendissent l'accomplissement de ses projets impossible, et on l'entendit jurer solennellement en présence des siens qu'au printemps il reviendrait avec une nombreuse armée pour chasser les Anglais ou qu'il mourrait en les combattant. A peine avait-il quitté Saint-Omer que quelques bourgeois mirent le feu à toutes les machines de guerre qu'il avait fait déposer dans l'enceinte de l'abbaye de Saint-Bertin. Les Anglais s'élançaient déjà de leurs forteresses et parcouraient l'Artois où on les recevait avec joie.

La ruine du commerce entraînant celle de l'industrie, livrait la Flandre à une misère chaque jour plus affreuse: de nouvelles taxes avaient été établies pour la malheureuse expédition de Saint-Omer. Une agitation menaçante régnait dans toutes les villes. Le pauvre peuple murmurait surtout violemment de ce que les laines anglaises continuaient à manquer au travail des métiers et de ce que les ordonnances du duc, en défendant de recevoir les anciennes monnaies, le dépouillaient de tout ce qu'il avait pu autrefois se réserver comme une dernière ressource pour suffire aux besoins d'un avenir plein d'incertitude. A Gand, les corporations s'assemblèrent sous leurs bannières; à Bruges, les magistrats prétendaient qu'on violait leurs privilèges sur la fabrication des draps; à Ypres, ils contestaient l'autorité du bailli.

Le duc de Bourgogne revient en Flandre pour calmer ces divisions. Son premier soin est d'adoucir les ordonnances sur les monnaies, et de conclure une trêve marchande avec le roi d'Angleterre pour préparer le retour des relations commerciales en mettant un terme aux actes de piraterie qui désolent les mers. Déjà il s'est rendu à Gand, et, pour s'y attacher les bourgeois, il leur promet de fixer sa résidence au milieu d'eux. L'un des magistrats de Gand se laisse même corrompre par ses largesses: c'est Jacques Sneevoet, l'un des membres des Petits métiers. Il doit, par de ténébreuses intrigues, ouvrir cette ère déplorable où la cité de Jean Breydel et celle de Jacques d'Artevelde, longtemps alliées et amies, se montreront presque constamment rivales.

Jean sans Peur, rassuré sur les dispositions des Gantois, arriva à Bruges, orgueilleux et menaçant; il ne lui suffisait point d'avoir enlevé aux Brugeois cette prérogative qui remontait à Baldwin Bras de Fer, de voir les comtes de Flandre vivre à l'ombre de leurs foyers; il aspirait surtout à se venger des magistrats qui avaient refusé de s'associer à la défense du château de l'Ecluse. Comme Louis de Nevers, il trouvait dans cette question du monopole de la fabrication des draps contesté aux grandes villes, un moyen de rompre la puissance de la triade flamande en développant le quatrième membre formé d'éléments multiples sur lesquels il lui était plus aisé d'exercer une influence prépondérante: il n'hésita pas à condamner les prétentions des Brugeois. Ceux-ci alléguaient leurs privilèges et refusaient d'obéir; mais les Gantois les abandonnaient, et il ne leur resta qu'à se rendre à Deynze pour se soumettre à la décision du duc. Jean sans Peur avait prononcé son jugement à Gand: il retourna à Bruges afin que la terreur de son nom et de sa justice en assurât l'exécution. Le son des cloches appela les bourgeois à la place du Marché: ils la trouvèrent remplie d'hommes d'armes. Le duc de Bourgogne parut au balcon des Halles, une verge à la main, en signe de châtiment. Il fit lire aussitôt une sentence qui déclarait déchus de leurs fonctions six échevins, deux conseillers, les deux trésoriers de la ville et les six capitaines des sextaineries. C'étaient, entre autres, Jean Honin, Jean Heldebolle, Jean Vander Buerse, Jean Hoste, Jacques et Thomas Bonin, Sohier Vande Walle, Jean Metteneye et Nicolas Barbesaen. Les uns furent bannis comme ennemis du duc et du pays, et les autres condamnés à payer des fortes amendes. Le duc avait désigné, pour leur succéder, d'obscurs bourgeois qui avaient été eux-mêmes autrefois exilés par les magistrats et qui s'empressèrent à leur tour de proscrire ceux qui leur étaient contraires.

Le lendemain, 25 avril 1407, le duc de Bourgogne fit sceller une charte qui défendait aux métiers de porter leurs bannières sur la place publique si celle du prince n'y avait été arborée la première, et qui en cas de désobéissance punissait le métier tout entier de la perte de ses bannières, et le bourgeois isolé qui en donnerait l'exemple, du dernier supplice. Elle ajoutait, contre toutes les règles du droit criminel de ce temps, que le coupable contumace pourrait, après avoir été cité au son de la cloche, être frappé d'un exil de cent ans et un jour, et rétablissait pour ce genre de délit la peine de la confiscation des biens, si odieuse à toutes les communes. Enfin, elle supprimait le *maendghelt*, subside mensuel qui était depuis longtemps accordé par l'administration municipale aux divers corps des métiers. Ces résolutions restèrent toutefois secrètes: on se contenta d'annoncer aux métiers que Jean sans Peur leur permettait de conserver leurs bannières, pourvu qu'ils en usassent raisonnablement; et dès que l'on eut remarqué que cette déclaration calmait un peu l'inquiétude causée par les sentences de la veille, on les invita à remercier le duc de Bourgogne de ce qu'il avait bien voulu leur confirmer le droit de posséder des bannières, en lui promettant de s'en servir «parmi les modérations, restrictions et obligations» énoncées dans la charte du 27 avril. Les doyens des métiers hésitèrent pendant quelques jours; ils voulaient, disaient-ils, connaître les conditions imposées par le duc. Enfin, quelques-uns cédèrent aux instances des conseillers bourguignons: on employa la violence vis-à-vis de ceux qui persistaient dans leur refus, et le 24 mai 1407, les doyens des métiers apposèrent leurs sceaux sur un acte d'adhésion où leur volonté n'avait pas été libre, où ils avaient pris des engagements dont ils ignoraient eux-mêmes l'étendue. C'est le fameux *Calfvel* de 1407.

Les magistrats, que la faveur du duc avait élevés au-dessus de leurs concitoyens, profitèrent de ce succès pour décider que désormais on ne pouvait plus vendre le blé ailleurs qu'au *Braemberg*, et qu'il serait soumis à une gabelle de deux gros tournois par muid. S'ils cherchaient à multiplier des taxes impopulaires, c'était dans le but d'en offrir une part importante au duc de Bourgogne, et ils établirent bientôt qu'il aurait le droit de percevoir le *septième denier* sur tous les revenus de la ville.

A Ypres, deux échevins furent frappés d'une sentence semblable à celle qui avait atteint à Bruges Jean Honin, Nicolas Barbesaen et leurs amis, et les bourgeois brûlèrent, pour apaiser le duc, les lettres d'alliance qui retraçaient la fédération récente des trois bonnes villes de Flandre. Ypres, en abjurant ses franchises, avait condamné son industrie: une décadence rapide dépeupla sa vaste enceinte, et elle s'effaça bientôt du rang des grandes cités de l'Europe.

Jean sans Peur ne favorisait que les Gantois. Le 30 avril, trois jours après avoir fait sceller une charte complètement hostile aux Brugeois, il transféra à Gand la cour supérieure de justice établie à Audenarde.

«Le duc de Bourgogne, dit un historien, dominait partout, et il n'était rien qui ne se fît à sa volonté. Il demanda de pouvoir battre une nouvelle espèce de monnaie: on y consentit; puis il réclama du pays tout entier une subvention considérable, et elle lui fut également accordée, car personne n'osait s'y opposer.»

Jean sans Peur voulait, avant de poursuivre sa lutte contre le duc d'Orléans, s'assurer l'obéissance et la fidélité des communes. Tous ses efforts avaient pour but d'affermir et de compléter la pacification de la Flandre: il y employa plusieurs mois. Le 24 juin 1407, il était à Bruges; le 26 juillet, nous le retrouvons à Gand; enfin le 13 août, il n'a pas quitté la Flandre, mais il croit n'avoir plus rien à y redouter, quand il fait publier un mandement général à tous les chevaliers, écuyers et sergents de Bourgogne, de Flandre, de Hainaut, d'Artois et de Vermandois, pour qu'ils s'assemblent le 25 septembre à la Chapelle-en-Thiérache, aux bords de l'Oise. Aussitôt que cette armée est réunie, Jean laisse à la duchesse de Bourgogne le soin de gouverner la Flandre et s'éloigne de Gand; il s'est contenté d'adresser, à son départ, aux nobles qui l'entourent, quelques paroles où respire la haine du duc d'Orléans, et se rend rapidement à Paris, accompagné d'une forte escorte, pour demander justice au roi de tous les affronts qu'il a subis.

Dès son dernier voyage à Paris, Jean avait résolu de ne reculer devant aucun moyen d'abattre la puissance du duc d'Orléans, et il paraît avoir trouvé un instrument docile dans Raoulet d'Auquetonville, ancien trésorier de l'épargne en Languedoc, que le duc d'Orléans avait dépouillé de son office pour ses malversations. Pendant le séjour du duc de Bourgogne en Flandre, Raoulet d'Auquetonville s'était activement occupé de la mission qui lui était confiée, car vers les fêtes de la Saint-Jean 1407, il avait chargé un *couratier* public de chercher une maison près du palais Saint-Paul; mais ce ne fut que le 17 novembre qu'il se décida, après des démarches infructueuses, à louer dans la Vieille rue du Temple, à soixante et dix toises de l'hôtel Barbette, habité par Isabeau de Bavière, la maison de l'Image Notre-Dame, qui appartenait à Robert Fouchier, maître des œuvres de charpenterie du roi.

Rien ne permet d'ailleurs de soupçonner quelque complot du duc de Bourgogne. Arrivé à Paris, il écoute les douces paroles de Charles VI et de ses conseillers; il se réconcilie avec le duc d'Orléans et se rend près de lui au château de Beauté.

Le dimanche 20 novembre 1407, les deux princes communièrent ensemble à la chapelle des Augustins. Trois jours après, le duc d'Orléans se trouvait près de la reine, à son hôtel de la rue Barbette, lorsqu'on vint l'appeler par ordre du roi. Il sortit aussitôt, monta sur sa mule et partit, suivi de deux écuyers et de quatre ou cinq valets qui tenaient des torches. La nuit était obscure. A peine avait-il fait quelques pas qu'une troupe nombreuse d'hommes armés, qui s'étaient cachés dans l'ombre, s'élança vers lui en criant: «A mort! à mort!—Je suis le duc d'Orléans,» s'écria le prince déjà couvert de sang. «C'est ce que nous voulons,» répondirent les meurtriers, et ils l'immolèrent à coups de hache, malgré la résistance d'un jeune page qui, loin d'abandonner son maître, le couvrit de son corps jusqu'à ce qu'il périt sous leurs coups. La Flandre était la patrie de ce jeune page. Raoulet d'Auquetonville, chef des assassins soudoyés par Jean sans Peur, comte de Flandre, était né en Normandie.

On racontait aussi qu'au moment où le crime venait de s'accomplir, un homme d'une taille élevée sortit de la maison de l'Image Notre-Dame, la figure cachée par un grand chaperon rouge; selon les uns, il avait tranché le poing de la victime et laissé retomber sa massue sur sa tête sanglante; selon d'autres, il avait traîné le cadavre dans la boue pour s'assurer que la vie l'avait quitté; puis il était rentré à l'hôtel d'Artois.

Personne n'accusait le duc de Bourgogne; on n'osait croire qu'il eût pu forfaire à des serments sanctionnés par les plus saints mystères de la religion. Jean sans Peur parut aux funérailles du duc d'Orléans, vêtu de deuil et affectant une sincère douleur. Cependant une vague rumeur se répandit qu'il avait porté la main sur le drap du cercueil, et qu'au même moment le sang avait jailli des plaies de l'illustre victime, comme pour accuser l'auteur de la trahison, et le même jour, lorsque le prévôt de Paris vint au conseil demander, en sa présence, la permission d'étendre ses recherches jusque dans l'hôtel des princes, il pâlit et la voix de sa conscience troublée s'échappant malgré lui de sa bouche, il prit le duc de Berri à part et lui avoua son crime, disant que le démon l'avait égaré. Le duc de Berri garda le silence, mais le lendemain, à l'hôtel de Nesle, Jean sans Peur réitéra son aveu. «Afin qu'on ne mescroye aucun coupable de la mort du duc d'Orléans, dit-il, je déclare que j'ay fait faire ce qui a esté fait, et non autre.» Et aussitôt après, accompagné de la plupart de ceux dont il avait armé le bras pour le meurtre, il sortit par la porte Saint-Denis et continua sa route sans s'arrêter jusqu'en Artois, changeant sans cesse de chevaux, et ayant soin de faire couper les ponts derrière lui.

Il était une heure après midi lorsqu'il arriva à Bapaume, après avoir été vainement poursuivi par l'amiral de France et quelques autres chevaliers, et ce fut en mémoire des périls auxquels il avait réussi à se dérober, qu'il ordonna que dorénavant les cloches de la ville sonneraient tous les jours à la même heure, ce qu'on appela longtemps l'*Angelus* du duc de Bourgogne.

De Bapaume, le duc se dirigea vers Lille où il harangua les membres de son conseil, puis il se rendit à Gand où les états de Flandre avaient été convoqués. Jean de Saulx, chancelier et maître des requêtes, exposa les raisons qui légitimaient ce que le duc avait jugé devoir faire. Le duc de Bourgogne, qui venait d'apprendre combien il était aisé de commettre un grand crime, ne croyait pas plus difficile de le justifier: il se flattait même d'imposer le langage de ses sophistes et de ses historiographes à la postérité, qui, en plaignant les malheurs du duc d'Orléans, devait dans ses qualités et jusque dans ses défauts retrouver à la fois le petit-fils de Charles V et l'aïeul de Louis XII.

Charles VI avait promis bonne justice à la duchesse d'Orléans; mais la parole royale était peu de chose. Le duc de Bourgogne, n'ayant plus devant lui qu'un parti sans chef, conservait une influence où la vertu n'avait point de part, où la force était tout. Le lugubre aspect du cortége de la veuve et des enfants éplorés de la victime se dirigeant vers l'hôtel Saint-Paul n'empêchait pas le peuple de Paris d'insulter à ses restes sanglants. Les princes ne montraient pas plus de zèle: au lieu de prendre des mesures vigoureuses, on se contenta d'envoyer le duc de Berri et le roi de Sicile aux bords de la Somme pour interroger le duc de Bourgogne et conférer avec lui «afin qu'il ne se fist Anglois.» On se souvenait sans doute que Jean sans Peur les avait lui-même choisis pour premiers confidents de sa trahison. Le duc de Bourgogne, qui déjà n'accusait plus le diable de l'avoir tenté, s'était rendu à Amiens, accompagné du duc de Brabant, du comte de Nevers et de trois mille hommes d'armes. Il avait fait suspendre à son hôtel deux lances, l'une de bataille, l'autre de tournoi, défi de paix ou de guerre où il ne risquait rien. Les ambassadeurs du roi se turent. Ils ramenèrent avec eux à Paris le duc de Bourgogne, qui revendiquait de plus en plus l'honneur du crime, et comme si ce n'était pas assez, le duc de Berri l'invita à un solennel banquet dans cet hôtel de Nesle où il s'était vanté du sang versé par son ordre. Enfin, le 8 mars 1407 (v. st.), maître Jean Petit, docteur en théologie de l'université de Paris, prononça, devant le dauphin et les princes, cette célèbre harangue, détestable apologie du tyrannicide, si froide de sophismes, et toutefois, malgré ses formes puériles, presque aussi hideuse que le crime. Lorsque, comparant le duc de Bourgogne à Joab mettant Absalon à mort, maître Jean Petit citait ces paroles de David: «Joab a répandu le sang de la guerre au milieu de la paix: sa vieillesse ne descendra pas paisiblement dans la tombe,» l'obscur théologien devenait prophète pour condamner celui qu'il glorifiait.

Le duc ratifia tout ce qu'avait dit maître Jean Petit, dans une assemblée solennelle où siégeaient le roi de Sicile, les ducs de Guienne, de Berri, de Bretagne, de Lorraine, plusieurs comtes et plusieurs évêques, et l'on fit signer au roi des lettres par lesquelles il approuvait l'attentat de Raoulet d'Auquetonville: «Comme notre très-chier et très-amé cousin le duc de Bourgogne, y disait-il, a fait proposer que pour notre sûreté et préservation de nous et de notre lignée, pour le bien et utilité de notre royaume, et pour garder envers nous la foy et loyauté en quoy il nous est tenu, il avoit fait mettre hors de ce monde nostre très-chier et très-amé frère, le duc d'Orléans, que Dieu absolve! savoir faisons que voulons que le dit duc de Bourgogne soit et demeure en nostre singulière amour, comme il estoit par avant.» On avait eu recours aux fables les plus absurdes pour persuader au roi que le meurtre de son frère l'avait préservé d'un péril imminent. C'est ainsi que Jean sans Peur promet «biens de ce monde et honneurs sans nombre» à un écrivain nommé Pierre Salmon, qui se charge «d'informer et d'instruire le roi.» Or Pierre Salmon ne trouve rien de mieux que de raconter qu'un moine, «très-expert en plusieurs sciences,» lui a été indiqué par Pierre Rapondi, qu'il l'a découvert dans un prison de Sienne où il était retenu par l'ordre de l'évêque comme accusé de magie, et qu'il lui a entendu dire que le duc de Milan avait fait faire une image du roi en argent pour la soumettre à ses maléfices. Il ajoute qu'un moine blanc qu'il a vu à Notre-Dame de Halle, à Utrecht et à Avignon, lui a également annoncé que la mort du duc d'Orléans sera le salut du roi.

Jean sans Peur, non moins empressé à reconnaître les services de Jean Petit que ceux de Pierre Salmon, l'avait nommé son conseiller et son maître de requêtes. Le discours du 8 mars 1407, reproduit par de nombreux copistes, avait été répandu de ville en ville; la glorification du duc, répétée par la voix de ses flatteurs, retentissait de toutes parts comme un hymne triomphal au milieu du silence et de la stupeur des Orléanais, quand un bruit d'armes se fit entendre vers les bords de la Meuse. Le roi des Romains réclamait le duché de Brabant. Les Liégeois, ses alliés, étaient quarante mille au siége de Maestricht. Une armée bourguignonne se réunit à Gand pour les combattre. Jean sans Peur avait quitté Paris le 5 juillet; le 23 septembre, il tuait vingt-quatre ou vingt-six mille Liégeois sous les murs de Tongres. Liége, Huy, Dinant, perdirent ou leurs remparts ou leurs priviléges, et la hache du bourreau acheva ce qu'avait commencé l'épée du vainqueur; mais la France échappait au duc de Bourgogne: que lui importait d'être victorieux vers les marches de l'empire, si la royauté de Charles VI subissait une autre tutelle que la sienne?

A peine Jean sans Peur s'était-il éloigné de Paris que la duchesse d'Orléans y était rentrée, et avec elle tous les amis du comte d'Armagnac, dont les écharpes blanches frappèrent si vivement les regards du peuple qu'il désigna désormais par le nom d'*Armagnacs* tous ceux qui combattaient le duc de Bourgogne. L'abbé de Saint-Fiacre prononça le panégyrique de la victime de la Vieille rue du Temple: il rappela les droits de sa naissance qui l'avaient placé si près du trône, et l'ingratitude du duc Jean, qui avait reçu tant de bienfaits de Charles VI: «C'est là, disait-il au roi, la reconnaissance du voyage de Flandre, auquel toi et ton royaume mis en péril pour l'amour de son père.» Il aurait pu ajouter que cette princesse, qu'un crime odieux avait réduite à un si triste veuvage, était fille de ce duc de Milan qui avait contribué plus que personne à la délivrance de Jean de Bourgogne, prisonnier chez les infidèles.

L'orateur appliquait au duc de Bourgogne toutes les malédictions accumulées contre Caïn et Judas, et concluait à ce qu'il fût soumis à une publique expiation et à un exil de vingt ans outre-mer: «Princes et nobles, pleurez, car le chemin est commencé à vous faire mourir trahitreusement et sans advertance. Pleurez, hommes et femmes, jeunes et vieux, pauvres et riches; car la douceur de paix et de tranquillité vous est ôtée, en tant que le chemin vous est montré d'occire et mettre glaive entre les princes, par lequel vous êtes en guerre, en misère et en voie de toute destruction. Entendez donc, princes et hommes de quelconques états, à soutenir justice contre ledit de Bourgogne, qui, par l'homicide par lui commis, a usurpé la domination et autorité du roi et de ses fils, et a soustrait grand'aide et consolation; car il a mis le bien commun en grième tribulation, en confondant les bons estatuts sans vergogne, en soutenant son péché contre noblesse, parenté, serment, alliances et assurances, et contre Dieu et la cour de tous ses saints; cet inconvénient ne peut être réparé ou apaisé, fors par le bien de justice.»

Cette satisfaction solennelle, qui paraissait à beaucoup d'hommes sages du quinzième siècle le seul moyen d'écarter de la France toutes les discordes envoyées comme un châtiment par le ciel, ne devait pas avoir lieu. Déjà on avait chargé des députés d'aller, au nom du roi, ordonner au duc de ne pas attaquer les Liégeois; mais il n'avait pas obéi et il était vainqueur. A l'enthousiasme qui agitait les Armagnacs succéda une profonde terreur: la reine voulait réunir une armée; elle avait besoin d'argent et personne ne voulait lui en prêter. On fit partir le roi pour Tours; la reine et les princes l'y suivirent: au milieu de ces inquiétudes, Valentine de Milan expira, frappée par une mort prématurée, «de courroux et de deuil,» dit Juvénal des Ursins.

Le 28 novembre, le duc de Bourgogne entra à Paris. Il arrivait trop tard. Le fantôme royal au nom duquel tous les partis se proscrivaient tour à tour lui avait été enlevé: il ne pouvait songer à aller le chercher de l'autre côté de la Loire; mais il savait que la reine ne tarderait point à s'ennuyer dans son exil de Tours, loin de Paris qui restait toujours le centre du gouvernement. Par la nécessité, par la force même des choses, il y eut une réconciliation: elle se fit à Chartres, le 9 mars 1408 (v. st.). Le duc de Bourgogne et les fils du duc d'Orléans jurèrent un oubli du passé qui ne pouvait être sincère. *Pax, pax, inquit propheta, et non est pax*, écrit le greffier du parlement sur ses registres. Le fou du duc de Bourgogne en portait le même jugement.

Jean sans Peur gagnait le plus à ce traité; car le roi rentrait à Paris et devenait en quelque sorte son otage, en s'enfermant dans une cité où le peuple était pleinement dévoué à la cause de celui qu'il espérait voir alléger ses impôts.

La puissance du duc de Bourgogne s'accroissait de jour en jour. Il disposait de toutes les milices de la Bourgogne, du Nivernais, de l'Artois et quelquefois de celles de la Flandre, du Brabant, de la Hollande. Il avait conclu une étroite alliance avec le roi de Navarre, le comte de Foix, les ducs de Bavière et de Bar; le duc d'Anjou se laissa corrompre. Isabeau de Bavière elle-même céda et devint Bourguignonne.

La politique du duc Jean était à deux faces. Tantôt il caressait la Flandre pour obtenir son appui, tantôt n'en ayant plus besoin, il s'efforçait de s'y faire redouter; on sentait bien que lorsqu'il faisait des concessions, c'était malgré lui, et que lorsqu'il modifiait les priviléges, il se proposait de ne point tarder à les anéantir. Mais la Flandre résiste: une sage prévoyance réveille sans cesse ses soupçons. «O Flandre! malheur à toi!» disait l'abbé d'Eeckhout, Lubert Hauscilt, dans des vers que l'on considéra longtemps comme prophétiques, «tu nourris des étrangers de ton lait, et tandis que les loups s'abreuvent à ton sein fécond, tu n'as que du fiel pour tes brebis. Flandre, fleur des fleurs, redoute des ruses fatales.»

Lorsqu'au mois d'août 1409 le duc de Bourgogne confirme l'existence de la cour de justice qui s'appellera dorénavant le conseil du duc, cette cour, bien qu'établie à Gand, reste profondément impopulaire. Si tous les membres qui la composent doivent «jurer de garder et entretenir les priviléges, lois, droicts, franchises et bonnes coustumes des villes et du pays,» ils n'en sont pas moins investis du soin de connaître de l'interprétation de ces mêmes priviléges et de tous les cas relatifs à la paix de Tournay; enfin, quoique tenus de prononcer leur sentence en flamand, ils délibèrent en français «en la chambre à l'uys clos.» Toutes les villes de Flandre cherchaient à se dérober à cette juridiction; les Gantois surtout contestaient si obstinément son autorité, qu'un jour, «tenant vers le conseil une fierté, ils envoyèrent par l'un de leurs siergans dire qu'ils ne procédassent plus avant sur ung tel, car il estoit leur bourgeois.» Le duc les fit citer alors au parlement de Paris: ils menacèrent les sergents royaux, chargés de leur notifier cet appel, de les précipiter dans l'Escaut.

Pendant cette même année 1409, les Gantois, qui maintenaient avec tant de zèle leurs immunités politiques, conservaient, en dépit du prince attaché aux papes d'Avignon, toute leur liberté religieuse, et nous remarquons, parmi les prélats et les clercs réunis au concile de Pise, les députés de l'évêque urbaniste, Martin Van de Watere.

Lorsque les Orléanais, renonçant à la paix de Chartres, s'avancèrent vers Paris, les bourgeois de Gand et de Bruges refusèrent fièrement de prendre les armes pour soutenir une querelle qui leur était étrangère, et le duc de

Bourgogne se vit réduit à signer, à Bicêtre, un traité par lequel les princes s'engageaient à ne pas entrer à Paris, traité qui l'atteignait bien plus que tous les autres.

Jean sans Peur avait réuni à Tournay le duc Guillaume de Bavière, l'évêque de Liége, le comte de Namur et plusieurs seigneurs des marches de l'empire; il réclama leur appui contre le duc d'Orléans, et se rendit aussitôt après à Arras où les nobles du comté d'Artois avaient été convoqués. Maître Jean Boursier leur exposa doctement en présence du duc de Bourgogne que bien qu'il eût, pour la sûreté du roi et la conservation de la monarchie, fait mourir le duc d'Orléans, ses fils poursuivaient leurs machinations contre lui, et il ajouta qu'il venait faire appel à la loyauté de ses Etats d'Artois pour qu'ils le soutinssent efficacement. Mais c'était près des Etats de Flandre qu'il fallait surtout faire réussir ces démarches. Les Gantois continuaient à donner l'exemple de la résistance en déclarant qu'ils ne franchiraient point les frontières de Flandre. Le duc multiplia vainement les prières, répétant que s'ils l'abandonnaient toute sa puissance serait détruite; déjà, n'écoutant plus que sa colère, il leur annonçait qu'il ferait le lendemain sonner la cloche du beffroi, pour savoir quels étaient ceux qui se rallieraient sous sa bannière, et il voulait même quitter la Flandre: mais son chancelier le dissuada de ces moyens violents qui convenaient si peu au génie indépendant des communes flamandes: pour atteindre le but qu'il se proposait, les concessions valaient mieux que les menaces. En effet, on le vit bientôt vendre de nouveaux priviléges et renoncer dans la plupart des villes aux taxes qu'il y prélevait sur les confiscations ou sur les accises. Il conduisait avec lui son fils Philippe, alors âgé de quinze ans, et se plaisait à le montrer aux bourgeois pour se concilier leur faveur. A Gand, à Bruges, à Ypres, il remercia humblement les communes des subsides et des secours qu'elles avaient si longtemps hésité à lui promettre. A Furnes, il parvint à calmer, par de douces et bonnes paroles, les laboureurs qui avaient ressaisi les armes de leurs ancêtres pour protester contre tout projet de les soumettre à des impôts sans cesse repoussés sur ces rivages comme le signe de la servitude.

Si l'on peut ajouter foi à un récit fort vraisemblable quoique ignoré des historiens flamands, les communes avaient imposé au duc des conditions bien plus importantes, celles que Louis de Male avait repoussées en 1346, rien moins qu'une étroite union commerciale avec l'Angleterre, consacrée par la suzeraineté politique de Henri IV, et au moment même où Jean se déclarait le protecteur du roi de France, il aurait consenti non-seulement à livrer aux Anglais les ports de la Flandre, mais aussi à leur rendre hommage de ce comté qui formait la première comté-pairie de France, et même à leur faire recouvrer l'Aquitaine et la Normandie. C'est ainsi que les ducs de Bourgogne, en cherchant à rétablir la fédération commerciale de la Flandre et de l'Angleterre, fondent sur les souvenirs de la puissance des communes, qu'ils haïssent, la consolidation de leur propre puissance et les rêves de leur ambition.

Dès les derniers jours de janvier 1410 (v. st.), des députés du duc et des *quatre membres* de Flandre s'étaient rendus en Angleterre. Au mois de mars, Henri IV charge l'évêque de Saint-David et Henri de Beaumont de poursuivre ces négociations: nous les voyons conclure le 27 mai une nouvelle trêve, mais rien ne nous est parvenu du traité qui appelait les Anglais en France, si ce n'est une vague mention d'un projet de mariage entre le prince de Galles et l'une des filles du duc de Bourgogne, qui devait le confirmer.

Le duc se trouvait à Bruges lorsqu'il apprit, le 10 juillet, que les Orléanais s'assemblaient dans le Vermandois. La guerre allait commencer. Grâce aux habiles intrigues du duc de Bourgogne, Paris se souleva et lui livra la personne royale. La rébellion partait du quartier des Halles: ceux qui la dirigeaient étaient les Legoix, bouchers de Sainte-Geneviève, les Tibert et les Saint-Yon, bouchers du Châtelet, et les Caboche, écorcheurs de la boucherie de l'Hôtel-Dieu. Ils étaient tous dévoués au parti bourguignon: mais les plus influents étaient les Legoix. Ils fournissaient la maison de Jean sans Peur «de boucherie et poullaillerie,» et l'un des comptes présentés par ces hommes qui devaient un jour égorger des évêques et des présidents au parlement, porte «une douzaine d'alouettes et de petis oiselets.» Les chefs des bouchers étaient d'ailleurs aussi robustes qu'habitués à plonger leurs mains dans le sang, et l'on vit la ville et l'université, également intimidées par leurs menaces, s'empresser de prendre le symbole bourguignon, c'est-à-dire la croix de Saint-André où l'initiale du nom de Jean sans Peur brillait sur les fleurs de lis royales.

Le duc de Bourgogne voulut saisir une occasion si favorable pour détruire le parti des Orléanais. L'armée que lui avaient accordée les communes flamandes comprenait deux mille ribaudequins, quatre mille canons, douze mille chariots et soixante mille hommes armés, sans compter les valets. Toutes leurs milices étaient subdivisées par villes et par connétablies, selon les anciens usages; toutes suivaient leurs bannières, sans obéir aux ordres des chevaliers bourguignons. Jean n'osait se plaindre: il se félicita d'avoir les milices flamandes avec lui, lorsque arrivées aux bords de la Somme, elles renversèrent en quelques instants, avec leurs formidables machines de guerre, les tours de Ham et s'élancèrent, pleines de courage, sur les remparts; toute la ville fut pillée et brûlée. Le bruit des ravages des Flamands répandait de toutes parts la terreur; Nesle, Roye, Chauny, se hâtèrent de se soumettre, et le duc de Bourgogne mit le siége devant Montdidier.

Le duc d'Orléans, le comte d'Armagnac et leur armée avaient déjà passé la Marne et occupaient Clermont. Tout annonçait qu'une lutte décisive allait dénouer ces longues et cruelles intrigues perpétuées par les factions. L'armée du duc de Bourgogne s'était rangée en bataille dans une vaste plaine entre

Roye et Montdidier; deux jours se passèrent; les ennemis ne se montraient pas, et les Gantois, craignant qu'on ne cherchât à les tromper par de faux bruits, envoyèrent du côté de Clermont des espions qui revinrent sans avoir aperçu les Orléanais. Ce rapport excite les murmures des Gantois; ils prétendent que tout ce que l'on raconte sur les projets du duc d'Orléans n'est qu'un mensonge inventé pour les retenir dans le camp, et leurs voix tumultueuses en accusent deux des conseillers du duc, les sires de Helly et de Ray. Ils répètent que rien ne les empêchera de retourner dans leurs foyers; mais le duc de Bourgogne accourt au milieux d'eux et leur représente que, d'après des indications certaines, le duc d'Orléans s'approche, et que jamais leur secours ne lui a été plus nécessaire. Il renouvelle ses instances et ses prières jusqu'à ce que leurs chefs lui promettent de convoquer, dans la tente de Gand, les capitaines des connétables et les dizeniers; les Gantois ne consentent toutefois à s'associer huit jours de plus à son expédition qu'après avoir obtenu une déclaration par laquelle le duc lui-même en fixe le terme, en les louant fort de leur zèle. Le même jour, le duc de Bourgogne, multipliant les sacrifices pour retenir les Gantois dans son camp, leur accorde, «por les bons et agréables services que nous ont fait et font journellement et espérons que facent au temps à venir,» le privilége de pouvoir acquérir des fiefs en payant les droits seigneuriaux. Les mêmes motifs l'engagent à octroyer aux Brugeois la confirmation de leur ancien privilége d'être affranchis des droits de tonlieu dans toute l'étendue de la Flandre, «attendu les bons, agréables et notables services que ils nous ont faict et font chascun jour en plusieurs et maintes manières et mesmement en ce présent voyage, au service de monseigneur le roy, ouquel ils se portent bien et diligemment.»

Huit jours s'écoulèrent dans une stérile anxiété. Le duc d'Orléans, instruit de ce qui se passait dans le camp du duc de Bourgogne, attendait patiemment le moment d'en profiter, et les Gantois envoyèrent de nouveau leurs espions jusqu'aux barrières de Clermont sans apercevoir les Armagnacs. Cette fois, on les pressa inutilement d'ajouter, à la semaine écoulée, un nouveau délai de cinq jours. Le duc insistait d'autant plus qu'il savait qu'une armée anglaise, commandée par le roi Henri IV lui-même, était prête à débarquer en France pour le soutenir conformément à leurs traités secrets. Quelles que fussent les exhortations des chevaliers de la cour du duc, les Gantois répondaient toujours: «N'osez-vous pas conduire monseigneur de Bourgogne à Paris? Il n'est pas vrai que les Armagnacs soient à Clermont, et nous avons pris toutes les forteresses qui pouvaient vous arrêter.» Pour les faire changer d'avis, on leur montra des chartes revêtues du sceau du roi, où de grands avantages, leur disait-on, étaient promis à l'industrie flamande s'ils n'abandonnaient point l'expédition; on leur remit même une lettre des bourgeois de Paris qui les appelaient comme des frères engagés depuis un demi-siècle dans des luttes communes. Tout fut inutile. Les Gantois soupçonnaient quelque ruse du duc de Bourgogne, et dès que le soir fut arrivé ils arrachèrent les auvents et les solives des maisons des faubourgs de Montdidier pour allumer de grands feux dans leurs quartiers. Ils chargèrent aussitôt leurs bagages sur leurs chariots et prirent les armes. Leurs cris répétés: «*Wapens! wapens! te Vlaendren waert!* Aux armes! aux armes! en Flandre!» réveillèrent le duc de Bourgogne. Il envoya quelques seigneurs s'informer de ce qui se passait; les Flamands refusèrent de les écouter. Aux premières lueurs de l'aurore, ils s'écrièrent tous: «*Go! go!*» C'était le signal du départ. Le duc de Bourgogne était monté à cheval avec le duc de Brabant, son frère, et il se rendit avec lui près des Gantois. «Et là, dit Enguerrand de Monstrelet, le chaperon ôté hors de la tête devant eux, leur pria à mains jointes, très-humblement, qu'ils voulsissent demeurer avecque lui jusqu'à quatre jours, en eux disant et appelant frères, compains et amis les plus féables qu'il eût au monde.» Jean sans Peur alla même jusqu'à leur promettre de leur abandonner tous les impôts de la Flandre. Le duc de Brabant joignit ses prières aux siennes. Les bourgeois des communes flamandes ne voulurent rien entendre; à toutes les exhortations qu'on leur adressait, ils répondaient en montrant les lettres qui limitaient la durée de l'expédition et invoquaient le sceau du duc dont elles étaient revêtues.

Le duc de Bourgogne n'osa insister plus longtemps. Les Flamands avaient mis le feu à leurs tentes, et la flamme, se répandant dans tout le camp, avait gagné le logis du duc. Jean sans Peur se préparait déjà à le quitter. A moins de se résoudre à attendre ses ennemis, il ne lui restait qu'à imiter l'exemple des Gantois. Il les suivit jusqu'à Péronne, où il les remercia très-humblement de leurs services, en chargeant le duc de Brabant de les ramener jusqu'à leurs frontières. La puissance de la Flandre communale était restée si redoutable que lors même qu'elle refusait tout à Jean sans Peur, il n'était rien que Jean sans Peur osât lui refuser.

Peu de jours après, le duc de Bourgogne entrait presque seul à Paris, où il craignait de se voir devancé par le duc d'Orléans. Son influence avait été compromise, dans la capitale du royaume, par sa malheureuse expédition de Montdidier. Mille rumeurs y ébranlaient d'ailleurs sa popularité. Son alliance avec les Anglais n'était plus douteuse: et on répandait de nouveau le bruit qu'il s'était engagé à leur restituer les duchés de Guyenne et de Normandie et à leur remettre, comme gage de sa promesse, quatre des principales villes du rivage de la Flandre, Gravelines, Dunkerque, Dixmude et l'Ecluse. Pour répondre à ces accusations, Jean sans Peur, guidé sans doute par les conseils d'un théologien aussi habile que Jean Petit, tira du trésor des chartes de la Sainte-Chapelle une bulle d'Urbain V, et, en vertu de cette bulle qui avait condamné les pillages des grandes compagnies sous le règne de Charles V, il fit déclarer, au nom du roi Charles VI, «par toutes les églises d'icelle cité de Paris, avec cloches sonnantes et chandelles allumées, le duc d'Orléans et ses frères, les ducs de Berri et de Bourbon, le comte d'Alençon, tous nommés par leurs propres noms, et autres leurs adhérents et alliés, excommuniés et publiquement anathématisés.» L'interdit religieux, usurpé par le pouvoir politique, devenait un instrument de discorde entre les descendants mêmes de ces rois qui, tant de fois, y avaient eu recours contre la Flandre.

Tandis que Jean sans Peur, à défaut d'autres ressources, invoquait les foudres d'un stérile anathème contre les Orléanais, les Brugeois, accompagnés des milices de onze autres villes, s'arrêtaient, le 6 octobre, sous les ordres du bourgmestre Liévin de Schotelaere, dans la plaine de Ten-Belle, à trois lieues de Bruges. Le bourgmestre Baudouin de Vos et les échevins Jean Hoste, Jacques Breydel et George Vander Stichele se rendirent immédiatement auprès d'eux, afin de connaître l'heure à laquelle ils comptaient entrer à Bruges. Ils indiquèrent la matinée du lendemain, en se contentant de réclamer une augmentation de solde; mais la nuit leur inspira d'autres résolutions. Une vive agitation se manifestait, et l'on entendait répéter de toutes parts qu'il fallait profiter d'une occasion si favorable pour obtenir le redressement de tout ce qui avait été fait contre les libertés ou les intérêts de la commune. C'est sous l'empire de ces impressions tumultueuses, où les regrets et la colère se confondent, qu'ils arrivent le lendemain, vers huit heures du matin, à Saint-Michel, où ils trouvent le bourgmestre Baudouin de Vos, Jean Hoste, Jacques Breydel et Georges Vander Stichele, qui s'efforcent inutilement de les calmer. Ils déclarent qu'ils ne déposeront les armes et ne rentreront à Bruges que lorsqu'on aura fait droit à leurs réclamations. Elles portent sur sept points principaux: la citation, au son de la cloche, et la condamnation des bourgeois contumaces; l'existence de la cueillette sur le blé dont ils demandent l'abolition; le tort causé aux corps de métiers par la suppression du subside mensuel, connu sous le nom de *maendghelt*; l'insuffisance de leur solde, qui doit être élevée de huit à dix gros par jour; l'illégalité de la taxe du *septième denier* perçu par le duc, tandis que les comtes, ses devanciers, se sont contentés d'un droit d'accise sur les revenus de la ville; le caractère, non moins attentatoire à leurs franchises, des lettres de Jean sans Peur, qui défendent sous les peines les plus sévères de déployer les bannières de la commune tant que celle du duc n'a point été arborée la première sur la place du Marché; l'injustice et la rigueur du droit de confiscation, que le duc s'attribue contrairement aux anciens priviléges et aux anciens usages. On leur répond doucement que leurs requêtes seront soumises au duc, et qu'il est permis d'espérer «qu'on y pourvoie par raison telement qu'ilz en devront estre contens;» mais qu'il convient qu'ils retournent paisiblement dans leurs foyers, s'ils ne veulent «perdre la bonne grâce de mon dit seigneur, en laquelle ils estoient sur tous autres qui l'avoient suivi de son pays de Flandres.» Ces discours ne les persuadent point: «Non, non!» s'écrient-ils, «nous ne voulons pas être trompés comme nous l'avons déjà été; nous voulons que l'on nous accorde nos requêtes avant de rentrer dans la ville.» On leur représente toutefois que les trois derniers points de leurs réclamations ne peuvent être réglés que par le duc lui-même, et les magistrats ajoutent qu'ils sont prêts à céder à leurs vœux sur tous les autres. Un acte public en fut dressé, et l'agitation commençait à s'apaiser quand de nouveaux cris s'élevèrent: «Non, non, nous voulons obtenir tout ce que nous avons demandé!» Mille voix exigeaient la révocation du bailli et de l'écoutète, et ajoutaient qu'il fallait bannir les magistrats naguère désignés par le duc, notamment les bourgmestres Jean Biese et Nicolas Dezoutere, hommes nouveaux dont l'origine, étrangère à toutes les gloires du pays, ne rappelait que la honte et l'intrigue. Jacques Breydel, s'offrant comme médiateur aux bourgeois armés, s'efforça vainement d'interposer comme un gage de paix, un nom qui fut pour leurs ancêtres un gage de victoire: ils chargèrent leurs tentes sur leurs chariots, et les rangèrent en bon ordre sous les murs de Bruges, près du hameau de Saint-Bavon, comme s'ils eussent encore été devant les remparts de Montdidier.

Le sire Steenhuyse s'était rendu à Gand près du comte de Charolais, et de là à Beauvais près de Jean sans Peur pour exposer la situation des choses. Les conseillers du duc jugèrent qu'il fallait céder, à Saint-Bavon, aux plaintes des communes, comme leur maître avait cédé à leurs murmures en Vermandois. On abandonna au ressentiment des Brugeois le *Calfvel* de 1407. Les cinquante-deux doyens de la ville vinrent y arracher les sceaux qu'ils avaient été autrefois contraints d'y apposer; l'aubette des commis de la gabelle, au Braemberg, fut renversée, et une sentence d'exil frappa les magistrats haïs de la commune.

A Gand, dans la résidence même du comte de Charolais, les officiers du duc furent également changés. L'expédition de Montdidier, si peu intéressante par ses résultats, avait été un fait important dans l'histoire de la Flandre, parce qu'elle avait, sous les auspices mêmes du duc de Bourgogne, offert aux communes la résurrection de leur nationalité armée et libre.

L'indépendance commerciale de la Flandre se manifeste dans une foule de documents de ce temps. L'arrestation du comte Archibald de Douglas en fut notamment un mémorable exemple. Archibald de Douglas avait débarqué à l'Ecluse et se préparait à se rendre à Paris, où l'appelaient non-seulement des lettres de Charles VI et du duc de Guyenne, mais aussi d'autres lettres du duc de Bourgogne en ce moment retenu par ses intrigues dans la capitale du royaume; cependant, lorsqu'il passa à Bruges, les échevins le firent arrêter à la requête de quelques marchands de la ville de Malines qui l'accusaient d'avoir fait vendre à son profit, dans les ports d'Ecosse, les laines qui formaient le chargement d'un de leurs navires capturé dans les eaux de Nieuport. Deux chevaliers qui l'accompagnaient, Jean Sintcler et Thomas de Murray, n'obtinrent sa liberté qu'en s'offrant pour otages, et ne furent eux-mêmes relâchés qu'après avoir juré qu'ils reviendraient se constituer prisonniers dans le délai de soixante jours. Des députés de la ville de Malines appuyaient, près de Jean sans Peur les plaintes de leurs concitoyens, et il n'est guère permis de douter qu'ils n'aient été indemnisés de leurs pertes avant que le duc de Bourgogne relevât les otages de leur serment.

L'on se souvenait à Bruges qu'en 1402 le bâtard Louis de Hollande, saisi dans l'une des grandes rues de la ville et conduit au Steen pour avoir adressé à l'écoutète des paroles injurieuses, avait été réduit à se remettre humblement, tant de sa personne que de ses biens, au jugement des magistrats, et dix ans après l'arrestation du comte de Douglas, nous verrons les échevins de Bruges employer les mêmes moyens de coercition contre un autre dignitaire du royaume d'Ecosse, Jean Bolloc, évêque de Ross, qui fit offrir une caution de deux mille nobles par trois bourgeois de Bruges.

Les communes flamandes, qui voyaient avec joie renaître leur influence et leur prospérité, ne s'applaudissaient pas moins du mouvement qui se développait en France. Fidèles à une antique alliance dont l'incendie de Courtray n'avait pu effacer tous les vestiges, elles saluaient avec enthousiasme la reconstitution des franchises de Paris, anéanties le même jour que celles de la Flandre. Les habitants de la capitale du royaume avaient chargé des députés de proposer à toutes les villes une étroite confédération, et, dans ces graves circonstances, les échevins de Gand (c'étaient, entre autres, Ghelnot Damman, Jean Sersimoens, Victor Vander Zickele, Simon Uutenhove, Sohier Everwyn, Baudouin de Gruutere) résolurent d'envoyer une ambassade solennelle à Paris. En vertu des mêmes titres qui l'avaient placé au premier rang des représentants de la Flandre communale, lors des fameuses requêtes de l'hôtel de Ten Walle, Ghelnot Damman fut choisi pour le chef de cette ambassade, et il ne tarda pas à se rendre à Paris, où, dans un grand banquet à l'hôtel de ville, le prévôt des marchands et les échevins échangèrent avec les députés gantois, en signe d'amitié mutuelle, le chaperon blanc, qui fut aussitôt adopté par une grande partie des bourgeois de Paris. Peu de jours après, Charles VI le recevait lui-même des mains de Jean de Troyes: trente années s'étaient écoulées depuis le 27 novembre 1382.

Les communes flamandes croyaient retrouver en France, dans le mouvement du quinzième siècle, les grandes inspirations d'une autre époque. C'était une grave erreur; si Etienne Marcel eût vécu, n'eût-il pas engagé les Parisiens à se défier du duc de Bourgogne, puisqu'il oubliait, aussi bien que le duc de Normandie, que son premier devoir était de repousser les Anglais? En 1413, Jean Marcel était dans le parti du dauphin. Les tendances et les besoins de l'esprit communal créèrent, il est vrai, la belle ordonnance du 25 mai; mais la pensée devrait succomber dans sa lutte avec le fait, l'anarchie devait étouffer la liberté. Jean sans Peur, qui avait si fréquemment réitéré au peuple ses pompeuses promesses et qui semblait avoir, comme souverain de la Flandre, une mission incontestée pour les accomplir, ne portait aux communes françaises, qui criaient Noël à sa venue, que l'agitation et le désordre: peu lui importait de profaner de nobles souvenirs et d'exciter les mauvaises passions de la multitude, pourvu qu'elles offrissent une insurmontable barrière aux projets des Orléanais. Louis de Nevers et Louis de Male avaient sans cesse opposé aux sages bourgeois des cités flamandes le métier des bouchers. C'est aussi le métier des bouchers que leur petit-fils continue à opposer aux sages bourgeois de Paris, amis des progrès pacifiques et durables; il lui a donné pour chef son propre frère, le comte de Nevers, et récompense en même temps le zèle de Capeluche, leur héros, par l'office le plus important et le plus convenable à ses mœurs, celui de bourreau.

En vain le pieux et habile Juvénal des Ursins eut-il le courage d'adresser au duc de Bourgogne des représentations sur ce qu'il se laissait gouverner «par bouchers, trippiers, escorcheurs de bêtes, et foison d'autres meschantes gens.» Le duc se contenta de répliquer «qu'il n'en seroit autre chose.» Les fureurs populaires ne connaissaient plus de bornes. Quiconque passait pour riche était désigné comme Armagnac et immédiatement mis à mort. Les bouchers cessèrent bientôt de respecter le palais des princes: ils forcèrent l'hôtel du duc de Guyenne et en arrachèrent le duc de Bar, Jacques de Rivière et plusieurs autres notables seigneurs. Le duc de Bourgogne était là comme pour les encourager: «Beau-père, lui dit le duc de Guyenne indigné, cette mutation est faite par vostre conseil et ne vous en povez excuser, car les gens de vostre hostel sont avec eux.» Le duc de Bourgogne n'avait rien à répondre pour se disculper: l'ambition ne peut pas alléguer sa faiblesse. Au milieu de ces désordres, sous l'influence désorganisatrice des guerres étrangères et des jalousies privées, tout s'ébranlait, tout s'écroulait autour du trône de Charles VI. Il semblait que ce même règne, qui avait inauguré sur un champ de bataille le triomphe de l'autorité absolue sur les antiques franchises de la nation, dût aussi, par une réaction hâtée par les malheurs de ce temps, la voir expirer dans le palais désert où errait une ombre royale isolée de tout appui, et livrée à des ténèbres profondes que n'éclairait aucun rayon de l'intelligence. L'infortuné Charles VI n'était plus visité, dans son sommeil, par ces songes éclatants qui lui montraient le cerf ailé suivant les hérons au-dessus des étangs de la Flandre; il n'avait conservé des exploits de sa jeunesse qu'un vague souvenir, qui le portait à répéter sans cesse que ses armes étaient un lion percé d'une épée. Témoin insensible et muet des crimes, des guerres et des séditions, il traversait lentement la vie sans en connaître les inquiétudes et les douleurs; et la sérénité de son front lui restait seule avec la majesté du malheur pour lui tenir lieu de couronne.

Une fille du roi de France, qui avait épousé le comte de Charolais, avait quitté Paris pour accompagner l'héritier de Jean sans Peur en Flandre où les communes réclamaient sa présence. Mais avant de s'éloigner, elle s'arrêta à l'abbaye de Saint-Denis, où elle pria pour la France troublée par tant de discordes et tant de haines.

La politique adroite des Orléanais avait obtenu d'importants succès. Ils avaient réussi à détacher le roi d'Angleterre de l'alliance du duc Jean et avaient conclu un traité avec lui. Henri IV rompit toutes les négociations entamées pour le mariage de son fils aîné avec Anne de Bourgogne; de plus, il adressa aux quatre *membres* de Flandre une lettre où il leur annonçait que s'ils voulaient rester étrangers aux projets belliqueux du duc et maintenir les trêves, il donnerait également des ordres pour qu'elles fussent respectées. Les Etats de Flandre délibérèrent, et statuant souverainement, ils répondirent par des lettres, où il n'était fait aucune mention du duc de Bourgogne, qu'ils continueraient à observer les trêves: elles furent immédiatement prorogées pour cinq ans.

Le duc Jean, inquiet de ce qui se passait dans ses Etats, voyait aussi son autorité décliner à Paris. Les Orléanais s'approchaient et les bourgeois se réunissaient dans les rues en criant: *La paix!* «Il y a autant de frappeurs de coignée que d'assommeurs de bœufs,» avait dit le charpentier Cirasse au boucher Legoix. Les bouchers ne régnaient que par la terreur; dès que la terreur cessa, leur puissance s'évanouit et avec elle l'autorité du duc de Bourgogne. Jean sans Peur, naguère l'objet d'un si grand enthousiasme, ne recueillait plus que le mépris; on songeait peut-être à mettre la main sur lui. Le 23 août, après avoir essayé vainement d'enlever le roi du château de Vincennes, il quitta précipitamment Paris, laissant Lionel de Maldeghem à Saint-Denis et le sire de Lannoy à Soissons. Caboches et Jean de Troyes l'avaient précédé en Flandre.

La situation de la Flandre ne pouvait le consoler de ses revers en France. Les Etats, invités par le comte de Charolais à faire prendre les armes aux milices communales, multipliaient leurs représentations; non-seulement ils réclamaient la confirmation de tous leurs anciens priviléges violés ou méconnus, mais ils demandaient aussi que le duc ne cessât de résider en Flandre, qu'il ne choisît que des Flamands pour ses conseillers et ses officiers, et même pour commandants des forteresses voisines de la Flandre, qu'on supprimât tous les impôts dont se plaignait le peuple, qu'il n'y eût dans tout le pays qu'une seule monnaie, que la liberté du commerce fût assurée, même à l'Ecluse, sous les remparts de la Tour de Bourgogne, et il faut sans doute ajouter qu'ils insistèrent sur ce projet toujours si populaire d'une intime fédération avec les Anglais. En effet, nous savons que, vers la même époque, H. Raoul Lemaire, prévôt de Saint-Donat de Bruges, se rendit à Londres pour certaines négociations que son sauf-conduit n'indiquait point. Mais les Orléanais, alarmés de ces démarches, envoyèrent au duc le sire de Dampierre et l'évêque d'Evreux pour lui défendre, au nom du roi, de les poursuivre.

Jean sans Peur était en ce moment à Lille et y assistait, entouré des députés des Etats de Flandre, aux fêtes d'un tournoi où joutaient son fils le comte de Charolais, et ses frères le duc de Brabant et le comte de Nevers. Il ne répondit rien aux ambassadeurs, demanda ses houseaux, monta à cheval et prit la route d'Audenarde. Arrivé à Gand, il adressa au roi une longue réponse remplie de protestations mensongères; déjà il avait exposé aux Etats la situation des affaires en réclamant à la fois un secours armé et des subsides; mais les Etats persévéraient dans leurs remontrances, telles que leurs députés avaient été chargés de les porter à Lille. Ils accusaient de plus le chancelier du duc de favoriser la vénalité des offices et d'en profiter. Le duc, mécontent, partit pour Anvers où il trouva le duc Guillaume de Bavière, l'évêque de Liége, le comte de Clèves, Enguerrand de Saint-Pol et d'autres barons; ils montrèrent plus de zèle que les communes flamandes, et le duc de Bourgogne n'hésita pas à recommencer la guerre. Il ne fallait qu'un prétexte pour rompre une paix à laquelle personne n'avait jamais cru. Jean sans Peur le chercha dans des lettres du Dauphin, qui l'appelait à le délivrer de la tyrannie des Orléanais, lettres supposées ou tout au moins surprises à la bonne foi du duc de Guyenne. Bientôt on le vit rassembler une puissante armée et la conduire, au milieu de l'hiver, devant Paris. Les Armagnacs y étaient nombreux et les souvenirs de la domination bourguignonne encore présents à tous les esprits. Le mouvement populaire sur lequel il comptait n'eut pas lieu, et après quelques jours d'attente Jean fut réduit à une honteuse retraite. Le peuple de Paris avait été le témoin de son impuissance: les Armagnacs auxquels il l'avait révélée allaient en profiter pour le poursuivre. C'étaient deux grandes fautes au milieu de ces guerres civiles. Le duc semble lui-même les comprendre et chercher à en arrêter les désastreux effets. Il convoque les Etats d'Artois et de Flandre. Il écrit aux bourgeois des bonnes villes pour combattre les doutes qui se répandent sur l'authenticité des lettres du duc de Guyenne. Il les appelle «ses très-chers et bons amis:» il réclame leur appui et ajoute: «S'il est quelque chose que vous veuillez et nous puissions, sachez certainement que nous le ferons de très-bon cœur.» Ces belles paroles ne trompèrent personne. Les nobles d'Artois protestèrent de leur dévouement, mais refusèrent de porter les armes contre le roi. Les bonnes villes n'étaient pas plus disposées à soutenir le duc dans une entreprise déjà avortée.

Dès le 10 février, une proclamation du roi, rappelant tous les crimes du duc de Bourgogne, le déclara rebelle et convoqua l'arrière-ban pour le combattre; le 3 avril, Charles VI quittait Paris, précédé de quatre-vingt mille hommes, pour aller prendre l'oriflamme à Saint-Denis. Compiègne, où s'étaient enfermés les sires de Lannoy et de Maldeghem avec quelques hommes d'armes, opposa une longue résistance. Au bruit du péril qui menaçait la garnison bourguignonne, le jeune comte de Charolais parcourut toutes les villes de Flandre en suppliant les bourgeois de s'armer pour défendre l'honneur de son père. Le duc l'avait suivi pour réitérer les mêmes instances et les mêmes prières. Leurs efforts furent inutiles: Compiègne capitula et l'armée ennemie s'avança de plus en plus.

La colère du duc était extrême: à Gand, il fit sonner la cloche du beffroi pour que les bourgeois s'assemblassent sous sa bannière; personne n'obéit, et quelques courtisans, qu'aveuglait le ressentiment de leur maître, répétaient tout haut: «Il faut traiter les habitants de Gand comme on a traité ceux de Liége.» Ces paroles imprudentes augmentaient l'agitation: elle se répandit rapidement jusqu'à Bruges et jusqu'à Ypres, où le duc, fidèle au système qui lui avait si mal réussi à Paris, essaya de se faire, contre les magistrats, une arme de l'anarchie populaire.

A côté de cette influence du duc de Bourgogne qui s'affaiblit et s'efface, s'élève une puissance de plus en plus grande, celle de la vieille Flandre, de la Flandre indépendante, représentée par l'assemblée des députés de ses communes.

Une dissertation sur l'origine et le développement des Etats de Flandre, placée au milieu de ces récits, paraîtrait sans doute trop longue et sans objet à la plupart des lecteurs. La marche des événements des trois derniers siècles, qui ont passé sous leurs yeux, a pu les instruire des modifications que les institutions et les mœurs ont subies et partagées. Ils ont pu y découvrir les traces de la substitution graduelle et progressive de l'autorité des députés des communes à celle des chevaliers et des barons: cette grande révolution politique, qui ne s'est accomplie ni à la suite d'un seul fait, ni à une date précise, n'est que la conséquence naturelle du déplacement des forces sociales, qu'au jour du péril il fallait bien invoquer sous leur véritable nom et sous leur véritable caractère. La puissance des communes avait été le principe; dès qu'elle se trouva invinciblement établie, le premier de ses résultats fut l'intervention de leurs représentants dans la discussion des questions commerciales et des intérêts généraux du pays: la continuité des guerres intérieures et étrangères; la division des factions, l'hostilité même de ses comtes étaient autant de titres sur lesquels la Flandre s'appuyait pour n'avoir foi qu'en elle-même. Les bourgeois des cités s'allient déjà dans une fédération étroite sous Guillaume de Normandie; leurs réunions en *parlement* se multiplient sous les successeurs de Gui de Dampierre, surtout pendant la vie de Jacques d'Artevelde. Sous la domination de la maison de Bourgogne, les clercs et les nobles, qui longtemps avaient formé le conseil des princes, en opposition avec le *parlement* des communes, se joignent aux délibérations des députés des villes. Quoique leur influence ne doive s'élever qu'au seizième siècle, nous trouvons sous Jean sans Peur un nom nouveau pour les assemblées où leur présence est à peine indiquée: celui de *trois Etats* du pays de Flandre.

En 1414, l'indépendance des Etats de Flandre était si complète qu'afin de la garantir ils avaient fait fortifier la ville de Gand, leur résidence ordinaire. Leurs députés se présentèrent à Péronne, où les Armagnacs venaient de conduire Charles VI. Le duc de Brabant et la comtesse de Hainaut s'étaient déjà inutilement rendus près du roi pour préparer une réconciliation; ils n'avaient obtenu que cette réponse: Si le duc de Bourgogne le demande, on lui fera justice; s'il implore sa grâce, il ne la méritera que par le repentir et en reconnaissant sa faute sans chercher à la justifier. On espérait que les Flamands réussiraient mieux dans ces négociations. Dès le commencement de la guerre, le roi de France leur avait écrit pour connaître leurs projets, et ils lui avaient répondu en protestant de leur respect pour sa suzeraineté. Leurs députés étaient des chevaliers, des gens d'Eglise et d'honorables bourgeois. On leur donna immédiatement audience; un échevin de Gand parla éloquemment en leur nom, et lorsque le chancelier les eut remerciés de leurs bonnes paroles et de leurs loyales intentions, le roi se leva et alla serrer la main des vaincus de Roosebeke dans sa main royale, armée cette fois pour combattre non plus les communes flamandes, mais l'héritier même de Philippe le Hardi.

Dans une autre audience, le chancelier de Guyenne et un célèbre docteur en théologie nommé Guillaume Beau-Nepveu, exposèrent les nombreux méfaits de Jean sans Peur, et les députés flamands ayant réclamé le lendemain quelques explications sur les trahisons reprochées au duc de Bourgogne, l'archevêque de Bourges insista plus vivement sur ce qu'elles présentaient de criminel et de déloyal. Le roi était instruit, disait-il, des propositions que le duc de Bourgogne avait adressées par ses ambassadeurs au roi d'Angleterre; il savait qu'il avait promis de lui livrer les quatre principales entrées du pays de Flandre, en l'assurant qu'il lui en ferait hommage; ce qui était une si horrible félonie et un tel crime de lèse-majesté que le roi avait résolu d'employer la force des armes pour lui enlever tout moyen de nuire désormais au royaume. Puis le duc de Guyenne descendit du trône royal, et répéta aux députés flamands qu'il chercherait à les satisfaire autant qu'il était lui-même satisfait de leur empressement et de leur fidélité.

Selon un autre récit, ce fut l'évêque de Chartres qui parla au nom du roi de France, et les ambassadeurs flamands se contentèrent de répliquer que bien qu'ils appelassent également de tous leurs vœux la cessation des hostilités, ils étaient tenus, par leurs serments vis-à-vis du duc de Bourgogne, de repousser toute agression dirigée contre leurs frontières. Les conseillers de Charles VI, loin de songer à aller attaquer les communes de Flandre, ne cherchaient qu'à se concilier leur amitié; ils firent grand accueil à leurs ambassadeurs et leur donnèrent à leur départ cent marcs d'argent en vaisselle dorée.

Pendant ces négociations, Jean sans Peur offrit de nouveau aux ministres du jeune roi Henri V de lui rendre hommage comme son vassal lige, s'ils consentaient à le secourir. Cette démarche extrême resta sans résultats. Le duc, abandonné de ses alliés, privé des renforts qu'il attendait de la Bourgogne, se tenait à Douay, agité et inquiet. Il venait d'envoyer à Arras tous les hommes d'armes dont il pouvait disposer, sous les ordres de Jean de

Luxembourg. L'armée du roi, qui se préparait à attaquer cette ville, devenait de jour en jour plus nombreuse: quel que fût le courage des assiégés, quelle que fût l'étendue de leurs remparts, une longue résistance semblait impossible.

Arras était le dernier boulevard qui pût arrêter l'armée de Charles VI. Jean, dont la terreur s'accroissait, réunit successivement près de lui, à Lille et à Gand, les députés des communes flamandes. La dissimulation de son langage, où l'on découvrait jusque dans les discours les plus humbles la haine et la menace, laissait tous les cœurs indifférents à son péril, et il fallut la médiation de la comtesse de Hainaut et du duc de Brabant pour que les Etats consentissent à intervenir de nouveau en sa faveur, non à main armée, mais par des représentations pacifiques. Leurs députés reparurent au camp de Charles VI, avec le duc de Brabant et la comtesse de Hainaut pour le presser «d'avoir considération aux horribles, détestables et innumérables tribulations qui, par fait de divisions et de guerre, ont ja longuement esté et en pourroient encore avenir, et au très-grand, infini et souverain bien qui se peut ensuir par le moyen de paix à toute la chose publique.» Juvénal des Ursins soutint leurs propositions: elles furent acceptées, et la bannière royale flotta sur les murs de la ville d'Arras, qu'évacua le sire de Luxembourg. Le traité qui avait été conclu entre les conseillers du roi et les députés des communes flamandes fut communiqué au duc de Bourgogne; il était trop faible pour le désavouer, et ce traité fut définitivement approuvé à Senlis, au mois d'octobre 1414. On y lisait que le duc de Brabant, sa sœur et les ambassadeurs flamands avaient supplié humblement le roi de pardonner au duc de Bourgogne tous ses torts depuis le traité de Pontoise; ils promettaient en son nom qu'il renoncerait à l'alliance des Anglais, ne susciterait plus de troubles en France, et ne reparaîtrait devant le roi que sur son exprès mandement. Le duc de Brabant, la comtesse de Hainaut, les députés de Flandre jurèrent de n'aider Jean ni de leurs corps, ni de leurs biens s'il violait la paix.

Le duc de Bourgogne se trouvait à Cambray. Il y fit publier, le 9 octobre, une protestation dirigée contre un jugement de l'évêque de Paris et de l'inquisiteur de la foi, qui avait condamné les propositions de Jean Petit; c'est en même temps un acte d'appel au concile de Constance, sur lequel il cherchera à faire peser toute l'influence de sa puissance politique. Du moins dans la discussion qui va s'ouvrir, la cause sacrée de la justice aura pour défenseur Jean de Gerson, qui a été doyen de Saint-Donat de Bruges et a cessé de l'être parce qu'il est resté inébranlable dans le for de sa conscience, tandis que le crime ne trouvera pour apologiste que le fils d'un vigneron de Beauvais nommé Pierre Cauchon, qui s'est élevé dans la faveur de Jean sans Peur en s'associant à Jean Petit et qui plus tard méritera également la faveur de son successeur en conduisant Jeanne d'Arc au bûcher de Rouen.

Le duc de Bourgogne s'éloigna aussitôt après, laissant le gouvernement de la Flandre au comte de Charolais; suivi des Legoix et des Caboche, il se retirait en Bourgogne, impatient d'y cacher sa honte et rêvant d'amères vengeances.

Pendant ce court intervalle de paix qui éclaira pendant quelques jours à peine ce siècle de cruelles dissensions, la Flandre s'éleva de plus en plus. Sa médiation dans le traité de Senlis lui avait assuré de nouveaux priviléges, et déjà s'y associait l'espérance de voir se ranimer son commerce et son industrie. «Nous désirons vivement, porte une charte où le duc renonçait à tout droit sur les confiscations, que nos villes, si illustres et si renommées dans tous les pays, voient le commerce, sur lequel repose principalement toute la Flandre, se développer de plus en plus et leurs populations s'accroître sous l'heureuse influence de leurs institutions.» La grandeur commerciale de la Flandre n'existait que par ses priviléges et ses franchises.

Cependant l'ambition du jeune roi d'Angleterre, réveillée l'année précédente par l'appel du duc de Bourgogne, et peut-être de nouveau entretenue par ses conseils secrets, allait faire succéder aux fléaux des guerres civiles les désastres des invasions étrangères. Une ambassade anglaise avait paru à Paris, réclamant la main d'une princesse de France avec toutes les provinces cédées par la paix de Bretigny pour dot. Henri V avait résolu de maintenir ses prétentions par la force des armes. Le 10 août, prêt à quitter l'Angleterre, il charge Philippe Morgan d'aller conclure avec le duc de Bourgogne un traité d'alliance et de confédération qui comprendra non-seulement les conventions commerciales réclamées par la Flandre, mais une promesse mutuelle de subsides et de secours; quatre jours après, il aborde avec huit cents vaisseaux au port de Harfleur. Comme Edouard III, il déclare «qu'il veut mettre la France en franchise et liberté, telle que le roy sainct Louys a tenu son peuple,» et son expédition suit la même route, depuis la Normandie jusqu'à la Somme, en se dirigeant vers Calais.

L'effroi était grand à Paris. On se hâtait de mander de toutes parts les barons et les hommes d'armes pour attaquer les Anglais. Dans des conjonctures aussi pressantes, on oublia tous les crimes du duc de Bourgogne pour réclamer son appui en vertu du traité de Senlis; il ne parut pas, comme il était aisé de le prévoir, et n'envoya personne en son nom; il ordonna même à ses vassaux d'Artois, de Picardie et de Flandre de ne pas s'armer sans son commandement contre les Anglais. Cependant sa volonté ne fut point écoutée. Tous ces nobles chevaliers, auxquels il défendait de toucher à leur épée pendant que la monarchie était en péril, désobéirent au duc pour obéir à la voix plus puissante de l'honneur. Le jeune comte de Charolais voulait les suivre, mais on le tint enfermé au château d'Aire, où ses gouverneurs, les sires de Roubaix et de la Viefville, lui cachèrent tout ce qui se passait, car «leur estoit défendu expressément par le duc de Bourgogne son père qu'ils gardassent bien qu'il n'y allât pas.»

Le 23 octobre, le roi d'Angleterre dépasse, par méprise, le logement que ses fourriers lui ont préparé. On l'en avertit; il répond: «A Dieu ne plaise, aujourd'hui que je porte la cotte d'armes, que l'on me voie reculer!» Il semble qu'il ait hâte d'arriver dans une plaine étroite qui s'étend des ravins de Maisoncelle jusqu'à l'abbaye de Ruisseauville, resserrée d'un côté entre les bois de Tramecourt, de l'autre, entre une gorge profonde que domine un vieux château. Le surlendemain, 25 octobre, Henri V demandait le nom de ce château, et ajoutait: «Pourtant que toutes batailles doivent porter le nom de la prochaine forteresse où elles sont faites, ceste-ci maintenant et perdurablement aura nom la bataille d'Azincourt.» Quinze mille Anglais avaient détruit une armée de cent mille Français, l'une des plus belles qui eussent jamais été réunies. Toute cette fière chevalerie, qui se croyait sûre de vaincre, était tombée sous les traits de quelques archers gallois. La noblesse flamande avait à réclamer sa part dans ses malheurs et dans son courage. Le sire de Maldeghem, suivi de dix-huit écuyers, avait pénétré, à travers les Anglais, si près de Henri V, qu'il abattit sur son casque un des fleurons de sa couronne. Parmi les morts, on citait les sires de Wavrin, d'Auxy, de Lens, de Ghistelles, de Lichtervelde, de Hamme, de Fosseux, de la Hamaide, de Fiennes, de Rupembré, de Liedekerke, de Hontschoote, de Béthune, de Heyne, de la Gruuthuse, de Schoonvelde, de Poucke, de Bailleul.

Deux frères du duc de Bourgogne, le duc de Brabant et le comte de Nevers, avaient péri honorablement dans cette journée, pour laver la tache de son absence. Le duc de Bourgogne qui, dans sa croisade de Nicopoli, n'avait eu qu'un regard glacé pour les malheurs de ses compagnons, ne trouva qu'une feinte colère pour honorer le trépas de deux princes de sa maison; mais loin de songer à les venger, un mois après la bataille d'Azincourt, il profitait le premier de ce désastre pour conduire une armée devant la capitale du royaume. Pendant plusieurs semaines il campa à Lagny, attendant un mouvement des Parisiens qui n'éclata point, et sa retraite devint un sujet de risée pour les habitants mêmes de la cité royale sur lesquels reposaient ses espérances: ils ne l'appelaient plus que Jean de Lagny ou Jean le Long. Le jugement ironique que les Parisiens portaient du duc de Bourgogne était plus conforme à la vérité historique que l'adulation qui le saluait du nom de Jean sans Peur.

Les communes flamandes, restées étrangères à la journée d'Azincourt, conservaient la neutralité qui convenait à leur industrie et à leurs franchises.

Au mois de juin 1416, leurs députés traitaient, avec les ministres de Henri V, de la prolongation des anciennes trêves. Ils obtenaient que l'on insérât dans ces conventions les réserves les plus formelles pour garantir, en quelque lieu que ce fût, la sécurité et la protection des marchands flamands.

Pendant ce même mois de juin 1416, les conseillers de Charles VI ratifiaient aussi ce beau privilége de la Flandre, de voir, pendant les guerres les plus acharnées, la liberté de son commerce assurée et respectée sur toutes les mers et jusqu'au milieu des garnisons françaises qui entouraient l'étape de Calais, où ses ouvriers pouvaient sans obstacle aller chercher les laines dont ils avaient besoin.

Le duc de Bourgogne reste seul dans son isolement. Haï comme un traître par les Français qu'il a abandonnés, jugé avec indifférence comme un allié douteux par les Anglais qu'il n'a pas secourus, il ne rencontre nulle part l'appui qu'il cherche ou les sympathies qu'il ne mérite point. Le comte de Hainaut, son beau-frère, se montre hostile à son ambition, et les bonnes villes du Brabant lui refusent la régence de leur duché, comme s'il était indigne de porter l'épée de son frère, mort les armes à la main à Azincourt. Cependant il ne se lasse point. Il saisit le prétexte du mariage de Marie, veuve du duc de Berri, avec le sire de la Trémouille, pour s'emparer du comté de Boulogne; puis il excite de nouveaux complots à Paris; enfin il mêle des intrigues politiques aux conférences commerciales des communes flamandes avec les Anglais: il lui tarde évidemment de recueillir le fruit de sa faiblesse ou de sa honte, et c'est à son instante prière qu'il est convenu, après quelques négociations, qu'il aura une entrevue avec le roi d'Angleterre. Calais est choisi comme le lieu le plus convenable; le sauf-conduit, daté du 1er octobre, permet au duc de Bourgogne d'amener huit cents personnes avec lui; mais telle est sa méfiance qu'il exige de plus que le duc de Glocester se remette comme otage pendant toute la durée de ces conférences.

Henri V, fier de ses succès et encouragé par les dissensions intérieures de la France, semble avoir accueilli le duc Jean à Calais avec toute la supériorité que le suzerain possède sur le vassal. L'alliance de l'Angleterre était placée si haut depuis la journée d'Azincourt qu'il ne lui était pas même permis d'en discuter les conditions; elles avaient été réglées d'avance dans une charte qui lui fut présentée, où il était dit que le duc de Bourgogne, reconnaissant les droits de Henri V et prenant en considération les grandes victoires que Dieu lui avait accordées, s'engageait à le servir dorénavant comme roi de France, à lui rendre hommage et à l'aider à recouvrer sa couronne.

Le duc refusa de signer cet acte de soumission si complet et si humble. Le traité qu'il avait espéré était devenu impossible, et Jean sans Peur ne songea plus qu'à se servir de ses propres ressources pour arriver à l'accomplissement de ses projets.

Le Dauphin venait de mourir. Celui de ses frères qui lui succédait avait épousé la fille du comte de Hainaut et résidait dans ses Etats. Le duc Jean accourut près de lui à Valenciennes, le 12 novembre, et y conclut une étroite alliance, par laquelle le Dauphin promettait de secourir le duc de Bourgogne contre tous ses adversaires et se plaçait sous sa protection. Aussitôt après ce traité, le comte de Hainaut, qui s'était réconcilié avec Jean sans Peur, se rendit à Compiègne avec le nouveau Dauphin, pour l'opposer aux Armagnacs; il les menaçait déjà de le ramener en Hainaut auprès du duc de Bourgogne, s'ils ne cédaient à toutes ses réclamations, lorsque le jeune prince mourut le jour de Pâques fleuries.

Autant le second Dauphin était dévoué aux Bourguignons, autant le troisième se montrait attaché au parti des Armagnacs. La guerre civile allait se réveiller avec une nouvelle énergie. Le parlement avait fait brûler publiquement les lettres que le duc de Bourgogne avait adressées aux principales villes du royaume: il ne restait plus à Jean sans Peur qu'à combattre. Cependant avant de quitter la Flandre, il s'engagea, par une déclaration publiée à Lille, le 28 juillet 1417, à y laisser comme gouverneur son fils Philippe de Charolais, à prolonger les trêves avec l'Angleterre et à faire battre une nouvelle monnaie de bon aloi. Il annonçait en même temps que sa volonté formelle était «que les habitants du pays de Flandres fussent traittiés selon les droits, lois, coustumes et usaiges d'icelluy pays,» et promettait de veiller à ce que les marchands pussent entrer librement en France, «si que marchandise dont ledit pays le plus est soutenu, tant de blés que d'aultres biens, puist avoir généralement et paisiblement cours comme elle a eu au temps passé.»

Si la Flandre restait l'asile de la paix, elle voyait à ses frontières la France en proie aux fureurs renaissantes des discordes intestines: «L'an mille quatre cens dix-sept, dit Juvénal des Ursins, il y avoit grandes guerres et terribles divisions par le duc de Bourgogne, cuidant toujours venir à sa fin d'avoir le gouvernement du royaume.» Rouen se révolte et tue son bailli. Les villes de la Somme traitent avec Jean sans Peur. Reims, Troyes, Châlons, Auxerre, Beauvais, Senlis, lui ouvrent leurs portes. La reine Isabeau de Bavière se déclare en sa faveur et bientôt il réunit à Montdidier une armée où l'on remarque les sires de Maldeghem, de Thiennes, de Dixmude, d'Uutkerke, de Steenhuyse, d'Auxy, de la Gruuthuse, de Coolscamp. Enfin, dans la nuit du 28 au 29 mai 1418, la trahison de Perinet Leclerc lui livre Paris, où la faction des bouchers, aussitôt réveillée, se venge de son long repos par d'effroyables massacres.

La Flandre se félicitait d'être étrangère à ces malheurs, quand on apprit, immédiatement après l'extermination des Armagnacs, que des incendies terribles ravageaient ses cités et ses campagnes. Ils se multipliaient avec une merveilleuse rapidité tantôt à Bruges, tantôt à Dixmude, à Poperinghe ou à Roulers, tantôt dans quelque village isolé, et à peine les soins empressés des bourgeois ou des laboureurs avaient-ils réussi à étouffer la flamme qu'on la voyait dans d'autres quartiers ou dans d'autres hameaux éclairer le ciel de ses sinistres lueurs. Enfin, on saisit et on livra aux supplices les auteurs de ces désastres; ils avouèrent, dit-on, qu'ils étaient soudoyés par le duc d'Orléans, alors prisonnier en Angleterre, pour venger les atrocités commises sous les yeux du duc de Bourgogne à Paris.

Dès que l'infortuné monarque, qui ne savait plus lui-même qu'il était roi de France, fut retombé aux mains des Bourguignons, le Dauphin Charles se déclara régent du royaume et résolut, dans ce péril imminent, de traiter avec les Anglais, afin de pouvoir combattre plus puissamment le duc Jean. Henri V, qu'occupait vivement le soin de rétablir l'ordre en Angleterre, accueillit ses ouvertures avec faveur; mais il fut difficile de s'entendre sur les conditions de ce traité. Des conférences s'ouvrirent au mois de novembre à Alençon. L'archevêque de Sens, le comte de Tonnerre, Robert de Braquemont, amiral de France, y avaient été envoyés par le Dauphin. Le comte de Salisbury y représentait Henri V. Après de longues discussions, les ambassadeurs français offrirent l'abandon définitif de l'Agenois, du Limousin, du Périgord, de l'Angoumois, de la Saintonge, du comté de Guines et du château de Calais. Ils y ajoutèrent bientôt la partie de la Normandie située au delà de la Seine, à l'exception de Rouen, et se virent enfin réduits à proposer les tristes conditions de la paix de Bretigny, et, de plus, si les Anglais renonçaient à la Normandie, les comtés d'Artois et de Flandre. Les ambassadeurs de Henri V firent connaître leur réponse. Ils réclamaient d'énormes sommes d'argent pour la rançon du roi Jean, qui n'était pas encore totalement payée, et exigeaient tous les territoires qu'on leur avait offerts, en y comprenant en même temps la Flandre, la Normandie, l'Anjou, Tours et le Mans. Les pouvoirs des envoyés du Dauphin n'allaient pas si loin. Les conférences furent ajournées; il fut toutefois convenu que le roi Henri V renoncerait à l'alliance du duc de Bourgogne. Dès ce moment, des événements de plus en plus graves se succèdent. Le duc Jean n'ignorait pas, sans doute, qu'il était question de transporter à Henri V la plus florissante partie de ses Etats. Il tenta un dernier effort pour conjurer une négociation évidemment dirigée contre lui, en demandant à Henri V une entrevue, à laquelle il se rendit avec Isabeau de Bavière pour le presser d'accepter la main de Catherine de France. Cependant les prétentions exorbitantes des ministres anglais, qui se croyaient déjà assurés de l'adhésion du Dauphin à leurs propositions, renversèrent toutes les espérances du duc de Bourgogne, et l'on entendit Henri V lui dire: «Beau cousin, je veux que vous sachiez que une fois j'auray la fille de vostre roy et tout ce que j'ay demandé avec elle, ou je debouteray le roi, et vous aussi, hors de son royaume.» Toutes ces menaces révélaient à Jean sans Peur ce qui se tramait contre lui. Il ne lui restait plus qu'à se rapprocher du Dauphin pour réparer l'échec que lui avait fait éprouver le refus du roi d'Angleterre, et, sans hésiter plus longtemps, ils se hâta de lui faire proposer une entrevue qui eut lieu à Pouilly-le-Fort, à une lieue de Melun. Le Dauphin n'avait pas, comme Henri V, conquis à Azincourt le droit d'être impitoyable et superbe; le duc de Bourgogne était réduit aussi à traiter à tout prix, s'il voulait conserver la Flandre. Dans cette situation, il était aisé de s'entendre. A une réconciliation publique succéda une traité d'alliance, où le duc de Bourgogne, voulant désormais «concordamment vacquer aux grans fais et besoignes touchans monsieur le roi et sondit royaume, et ensemble résister à la damnable entreprise de ses anciens ennemis les Engloiz,» jurait, entre les mains de l'évêque de Léon, légat du pape, «sur la vraye croix et les sains Evangiles de Dieu manuelment touchées, par la foy et serment de son corps, sur sa part de paradis, en parole de prince et autrement le plus avant que faire se peut,» d'honorer, de servir, d'aimer et de chérir, «tant qu'il vivrait en ce monde, de tout son cuer et pensée,» la personne du Dauphin et de lui être toujours vrai et loyal parent (11 juillet 1419).

Le 20 novembre 1407, le duc de Bourgogne avait aussi juré d'aimer le duc d'Orléans comme son frère.

Les conseillers du Dauphin se trompaient s'ils ajoutaient foi aux promesses solennelles échangées à Pouilly. Bien que le duc de Bourgogne répétât «que Hennotin de Flandre combatroit Henry de Lancastre,» son unique but était d'enlever au Dauphin l'appui des Anglais, et il songeait lui-même si peu à les attaquer qu'il avait entamé de nouvelles négociations pour ne pas trouver en Henri V un ennemi redoutable. Le 22 juillet, un sauf-conduit est accordé aux conseillers bourguignons Regnier Pot, Antoine de Toulongeon et Henri Goethals, qui se rendent à Mantes pour traiter avec Henri V; le 6 août, ils le suivent à Pontoise; mais ces pourparlers n'amènent aucun résultat, et le roi d'Angleterre en annonce la rupture dans une longue protestation de zèle pour la paix, où il rappelle que le château de Pontoise, éloigné à peine de sept lieues de Paris, est la clef de la capitale de la France. Ne faut-il pas placer au même moment l'arrivée à Pontoise des ambassadeurs du Dauphin qui, instruits des négociations commencées par le duc Jean au mépris du traité de Pouilly, n'avait cru pouvoir les déjouer qu'en revenant à sa politique de l'année précédente? Ces ambassadeurs n'allaient-ils pas annoncer qu'il était disposé à livrer à Henri V, avec la Normandie et le Meine, l'une des pairies du duc de Bourgogne, l'héritage même de Marguerite de Male? La première conséquence de cette alliance ne devait-elle pas être une invasion des Anglais dans la Bourgogne? N'avait-on pas vu dans la cité même de Paris le parti du Dauphin se dessiner, après l'entrevue de Pouilly, avec une puissance toute nouvelle?

Le duc de Bourgogne qui, pendant toute sa vie, n'avait connu d'autre mobile qu'une violence envieuse et dissimulée, se voyait de plus en plus menacé. Quand le Dauphin combattait les Anglais, toute la France chevaleresque se pressait sous ses drapeaux; lorsqu'il traitait avec Henri V, l'isolement du duc Jean, haï des nobles et méprisé des bourgeois, n'en était que plus profond. La politique que le duc de Bourgogne s'était faite par douze années d'intrigues le plaçait nécessairement parmi les ennemis du royaume; mais il ne pouvait y occuper le rang que convoitait son ambition tant que le Dauphin, suppléant à l'impuissance du roi, tiendrait tour à tour suspendu sur sa tête le courage de ses bannerets ou l'habileté de ses négociateurs. Jean le comprend: son intelligence grossière et brutale subit impatiemment la position chancelante à laquelle il est condamné; elle lui représente le Dauphin guidé par les Armagnacs, qui l'excitent à conspirer sa perte, et lui montre, en 1419 aussi bien qu'en 1407, le crime comme la dernière ressource de la haine.

Il devient intéressant d'étudier jour par jour les mesures adoptées par le duc de Bourgogne. Il invite, le 14 août, le Dauphin à se rendre à Troyes, près du roi Charles VI, pour y conclure la paix. Sur le refus du jeune prince, une nouvelle entrevue, sur les bords de la Seine, est proposée, probablement par les gens du duc de Bourgogne, et après quelques discussions, il est convenu qu'elle aura lieu au pont de Montereau-Faut-Yonne. Aussitôt après, le 17 août, il appelle près de lui les sires de Jonvelle et de Rigny avec toutes les troupes placées sous leurs ordres. Quatre jours plus tard, le 21 août, il écrit de nouveau aux maîtres de la chambre des comptes de Dijon que, devant avoir prochainement une entrevue sur la Seine avec le Dauphin, il désire réunir autour de lui plusieurs de ses nobles vassaux pour l'aider de leurs conseils, et au moins trois cents hommes d'armes pour la garde de sa personne. Il les charge de faire remettre avec la plus grande diligence, par des messagers qui chevaucheront jour et nuit, les lettres qu'il adresse aux sires d'Arlay, de Saint-George, de Villersexel, de Ray, de Ruppes, de Pontailler et de Vergy, pour qu'ils se rendent immédiatement près de lui avec le plus grand nombre d'hommes d'armes qu'ils pourront assembler. Ils obéissent, et le jour fixé pour l'entrevue, il choisit parmi eux dix des plus intrépides chevaliers: ce sont Charles de Bourbon, Jean de Fribourg, Guillaume de Vienne, seigneur de Saint-George, Jean de Neufchâtel, Gui de Pontailler, Charles de Lens, Antoine et Jean de Vergy, et les sires de Navailles et de Giac. Parmi ceux qui accompagnent le Dauphin, deux magistrats, son chancelier et le président de Provence, se trouvent sans armes. Si un combat est nécessaire pour enlever au Dauphin la liberté ou la vie, toutes les chances sont en faveur des Bourguignons. Une secrète méfiance les agite toutefois, et ils racontent qu'un juif a annoncé au duc Jean que s'il se présente à Montereau il n'en retournera jamais.

Un mois après l'assassinat du duc d'Orleans, le duc Jean de Bourgogne était descendu à Ypres au cloître de Saint-Martin, quand vers l'heure des matines une sinistre lueur s'éleva dans les airs. Les bourgeois et les prêtres accoururent, croyant qu'un incendie venait d'éclater; mais ils n'aperçurent (tel est le récit d'Olivier de Dixmude) qu'un dragon qui plana au-dessus de la chambre occupée par le duc jusqu'à ce que, repliant sur lui-même son dard flamboyant il disparut tout à coup. La légende populaire doit-elle être une prophétie? Jean sans Peur ne succombera-t-il pas dans un complot qu'il a lui-même pris soin de préparer?

Ce fut le 10 septembre 1419 qu'eut lieu l'entrevue. Le Dauphin reprocha au duc de l'avoir laissé attendre dix-huit jours à Montereau et de ne pas avoir fait la guerre aux Anglais; mais celui-ci lui répondit qu'il avait fait ce qu'il devait faire, et du reste «qu'on ne pourroit rien adviser sinon en la présence du roy son père, et qu'il falloit qu'il y vînt.» En même temps, le duc tira son épée. «Monseigneur, ajouta le sire de Navailles en mettant la main sur le Dauphin, quiconque le veuille voir, vous viendrez à présent à vostre père.» En ce moment se passa une scène rapide et confuse que la foule des spectateurs réunis sur les deux rives du fleuve ne distingua qu'imparfaitement. «Le Dauphin est tué!» s'écria-t-elle. Le même bruit passa de ceux qui suivaient le duc jusqu'aux hommes d'armes qui gardaient le château de Montereau; mais on connut bientôt la vérité. Tannegui du Chastel s'était précipité sur le Dauphin et l'avait emporté dans ses bras, tandis que Robert de Loire, le vicomte de Narbonne et Pierre Frottier renversaient à leurs pieds le sire de Navailles et le duc lui-même. «Tu coupas le poing à mon maître, s'était écrié Guillaume le Bouteiller, ancien serviteur du duc d'Orléans, et moi je te couperai le tien;» et il le frappa à son tour.

Tel est le récit que le Dauphin inséra dans les lettres qu'il adressa à toutes les bonnes villes du royaume et qu'appuie l'autorité de Juvénal des Ursins, l'historien le plus respectable et le plus impartial de ce siècle. Tannegui du Chastel en affirma la vérité en portant son défi de chevalier à quiconque oserait la contester, défi auquel personne ne répondit jamais. On ajoute que Philippe Jossequin, ancien compagnon de captivité du duc, qui s'était élevé du rang de valet de chambre à celui de son conseiller et de son intime confident, ayant été arrêté par les gens du Dauphin au château de Montereau, révéla également les perfides desseins de son maître.

«Aucuns disoient que, veu le meurtre qu'il fit en la personne du duc d'Orléans et les meurtres faits à Paris, c'estoit un jugement de Dieu.»

LIVRE SEIZIÈME.
1419-1445.

**Philippe l'*Asseuré* ou le Bon.
Continuation des guerres en France.
Troubles de Bruges.
Splendeur de la cour du duc de Bourgogne.**

Jean sans Peur n'avait qu'un fils. Il s'appelait Philippe comme le premier duc de Bourgogne de la maison de Valois, et avait épousé Michelle de France, fille de Charles VI. Bien qu'il fût encore fort jeune et d'une santé affaiblie par des fièvres fréquentes, une habileté froide et calme, prudente jusqu'à la ruse, persévérante jusqu'au courage, l'avait fait surnommer Philippe *l'Asseuré*. Il se trouvait à Gand lorsqu'on y vit arriver deux messagers envoyés par le sire de Neufchâtel, qui s'était retiré à Bray après l'entrevue du 10 septembre 1419. Jean de Thoisy, évêque de Tournay, et le sire de Brimeu l'instruisirent aussitôt de la fin tragique du duc Jean. Les chroniqueurs rapportent que sa douleur fut extrême: elle se révéla par des transports de fureur qui semèrent l'effroi parmi tous ceux qui l'entouraient. Les yeux lui roulaient dans la tête, ses dents claquaient convulsivement, ses pieds se roidissaient sans qu'il pût faire un pas, et déjà ses lèvres, devenues noires et livides, semblaient se glacer; pendant une heure, on le crut mort: il ne revint à lui que pour lancer à la jeune duchesse de Bourgogne ces paroles: «Michelle, votre frère a tué mon père!» Sinistre anathème que l'infortunée princesse devait accepter comme une sentence de mort.

Cependant, dès que ce violent accès de désespoir se fut un peu calmé, il appela de Bruges à Gand l'orateur de la faction des Legoix, le célèbre carme Eustache de Pavilly, qui avait succédé à toute l'influence du cordelier Jean Petit; il le pria de l'aider de ses conseils et résolut immédiatement de se préparer à la guerre. Tandis qu'il ordonnait aux membres des Etats de se réunir, il se rendait lui-même dans toutes les villes de la Flandre, à Bruges, à Lille, à Courtray, à Deynze, à Termonde, pour réclamer, en échange de ses serments, des armements et des subsides.

La plupart des nobles montrèrent un grand zèle; les uns étaient les descendants de ces chevaliers bourguignons qui avaient accompagné Philippe le Hardi, ou les fils des *Leliaerts* fidèles à Louis de Male; les autres d'obscurs courtisans qui avaient acquis, «moyennant finance,» des distinctions et des titres qu'on allait bientôt refuser aux plus illustres bourgeois des cités flamandes; mais cet enthousiasme ne s'étendait pas plus loin: la Flandre continuait à rester étrangère aussi bien aux passions qu'aux sanglantes querelles de ses princes, et lorsque le nouveau duc de Bourgogne arriva aux portes de Bruges, il se vit réduit à s'arrêter pendant quatre heures au château de Male, afin d'obtenir de la commune qu'il lui fût permis de ramener avec lui quelques magistrats qu'elle avait autrefois exilés; sa médiation, quoique protégée par les souvenirs de son récent avénement, resta stérile, et dès les premiers jours de son règne il apprit, en se séparant de ses amis pour aller jurer de respecter les franchises et les libertés du pays, combien était vif et énergique le sentiment national qui veillait à leur défense.

Philippe ne pouvait songer à aborder en ce moment cette lutte contre la puissance des communes flamandes qui devait remplir la plus importante période de sa vie: son premier soin allait être de montrer, en vengeant la mort de son père, qu'il était digne de recueillir avec l'héritage de ses Etats celui de l'influence qu'il exerçait en France. Dès le 7 octobre il s'était rendu à Malines, où les ducs de Brabant et de Bavière, Jean de Clèves et la comtesse de Hainaut avaient renouvelé avec lui les anciennes alliances conclues par Jean sans Peur, et en se dirigeant vers Arras, il avait reçu à Lille Philippe de Morvilliers, président du parlement, chargé de lui annoncer que la ville de Paris avait juré entre les mains du comte de Saint-Pol de combattre les ennemis de son père et de le soutenir de tous ses efforts pour qu'il dirigeât le gouvernement. Les plus puissantes villes du nord de la France avaient suivi l'exemple de la capitale émue par les bruits qui accusaient les Dauphinois du complot de Montereau, et Philippe, investi dès ce moment de l'autorité suprême, leur avait mandé qu'elles envoyassent le 17 octobre leurs députés à Arras.

Vingt-quatre évêques et abbés s'étaient réunis dans cette ville pour célébrer les obsèques solennelles de Jean sans Peur. Maître Pierre Flour, inquisiteur de la foi dans le diocèse de Reims, crut devoir y prononcer un discours dans lequel il engagea pieusement le jeune prince à laisser la tâche de punir ceux qui avaient répandu le sang de son père à la justice céleste, qui est plus sûre et plus sévère que celle des hommes. Il croyait, ajoutait-il, que dans des circonstances qui pouvaient être si fécondes en résultats désastreux, il ne lui était pas permis, sans être coupable vis-à-vis de Dieu, de tenir plus longtemps cachées ces grandes vérités qui ordonnent au chrétien d'oublier et de pardonner. A ces nobles paroles, le duc se troubla et dissimula si peu sa colère qu'il exigea que le prédicateur s'excusât humblement de son éloquence et de son zèle à accomplir les devoirs de son ministère. Quatre jours après, il annonça à l'assemblée réunie à Arras qu'il traitait avec l'Angleterre, et «que cette alliance faite, en toute criminelle et mortelle aigreur, il tireroit à la vengeance du mort si avant que Dieu lui vouldroit permettre et y mettroit corps et âme, substance et pays, tout à l'aventure et en la disposition de fortune.»

Le jeune duc de Bourgogne s'était hâté d'offrir à Henri V plus qu'il ne demandait au Dauphin lui-même: il avait envoyé successivement près de lui l'évêque d'Arras, Gilbert de Lannoy, Jean de Toulongeon, Simon de Fourmelles, Guillaume de Champdivers, les sires d'Uutkerke et de Brimeu.

Ils devaient à tout prix s'assurer son alliance, et dès le 12 octobre ils avaient conclu un traité qui favorisait les rapports commerciaux de la Flandre et de l'Angleterre: c'était le préliminaire de toutes les négociations: elles se prolongèrent sur des questions plus importantes, sur les conditions que la brillante royauté de Henri V voulait faire imposer par le duc de Bourgogne à la royauté avilie de Charles VI. Le roi d'Angleterre demandait que le roi de France lui donnât en mariage sa fille Catherine, et l'instituât l'héritier du royaume à l'exclusion du Dauphin et au mépris des anciennes coutumes sur l'application de la loi salique. Dans le cas où cette union serait demeurée stérile, Henri ne devait pas moins conserver ses droits de succession à la couronne; il n'attendait pas même la mort de Charles VI pour en jouir. La folie du vieux roi lui fournissait un prétexte pour exercer immédiatement l'autorité royale avec le titre de régent. Tout ce qu'exigeait le roi d'Angleterre lui fut accordé, et ce fut à ces conditions si désastreuses pour la France que fut conclu un traité d'alliance qui portait qu'un des frères de Henri V épouserait l'une des sœurs du duc de Bourgogne; qu'ils se soutiendraient comme des frères et se réuniraient contre le Dauphin. Aussitôt après, Philippe se rendit à Gand: il s'y arrêta peu et se dirigea vers Troyes pour faire accepter par Charles VI l'exhérédation de son fils. Lorsqu'il rejoignit à Saint-Quentin les ambassadeurs anglais, une nombreuse armée l'accompagnait. On y remarquait les sires d'Halewyn, de Commines, de Steenhuyse, de Roubaix, d'Uutkerke et d'autres illustres chevaliers, et à côté d'eux un chef de bandits populaires, nommé Tabary le Boiteux, appelé à remplir la place des Caboche et des Legoix.

Le duc arriva le 28 mars à Troyes. On cria *Noël* pour lui en présence du roi et comme s'il eût été le roi. Cependant il affecta un grand respect vis-à-vis de Charles VI et lui rendit hommage pour le duché de Bourgogne et les comtés de Flandre et d'Artois. Il avait d'autant plus de motifs de feindre l'oubli complet de la folie du roi qu'il allait en profiter pour se faire donner les villes de Péronne, de Roye et de Montdidier comme dot de madame Michelle de France, avec l'abandon de tout droit de rachat sur Lille, Douay et Orchies. Enfin le 9 avril se signa à Troyes ce célèbre traité où le petit-fils du roi Jean transféra au descendant du vainqueur de Poitiers des droits que la victoire elle-même n'avait pu enlever à son aïeul captif à Londres. Les temps étaient si profondément changés, on était si las des désordres, des émeutes et de la guerre, que Paris accueillit avec joie l'alliance qui livrait la France aux Anglais.

Philippe avait tout sacrifié à ce qu'il croyait devoir à la mémoire de son père. Lorsque le traité eut été conclu, son premier soin fut de guider les Anglais devant Montereau que les Armagnacs occupaient encore. Dès que les hommes d'armes bourguignons y furent entrés, ils demandèrent où gisait le corps mutilé du duc Jean. Quelques pauvres femmes les conduisirent dans la grande église et leur montrèrent un coin où la terre semblait avoir été fraîchement remuée. Là reposait leur ancien maître. Ils prirent un drap noir et y placèrent quatre cierges; puis ils allèrent raconter ce qu'ils avaient vu. Le lendemain, le duc fit exhumer les restes de son père. On le trouva vêtu du pourpoint et des houseaux qu'il portait au moment de sa mort, et ses plaies saignaient encore: un riche cercueil le reçut et il fut enseveli dans la Chartreuse de Dijon.

Maître de Montereau et de Melun, Philippe conduisit Henri V à Paris. Charles VI avait quitté Troyes pour le suivre. Les deux rois y entrèrent à cheval l'un à côté de l'autre. Un peu en arrière du roi d'Angleterre paraissait le duc de Bourgogne, escorté de ses chevaliers qui, par leur nombre et leur luxe, surpassaient tous les autres, bien qu'à l'exemple du duc il fussent tous vêtus de deuil. Le peuple faisait entendre de longues acclamations, comme si la honte d'une domination étrangère pouvait seule lui assurer la paix. Il se montrait surtout impatient de saluer dans le jeune duc de Bourgogne l'héritier d'un prince qui s'était autrefois montré le soutien et le défenseur de ses griefs et de ses intérêts.

Peu de jours après cette cérémonie, les deux rois tinrent un lit de justice dans l'une des salles de l'hôtel Saint-Paul. Le duc de Bourgogne y assistait entouré de ses principaux conseillers. Maître Nicolas Rolin, son avocat, accusa le Dauphin et ceux qui l'accompagnaient à Montereau d'avoir commis un félon homicide en la personne de Jean de Bourgogne. Il demanda qu'ils fussent condamnés à faire amende honorable, tête nue, un cierge à la main, à Paris et à Montereau. L'avocat du roi au parlement (il se nommait Pierre de Marigny) et celui de l'université de Paris appuyèrent sa requête, et le 23 décembre Charles VI prononça solennellement la condamnation de son fils, de même qu'à une autre époque on lui avait fait approuver l'assassinat de son frère.

Tandis que Henri V retournait à Londres, le duc de Bourgogne se rendit à Gand. Les événements qui se passaient en Brabant réclamaient toute son attention. Jacqueline de Hainaut avait trouvé dans son second mari le duc Jean de Brabant, un prince laid, faible, timide, plus jeune qu'elle, incapable de la fixer par l'affection ou de la retenir par le respect. Elle se trouvait sans cesse en lutte avec ses conseillers et ne cachait point combien elle espérait faire prononcer une sentence de divorce. Parmi ceux en qui Jacqueline mettait toute sa confiance, on distinguait le sire de Robersart, chevalier né en Hainaut, mais dévoué aux Anglais. Elle lui racontait ses maux et ses peines, et le sire de Robersart l'engageait à se dérober au joug qui l'accablait pour fuir en Angleterre où vivaient des princes nobles, puissants et dignes d'elle. En effet, elle saisit un prétexte pour s'éloigner de Valenciennes et se dirigea à la hâte, guidée par le sire de Robersart, du côté de Calais. Elle y arriva le second jour (8 mars 1420, v. st.) et fit aussitôt demander un sauf-conduit au roi d'Angleterre, «et, faisant là aulcunement son séjour jusques elle recevoit rapport du roy anglois, souvent monta sur les murs du havre et regardant au travers de celle mer tout au plus loing, ses yeux s'esclairissoient souvent sur ces dunes angloises que elle véoit blanchir de loing, puis sur le chasteau de Douvres, là où elle souhaitoit être dedans; car lui tardoit bien à estre si longuement absente de la seigneurie que tant désiroit à voir et dont cestuy de Robersart l'avoit tant informée. Si ne véoit bateau cingler par mer, ne voile tendre au vent que elle certainement n'espérât être le rapporteur de sa joie.» Un siècle plus tard, Marie Stuart fondait en larmes en quittant ce même havre de Calais. Toutes deux avaient épousé des dauphins de France; la première cherchait les illusions de l'amour sous le ciel de l'Angleterre; la seconde les laissait derrière elle et s'effrayait d'aller ceindre au delà des mers une couronne que devait briser la hache de Fotheringay.

Le duc de Bourgogne vit avec déplaisir l'asile qu'on accorda à la duchesse de Brabant; mais le moment n'était pas venu d'élever ses plaintes et de rompre avec Henri V. Le Dauphin venait de gagner la bataille de Baugé. Le roi d'Angleterre s'embarquait à Douvres avec quatre mille hommes d'armes et vingt-quatre mille archers pour arrêter les succès des Armagnacs; Philippe, quoique malade, se rendit près de lui à Montreuil et, après quelques conférences, il le quitta pour aller, à son exemple, réunir son armée.

Ce fut à Mantes que le duc Philippe rejoignit Henri V. Il ne lui amenait que trois mille combattants, mais c'étaient tous des hommes d'armes d'élite. On apprit bientôt qu'à leur approche le Dauphin avait levé le siége de Chartres et s'était retiré au delà de la Loire: on n'osa pas l'y poursuivre. Les Anglais investirent la ville de Meaux, et le duc Philippe se dirigea vers le Ponthieu avec douze cents hommes d'armes pour en chasser les capitaines armagnacs, qui menaçaient déjà l'Artois et la Picardie.

Il venait de former le siége de Saint-Riquier, dont Poton de Saintraille s'était emparé, lorsqu'on apprit au camp bourguignon qu'une forte armée, rassemblée à la hâte par le Dauphin, s'approchait de la Somme, en se dirigeant vers le gué de la Blanche-Taque; c'était en ces mêmes lieux que s'était effectué le fameux passage des vainqueurs de Crécy, conduits par Godefroi d'Harcourt, et par un bizarre rapprochement, c'était un sire d'Harcourt qui occupait, pour s'opposer cette fois aux alliés des Anglais, l'ancienne position de Godemar du Fay.

Le duc de Bourgogne, qui pendant la nuit avait traversé Abbeville, ordonna aussitôt à ses arbalétriers et aux milices des communes de se porter en avant aussi rapidement qu'il leur serait possible, et il se mit lui-même, avec toute sa cavalerie, au grand trot en suivant la rive gauche de la Somme. Les Dauphinois n'avaient pas encore passé le gué, soit que le temps leur eût manqué, soit que la marée ne le permît point, et le sire d'Harcourt, voyant qu'il avait fait une marche inutile, s'était retiré vers le Crotoy. Dans les deux armées on se préparait à combattre. C'était la première fois que le duc allait assister à une bataille. Il remit son épée à Jean de Luxembourg et le requit de l'armer chevalier. Le sire de Luxembourg lui donna aussitôt l'accolade en lui disant: «Monseigneur, au nom de Dieu et de Monseigneur Sainct-George, je vous fais chevalier: et aussy le puissiez-vous devenir comme il vous sera bien besoing et à nous tous.» Puis le duc donna lui-même l'ordre de chevalerie à un grand nombre de ceux qui l'entouraient, notamment à Philippe de Saveuse, à Colard de Commines, à Jean de Steenhuyse, à Jean de Roubaix, à Guillaume d'Halewyn, à André et à Jean Vilain. Tous se montraient pleins de confiance et d'espoir; il avait été décidé, toutefois, que, pour éviter le péril, le duc Philippe se contenterait de revêtir la cotte d'acier et le gorgerin de Milan qu'avait choisis son écuyer Huguenin du Blé, et qu'un autre chevalier porterait la brillante armure où sa devise, accompagnée de fusils et de flammes, nuées de rouge clair à manière de feu, s'enlaçait parmi les écussons de ses nombreux Etats (30 août 1421).

Le sire de Saint-Léger et le bâtard de Coucy reçurent l'ordre de se porter sur le flanc des Dauphinois. Leur mouvement fut le signal du combat. Les Dauphinois se précipitèrent, lances baissées, sur leurs adversaires; les deux ailes des Bourguignons plièrent et le désordre s'y mit. Plusieurs chevaliers de Flandre cherchaient à l'arrêter par leur courage; on remarquait surtout les sires d'Halewyn, de Lannoy, de Commines, d'Uutkerke et Jean Vilain, mais la fortune leur semblait contraire. Les sires de Lannoy, d'Halewyn et de Commines furent faits prisonniers: le sire d'Humbercourt, blessé, avait partagé leur captivité. «Rendez-vous, chevalier, rendez-vous!» criait-on à Jean de Luxembourg; mais il ne répondait qu'en frappant ses ennemis. Néanmoins, tandis qu'il se détournait pour combattre, un Dauphinois s'approcha de lui et lui donna un coup d'épée à travers la figure en lui disant: «Rendez-vous sur l'heure, ou à mort!» Le sire de Luxembourg releva sa tête inondée de sang et se rendit. Le duc était lui-même environné d'ennemis; l'arçon de sa selle était brisé; un autre coup de lance avait déchiré le harnais de son coursier, et déjà un homme d'armes avait, dit-on, mis la main sur lui. Au même moment la bannière du duc s'inclina. «Tout est perdu! s'écria le roi d'armes d'Artois; et les Bourguignons se précipitèrent vers Abbeville, poursuivis par les Dauphinois qui ne songeaient plus qu'à tirer de bonnes dépouilles de leur victoire; mais Abbeville leur ferma ses portes et ils galopèrent jusqu'à Pecquigny.

Cependant le sire de Rosimbos avait relevé la bannière du duc. «Messeigneurs, disait-il aux nobles qui l'entouraient, rallions-nous, au nom de Dieu! monstrons-nous estre gentilshommes et servons nostre prince, car mieulx vault morir en honneur avec luy que vivre reprochés.» Déjà les nobles de Flandre se réunissaient à sa voix, et Philippe, sauvé par leur dévouement, se plaçait au milieu d'eux en criant: *Bourgogne!* Sans tarder plus longtemps, ils attaquèrent les Dauphinois, dont la plupart s'étaient éloignés pour atteindre les fuyards, et ils réussirent à délivrer les sires de Luxembourg et d'Humbercourt. Au premier rang de ces héros du parti Bourguignon, on distinguait Jean Vilain, jeune chevalier à la taille gigantesque qui, lâchant la bride à son robuste coursier et tenant sa hache à deux mains, renversait tous les ennemis qui s'offraient à ses regards. Partout où retentissaient ses coups terribles, la victoire le suivait, et Saintraille qui, pour la première fois de sa vie, se sentait glacé de terreur, ne lui remettait son épée qu'en se signant, parce qu'il croyait avoir trouvé en lui un adversaire surnaturel sorti de l'enfer pour le combattre.

Philippe rentra triomphalement à Abbeville. Il punit les fuyards et loua les vainqueurs. Il chassa de sa cour les premiers qui restèrent longtemps flétris par le honteux surnom de chevaliers de Pecquigny: il ne cacha point que sans les autres il eût été captif ou mort. «A la nation flandroise, dit Chastelain, il donna ce los, à lui-même l'ay oy dire, que plus par eulx que par nuls autres cely jour Dieu lui envoya victoire et honneur. Et affermoit avec ce qu'il ne fust oncques trouvé qu'en leur noblesse il n'y eust constance et fermeté la plus entière du monde et la plus féable.»

Ce combat, connu sous le nom de bataille de Mons-en-Vimeu, fut plus sanglant que fécond en résultats. Le duc abandonna son projet de réduire Saint-Riquier et ramena son armée à Hesdin où il la licencia. De là il se retira à Lille, et il y fit enfermer ses prisonniers dans le château.

On était au cœur de l'hiver et assez près des fêtes de Noël, lorsqu'une ambassade, formée des députés du duché de Bourgogne où Philippe n'avait point paru depuis son avénement, vint l'inviter à s'y rendre. Il céda à leurs prières et promit de les suivre; mais avant d'aller à Dijon, il se dirigea vers Paris. Il y arriva le 5 janvier. La misère des bourgeois y était devenue de plus en plus affreuse. Vingt-quatre mille maisons étaient vides, disait-on, dans la capitale de la France, et les loups en parcouraient librement les rues désertes. Depuis que le laboureur avait abandonné ses sillons ensanglantés par la guerre, d'horribles famines s'étaient succédées, et bientôt à leurs ravages s'étaient associées les dévastations de la peste et des maladies contagieuses. De ceux que la mort avait épargnés, les uns avaient fui hors de la ville pour s'enrôler dans des bandes de brigands; les autres étaient réduits à implorer la pitié et les aumônes de leurs amis qui se trouvaient dans une situation à peu près aussi déplorable; tous gémissaient et versaient des larmes, maudissant tour à tour l'heure de leur naissance, les rigueurs de leur fortune ou l'ambition des princes. Ces malheurs duraient depuis quatorze ans et la consternation devint universelle lorsque le duc de Bourgogne, en qui le peuple plaçait ses dernières espérances, quitta Paris sans avoir apporté de soulagement à sa misère. Ses sergents eux-mêmes avaient maltraité et pillé les bourgeois comme s'ils eussent été des Anglais ou des Armagnacs, et les acclamations qui avaient salué son arrivée se changèrent en murmures violents à son départ: «Voilà, se disait-on, comment il témoigne sa reconnaissance à la première cité du royaume, si malheureuse et si dévouée à sa cause! Il se montre, comme le duc Jean, insouciant pour nos maux et se hâte peu d'y porter remède!» On l'accusait même d'oublier jusqu'au soin de venger son père pour mener la vie coupable et dissolue que le duc d'Orléans avait jadis si sévèrement expiée.

Le duc Philippe s'émut de ces reproches; il ordonna à Hugues de Lannoy et à Jean de Luxembourg de rassembler les hommes d'armes de Flandre et de Picardie et se prépara à combattre le Dauphin: il attendait les Anglais qui devaient se joindre à son armée, lorsque Henri V mourut à Vincennes, ayant, à trente-quatre ans, réuni aux Etats de ses aïeux un royaume plus vaste que l'Angleterre même et rêvant une croisade à Jérusalem. Son dernier conseil à ses frères avait été de ménager le duc de Bourgogne et de conserver précieusement son alliance (31 août 1422).

Au bruit de la maladie du roi d'Angleterre, Philippe avait envoyé Hugues de Lannoy près de lui. Quand il jugea convenable de se rendre lui-même à Paris, Henri V n'était déjà plus et il n'arriva que pour assister à ses pompeuses funérailles. Les ducs de Bedford et d'Exeter lui firent toutefois grand accueil et confirmèrent avec lui l'ancienne confédération établie par le traité de Troyes.

Le séjour du duc Philippe dans la capitale du royaume se prolongea peu. D'importantes nouvelles lui étaient arrivées de Flandre. La duchesse Michelle avait rendu le dernier soupir à Gand, le 8 juillet 1422. Les Gantois qui l'avaient connue dès sa jeunesse constamment humble et douce, ne cherchant à ses douleurs d'autre consolation que les bénéfices des pauvres, avaient appris à l'aimer et à la plaindre. Ils savaient que depuis la mort du duc Jean, son mari s'était éloigné d'elle. En la voyant frappée d'une mort si prématurée, ils n'hésitèrent pas à soupçonner un crime. Ils racontaient qu'à deux reprises le cercueil de plomb dans lequel on avait déposé ses restes s'était entr'ouvert, ce qui était, disait-on, le signe certain d'un empoisonnement, et la voix populaire en désignait comme les auteurs le sire de Roubaix et une dame allemande, venue en France, avec Isabeau de Bavière, qui avait épousé messire Jacques de Viefville. Quoique ces deux seigneurs fussent les confidents les plus intimes du duc, les magistrats de Flandre instruisirent leur procès, les déclarèrent coupables et les condamnèrent à un exil perpétuel.

Le sire de Roubaix était en ce moment même auprès du duc. La dame de la Viefville s'était enfuie à Aire dès le commencement de la maladie de la duchesse. Les Gantois la firent réclamer, mais les seigneurs de la Viefville employèrent toute leur influence pour que les magistrats d'Aire la prissent sous leur protection. Telle était l'irritation des Gantois que lorsqu'ils surent que leurs députés revenaient sans la dame de la Viefville, ils les firent jeter en prison, et peu s'en fallut qu'ils ne fussent mis à mort. Jamais plus d'agitation n'avait régné dans leur ville; mille voix accusatrices troublaient le repos public et demandaient vengeance.

Philippe se hâta de marcher vers la Flandre avec l'armée qu'il avait réunie pour combattre le Dauphin. A son approche les troubles s'apaisèrent. Il ramenait le sire de Roubaix, et fit annuler toutes les sentences prononcées par la commune de Gand dans un procès si grave et qui le touchait de si près.

A peine était-il arrivé dans nos provinces qu'il apprit que le vieux roi Charles VI venait de suivre sa fille et son gendre dans la tombe. Le peuple, victime de ses propres malheurs, le pleura: il semblait appeler de ses vœux le jour où la mort viendrait aussi l'arracher aux misères de ce siècle. Tandis que le cri des hérauts d'armes: «Longue vie à Henri, roi d'Angleterre et de France, notre souverain seigneur!» s'élevait sous les voûtes de Saint-Denis, près de la tombe où reposait Duguesclin, un moine de cette célèbre abbaye portait en Auvergne la couronne royale. Charles VII n'était roi qu'à Bourges; mais il avait pour lui, à défaut de l'autorité ou de la force, le droit héréditaire qui offrait à la France ses plus glorieux souvenirs et ses dernières espérances.

Le duc de Bourgogne n'avait point paru aux funérailles de Charles VI, à la grande indignation du peuple étonné de ne voir que des Anglais autour du cercueil du roi de France. Regrettant peu Charles VI, redoutant encore moins le monarque proscrit de Bourges, Philippe se confiait dans sa fortune: il voyait chaque jour s'accroître son influence et son autorité. Le duc de Bedford lui cédait les châtellenies de Péronne, de Roye, de Montdidier, de Tournay, de Mortagne et de Saint-Amand, et se rendait à Amiens pour épouser sa sœur, Anne de Bourgogne; en même temps une autre de ses sœurs, Marguerite, veuve du duc de Guyenne, était promise au comte de Richemont, frère du duc de Bretagne, et à cette occasion les ducs de Bourgogne, de Bedford et de Bretagne se liaient par une alliance plus étroite, jurant de s'aimer comme frères et de se secourir mutuellement.

La Flandre, un instant calmée par la présence du duc suivi de ses hommes d'armes, redevient inquiète et agitée dès qu'il est parti pour la Bourgogne. Un événement fortuit et étrange semble même y réveiller un instant de nouvelles séditions. Une dame, accompagnée d'un valet et revêtue du simple costume des pèlerins, descend à Gand dans une hôtellerie: «Vous avez passé cette nuit près d'une des plus illustres princesses de France,» dit-elle le lendemain à une jeune fille qui a veillé près d'elle. Cette parole est immédiatement répétée de rue en rue, de quartier en quartier; on assure que cette dame n'est autre que la duchesse de Guyenne, sœur du duc: le bailli accourt aussitôt près d'elle et l'interroge: elle avoue qu'elle est Marguerite de Bourgogne et qu'elle a fui en Flandre pour ne pas être contrainte à accepter un époux d'un rang bien inférieur à celui du duc de Guyenne, qui le premier avait obtenu sa main. Bien qu'elle ne parle qu'allemand, ses discours n'excitent aucune méfiance. On la conduit solennellement à l'hôtel de Ten Walle, et Jean Uutenhove lui présente de somptueux joyaux pour remplacer les pieuses coquilles et le bourdon de palmier. Peu après, des députés des échevins de Gand allèrent annoncer au duc l'arrivée de sa sœur dans leur ville: il fallut pour les détromper que Philippe leur montrât Marguerite dont les noces avec le comte de Richemont allaient être célébrées à Dijon. Dès ce moment, la fausse duchesse de Guyenne se vit abandonnée de tous ses partisans; elle essaya vainement de prétendre, tantôt qu'elle était la fille du roi de Grèce, tantôt qu'elle était chargée d'offrir au duc de Bourgogne la fille du roi de Bohême; on sut bientôt que c'était une religieuse de Cologne, échappée de son couvent: on l'attacha pendant trois jours au pilori, puis elle fut enfermée au château de Saeftinghen.

L'agitation avait à peine cessé dans la ville de Gand quand de graves discussions qui touchaient à sa prospérité commerciale l'y ranimèrent plus vivement. Les habitants d'Ypres, suivant l'exemple qu'avaient donné les Brugeois sous Louis de Male en creusant la *Nouvelle Lys* (*de Nieuwe Leye*), avaient à diverses reprises, en vertu d'une charte de Robert de Béthune, approfondi l'Yperleet et les cours d'eau qui leur permettaient de naviguer vers Dixmude et l'ancien golfe de Sandhoven, et de là vers Bruges et Damme par un canal qui se joignait à une petite rivière au nord de Schipsdale, ce qui les affranchissait des périls d'une traversée difficile par mer de Nieuport jusqu'à l'Ecluse. Grâce à ces travaux, le nombre des barques qui transportaient sur l'Yperleet les vins et les denrées devenait chaque jour plus considérable, lorsqu'on vit au port de Damme des bateliers gantois s'opposant par la force au départ des barques yproises. On disait que la ville de Gand avait déclaré que, dussent tous ses citoyens périr dans la lutte, elle ne permettrait jamais qu'on transformât en voies commerciales d'obscurs ruisseaux qui ne devaient que porter à la mer les neiges de l'hiver et les inondations de l'automne. A défaut du Zwyn qui ouvrait aux flottes des rives éloignées les comptoirs des dix-sept nations de Bruges, Gand revendiquait pour ses deux rivières le monopole du commerce intérieur. A Bruges, l'étape des laines d'Angleterre, d'Ecosse ou d'Espagne; à Gand, l'étape des blés de l'Artois et de la Picardie; à Ypres, le développement des métiers qui des sacs de laine font sortir les draps précieux. Depuis qu'Ypres a senti la vie industrielle se glacer dans les vastes artères de ses longues rues, de ses immenses faubourgs, il ne reste en Flandre que deux grandes cités, Gand et Bruges. Toute modification au système des fleuves et des canaux doit rompre l'équilibre si difficile à maintenir entre des ambitions trop souvent rivales. Gand a rêvé la conquête de la puissance maritime par les eaux de la Lieve. Un autre jour, Bruges profita de l'avarice de Louis de Male pour la menacer dans le monopole de la navigation intérieure; mais Gand protesta par la voix éloquente de Jean Yoens. Le même mouvement se reproduit au mois de mars 1422 (v. st.). On ne pouvait souffrir, s'écriaient les Gantois, qu'on embarquât à Damme, pour

Ypres, les vins de la Rochelle destinés aux bourgeois d'Aire et de Saint-Omer, et surtout, ce qui était bien plus grave, qu'on chargeât à Ypres pour Damme les blés de Lille et de Béthune, exposés en vente au marché de Warneton. Les marchands étrangers n'auraient-ils pas émigré dans la cité d'Ypres, reine déchue de l'industrie qui cherchait à se relever en usurpant l'étape des blés, ce légitime privilége d'une autre cité assise aux bords de l'Escaut et de la Lys?

La sentence du duc de Bourgogne, qui restreignit la navigation de l'Yperleet aux besoins de l'approvisionnement de la ville d'Ypres, calma les habitants de Gand. Les bourgeois d'Ypres ne jugeaient pas toutefois que le duc eût le droit de la prononcer, puisque à leur avis elle était en opposition avec leurs priviléges. Ils adressèrent un acte d'appel au parlement de Paris, et des échevins se rendirent à Lille pour le signifier à leur souverain seigneur. Leur langage fut rude, fier, moins dicté par le respect que par le sentiment de leurs franchises outragées, et en sortant de l'audience du duc ils trouvèrent le sire de Roubaix qui mit la main sur eux et les conduisit au château de Lille. C'était une nouvelle violation des priviléges des bourgeois des villes flamandes, qui ne pouvaient être arrêtés et jugés que par leurs propres magistrats. Les députés de Bruges et du Franc intervinrent: il fallut relâcher les prisonniers, et le duc engagea vainement les Yprois à renoncer à leur appel. Les mandataires de la cité mécontente le suivirent à Paris; des négociations y furent entamées, mais plusieurs mois s'écoulèrent avant que le cours de la justice fût rétabli à Ypres, où selon l'ancien usage la juridiction exercée au nom du prince avait été suspendue le jour où il avait méconnu les droits de la commune.

D'autres événements vinrent troubler la confiance que le duc plaçait dans son alliance avec les Anglais. Jacqueline de Hainaut avait obtenu un bref de divorce de l'anti-pape Benoît XIII et en avait profité pour épouser Humphroi, duc de Glocester, l'un des oncles du jeune roi Henri VI. A sa prière le duc de Glocester avait réuni cinq mille combattants, et il venait de débarquer à Calais avec le dessein avoué d'aller rétablir en Hainaut l'autorité de Jacqueline. Ce fut en vain que le duc de Bedford interposa sa médiation. Jacqueline, craignant qu'il ne reçût des conseils hostiles du duc Philippe, la repoussa et s'avança jusqu'à Mons. Une députation des échevins du Franc avait paru à Calais afin d'obtenir que les Anglais respectassent les frontières de la Flandre.

Philippe s'était rendu en Bourgogne pour épouser Bonne d'Artois, comtesse d'Eu et de Nevers, dont les Etats tentaient son ambition. Lorsqu'il apprit l'entreprise de Jacqueline, il fit parvenir un mandement à tous ses gens d'armes de Flandre et d'Artois pour qu'ils soutinssent le duc de Brabant contre les attaques du duc de Glocester (20 décembre 1424). Philippe répond aux plaintes du prince anglais en lui adressant le 3 mars un défi en champ clos, corps contre corps. Le duc de Glocester l'accepte et demande que le duel ait lieu sans plus de retard le 24 avril, jour consacré à saint George, protecteur des luttes chevaleresques; mais c'est avec la plupart des hommes d'armes anglais qu'il regagne l'Angleterre où il veut, dit-il, se préparer au combat singulier qui a été résolu.

Jacqueline restait seule avec son héroïque énergie au milieu des périls qui l'environnaient. Les intrigues de la vieille comtesse de Hainaut, les menaces des ducs de Brabant et de Bourgogne, qu'encourageait la timide neutralité de l'Angleterre, triomphèrent aisément du dévouement et de la fidélité de ses partisans. La jeune princesse se vit bientôt enfermée dans la ville de Mons, sans que le duc de Glocester cherchât à la délivrer: quand dans une dernière démarche tentée à l'hôtel de ville pour ranimer le zèle des bourgeois elle n'aperçut autour d'elle que des signes de trahison, elle s'abandonna à son sort et permit au sire de Masmines et à André Vilain de l'emmener prisonnière à Gand dans le palais du duc de Bourgogne (13 juin 1425). A peine y était-elle arrivée toutefois qu'elle profita de l'heure du souper de ses gardiens pour s'enfuir, habillée en homme, jusqu'à Anvers, d'où elle gagna Breda. Jacqueline de Bavière pouvait emprunter les vêtements d'un autre sexe sans que la faiblesse du sien se révélât sous ce déguisement; mais rien ne pouvait la soustraire aux volontés implacables du duc de Bourgogne. Après une longue lutte soutenue avec courage, Jacqueline, abandonnée des siens et trahie en Angleterre, se vit réduite à céder au vainqueur tous ses Etats héréditaires de Hainaut, de Hollande, de Zélande et de Frise.

Au moment où Philippe, parvenu au but de tous ses efforts, consolide son alliance avec les Anglais, qui s'emparent tour à tour de toutes les villes de la Loire, le hasard, un prodige, selon les Dauphinois, une grossière imposture, selon les Anglais, vient renverser tous les desseins formés et mûris par la politique la plus habile. Sur les marches de la Champagne et de la Lorraine paraît une jeune fille de dix-sept ans qui annonce que Dieu l'a choisie pour délivrer la France. A sa vue le courage des Anglais s'évanouit, et la blanche bannière d'une vierge sème la terreur parmi les épais bataillons des vainqueurs bardés de fer. Ils lèvent précipitamment le siége d'Orléans. Ils abandonnent Jargeau et sont vaincus à Patay. C'est en vain que les chefs anglais essayent de rallier leurs hommes d'armes et multiplient les ordres les plus sévères *de fugitivis ab exercitu quos terriculamenta Puellæ animaverant, arrestandis.*

Bien que la plupart des conseillers de Charles VII jugeassent imprudent de s'éloigner de la Loire, Jeanne *la Pucelle* avait déclaré qu'elle voulait le conduire dans la cité de Reims pour qu'il y reçût l'onction royale, et ce fut de Gien qu'elle écrivit «aux loiaux Franchois de la ville de Tournay» pour leur faire part de ses victoires et les inviter à se rendre au sacre «du gentil roy Charles» à Reims.

Tournay, qui même sous la domination de Charles-Quint conserva ses priviléges de ville française, méritait par son dévouement les faveurs dont les rois de France ne cessèrent de la combler. Sa charte communale était l'œuvre de Philippe-Auguste; elle reçut de nouvelles franchises de Philippe le Bel et sauva peut-être la monarchie sous Philippe de Valois. Charles VII, qui avait confirmé ses priviléges en la déclarant la plus ancienne cité du royaume, n'avait rien négligé pour s'assurer la fidélité de ses habitants: il avait augmenté l'autorité de leurs jurés en leur permettant de supprimer les aides, les accises et les taxes foraines; il leur avait même adressé une déclaration par laquelle il s'engageait par serment à ne jamais consentir à ce qu'ils fussent séparés de la couronne de France, et l'on avait vu en 1424, malgré la défense des magistrats, le peuple s'y armer pour le secourir, en se réunissant sous trente-six bannières qui représentèrent désormais les diverses classes des métiers appelées à l'autorité élective. Charles VII avait reconnu ce nouveau témoignage de zèle des bourgeois de Tournay en leur confirmant, à l'exemple de Charles VI, le privilége d'être les gardiens de la personne royale en temps de guerre, privilége qu'ils avaient obtenu à la bataille de Cassel. Il les avait aussi autorisés, en 1426, à ajouter à leurs insignes municipaux l'écu royal d'azur aux trois fleurs de lis d'or, «parce que, dit-il dans une de ses chartes, au temps de ces guerres lamentables, lorsque nostre seigneur et père estoit ès mains de ses ennemis et des nostres, ils ont esté toujours tout disposez de vivre et mourir avecques nous, laquelle chose tant méritoire sera à leur perdurable loenge.» En 1429, la lettre de Jeanne d'Arc fut reçue avec enthousiasme aux bords de l'Escaut. Le 9 juillet, toutes les bannières s'assemblèrent pour délibérer, et les députés des bourgeois de Tournay, pleins de foi dans la parole de cette bergère guidée par des voix célestes, oublièrent, pour lui obéir, qu'ils avaient à traverser, au milieu de mille périls, des provinces soumises aux Anglais pour se rendre dans une ville qu'ils occupaient encore.

Ils ne s'étaient point trompés. Le 17 juillet, ils assistèrent à Reims au sacre de Charles VII, et le même jour Jeanne d'Arc écrivit au duc de Bourgogne une lettre où elle l'exhortait à faire la paix et à se réunir au roi de France contre les Sarrasins qui faisaient chaque jour en Orient de nouveaux progrès. C'était en vain que Gui, bâtard de Bourgogne, frère du duc, les sires de Roubaix et de Rebecque, et d'autres chevaliers de Flandre et de Hainaut, étaient allés combattre les infidèles. Le roi de Chypre venait de tomber en leur pouvoir, et le bruit courait qu'une lettre menaçante du soudan était parvenue aux princes chrétiens.

Les intérêts politiques du duc de Bourgogne semblaient en ce moment l'engager à se montrer favorable aux nobles et pacifiques remontrances de l'héroïne inspirée dont la gloire avait justifié la mission. Si Charles VII devait chasser les Anglais de tout le territoire qu'ils occupaient en France, il était urgent de traiter avec lui avant que sa victoire fût complète; car le jour où l'appui des Bourguignons serait devenu inutile, Philippe eût perdu le droit d'en fixer lui-même les conditions et le prix. On remarquait d'ailleurs qu'il était moins dévoué aux Anglais depuis la malencontreuse expédition du duc de Glocester, et de nouveaux différends venaient de s'élever dans le pays de Cassel, où les députés des communes dépouillées de quelques priviléges interjetaient appel au parlement de Paris, en se plaçant sous la protection de l'évêque de Térouane, chancelier du roi Henri VI.

Ce fut dans ces circonstances qu'une ambassade, conduite par l'archevêque de Reims, vint offrir au nom de Charles VII la réparation de l'attentat de Montereau, la concession de nouveaux domaines et la promesse d'être désormais affranchi de tout lien de vassalité pour ceux qui formaient l'héritage de Jean sans Peur. Philippe eût aisément accepté ces propositions, mais elles rencontraient une vive opposition dans les villes flamandes qui ne voulaient point se séparer des Anglais. L'évêque de Tournay et le sire de Lannoy furent chargés par le duc de Bedford de ne rien négliger pour maintenir le traité de Troyes. La duchesse de Bedford, Anne de Bourgogne, princesse conciliante et habile qui avait toujours exercé une grande influence sur l'esprit de son frère, intervint aussi et réussit à l'amener avec elle à Paris, où le prince anglais, fidèle aux derniers conseils de Henri V, abdiqua la régence pour en investir le duc de Bourgogne.

Monstrelet assure que Philippe n'accepta que malgré lui, et pour se rendre aux prières des Parisiens, cette délégation d'une autorité provisoire, faite au nom du roi d'Angleterre, si honteuse pour l'arrière-petit-fils du roi Jean: il la conserva peu de temps. Devenu veuf de Bonne d'Artois, il était impatient de retourner à Bruges pour les fêtes du mariage qu'il venait de conclure avec Isabelle de Portugal.

La cérémonie des noces avait été célébrée le 7 janvier 1429 (v. st.), à l'Ecluse. Le lendemain, la duchesse de Bourgogne arriva aux portes de Bruges, où se pressait une immense multitude de bourgeois et d'hommes du peuple. Une riche litière l'y attendait; elle s'y plaça seule et assise de côté, selon l'usage de France. Les seigneurs portugais, flamands ou bourguignons la suivaient à pied: mais ils se voyaient sans cesse arrêtés par la foule avide de contempler ce spectacle, et deux heures s'écoulèrent avant qu'ils eussent traversé la ville; toutes les rues étaient tapissées de drap vermeil; toutes étaient occupées par les corps de métiers dont les trompettes d'argent entonnaient de joyeuses fanfares. Sur la place du Marché on avait élevé, des deux côtés, de riches échafauds qui étaient chargés de spectateurs; de là jusqu'au palais du duc étaient rangés les archers et les arbalétriers.

La duchesse de Bedford vint recevoir Isabelle et la conduisit dans la chapelle. Lorsque le service divin fut terminé, les dames changèrent de costume et revêtirent des habits qui, par leur éclat, surpassaient encore ceux qu'elles venaient de quitter. Les infants de Portugal conduisirent la mariée dans la grande salle: la duchesse de Bedford tarda peu à s'y rendre. Le duc y parut aussi, mais dès qu'il eut salué les dames il se retira. Aussitôt après son départ commença le banquet: à la première table s'assirent la duchesse Isabelle, la duchesse de Bedford, l'infant don Ferdinand, les évêques d'Evora et de Tournay, et la dame de Luxembourg; à la seconde, les autres dames. L'évêque de Liége, les sires d'Antoing, d'Enghien et de Luxembourg, et le comte de Blanckenheim, suivis de vingt et un chevaliers vêtus de robes magnifiques toutes semblables, escortaient les mets jusqu'à la première table. Il y avait autant de plats que de convives, autant d'entremets que de mets. Ici c'était un grand château de quatre tours où flottait la bannière du duc; plus loin une vaste prairie où l'on avait représenté une dame qui guidait une licorne; enfin parut un énorme pâté où se tenait un mouton vivant à laine bleue, aux cornes dorées, qui sauta dehors légèrement, et au même moment on en vit sortir une bête sauvage qui courut sur l'appui du banc qu'occupaient les dames, et les réjouit par ses tours et ses ébats. On avait chargé de ce soin un bateleur nommé Hanssens, le plus adroit qu'on connût. Après le banquet, les dames changèrent de nouveau d'habits et dansèrent jusque fort avant dans la nuit.

Pendant les quatre jours suivants, il y eut des joutes sur la place du Marché. Le samedi et le dimanche on y rompit quelques lances, selon l'usage de Portugal.

Au milieu de ces fêtes, le roi d'armes de Flandre, solennellement entouré de ses hérauts, proclama le nouvel ordre de chevalerie que le duc avait résolu de fonder, à l'imitation de celui de la maison de Saint-Ouen. «Or oyez, princes et princesses, seigneurs, dames et damoiselles, chevaliers et escuyers! très-haut, très-excellent et très-puissant prince, monseigneur le duc de Bourgongne, comte de Flandre, d'Arthois et de Bourgongne, palatin de Namur, faict sçavoir à tous: que pour la révérence de Dieu et soutenement de notre foi chrestienne, et pour honorer et exhausser le noble ordre de chevalerie, et aussi pour trois causes cy-après déclarées: la première, pour faire honneur aux anciens chevaliers qui par leurs nobles et hauts faicts sont dignes d'estre recommandés; la seconde, afin que ceulx qui de présent sont puissants et de force de corps et exercent tous les jours les faicts appartenants à la chevalerie, aient cause de les continuer de mieulx en mieulx; et la tierce, afin que les chevaliers et gentilshommes qui verront porter l'ordre dont cy-après sera toute honneur à ceulx qui le porteront, soient meus de eulx employer en nobles faicts et eulx nourrir en telles mœurs que par leurs vaillances ils puissent acquérir bonne renommée et desservir en leur temps d'estre eslus à porter la dicte ordre: mon dict seigneur le duc a emprins et mis sus une ordre qui est appelée la Toison d'or, auquel, oultre la personne de monseigneur le duc, a vingt-quatre chevaliers de noms et d'armes et sans reproche, nés en léal mariage; c'est à savoir, messire Guillaume de Vienne, messire Régnier Pot, messire Jean de Roubaix, messire Roland d'Uutkerke, messire Antoine de Vergy, messire David de Brimeu, messire Hugues de Lannoy, messire Jean de Commines, messire Antoine de Toulongeon, messire Pierre de Luxembourg, messire Jean de la Trémouille, messire Gilbert de Lannoy, messire Jean de Luxembourg, messire Jean de Villiers, messire Antoine de Croy, messire Florimond de Brimeu, messire Robert de Masmines, messire Jacques de Brimeu, messire Baudouin de Lannoy, messire Pierre de Beaufremont, messire Philippe de Ternant, messire Jean de Croy et messire Jean de Créquy, et mondict seigneur donne à chacun d'eulx un collier faict de fusils auquel pend la Toison d'or.»

La noble maison de Saint-Ouen n'existe plus. L'ordre de la Toison d'or, en passant à la postérité, est devenu un objet de contestation entre les descendants de Charles-Quint: dernier souvenir des liens qui unissaient leurs ancêtres à la Flandre.

De Bruges, Philippe se rendit à Gand et de là, après avoir calmé à Grammont une sédition contre le bailli (c'était un sire d'Halewyn), il se dirigea vers Arras où eurent lieu d'autres joutes au mois de mars. Les premiers jours du printemps étaient arrivés: la guerre recommença avec une nouvelle vigueur. Une nombreuse armée reçut l'ordre d'aller assiéger Compiègne, occupé par les Dauphinois. Le duc y conduisit avec lui Jean de Luxembourg, les sires de Créquy, de Lannoy, de Commines, de Brimeu, tous chevaliers de l'ordre de la Toison d'or.

Guillaume de Flavy était capitaine de Compiègne. La Pucelle, apprenant la marche du duc de Bourgogne, quitta aussitôt Crépy pour aller s'y enfermer. Le jour même de son arrivée, elle exhorta la garnison à faire une sortie, et attaqua à l'improviste, avec quelques mercenaires italiens, le quartier du sire de Noyelles où se trouvait par hasard Jean de Luxembourg. Le premier choc fut terrible, mais bientôt les assiégeants se rallièrent: il leur suffit de se compter pour qu'ils cessassent de craindre les Dauphinois. Deux fois, Jeanne les repoussa jusqu'à leurs tentes; la troisième fois tous ses efforts échouèrent, et bientôt elle aperçut derrière elle ses hommes d'armes qui fuyaient de peur que leur retraite ne fût interceptée. Au même moment les barrières de la ville se fermèrent, et longtemps on accusa de trahison les plus puissants seigneurs armagnacs, jaloux de l'ascendant de la Pucelle. Jeanne, entourée d'ennemis, s'illustrait par une résistance sans espoir. Enfin, un archer picard la renversa de cheval et elle remit son épée à Lionel de Vendôme. Dès le même soir (tant la prise d'une femme était un événement important!), le duc de Bourgogne adressa aux échevins de Gand une lettre où il leur annonçait que Dieu «lui a fait telle grâce que icelle appelée la Pucelle a esté prinse, de laquelle prinse seront grant nouvelles partout, et sera cogneu l'erreur de tous ceulx qui ès fait d'icelle femme se sont rendus enclins et favorables.»

Le duc de Bourgogne s'était rendu lui-même près de Jeanne d'Arc. La prisonnière osa-t-elle reprocher à un prince «issu des fleurs de lis» son alliance avec les Anglais? Cela paraît assez vraisemblable, si l'on remarque avec quel soin mystérieux Monstrelet omet ce qui se passa dans cette entrevue. Philippe ne se laissa toutefois pas émouvoir par le spectacle d'une si éclatante infortune: il ne fit rien pour défendre Jeanne d'un supplice dont il lui eût été aisé d'épargner la honte à son siècle et à une cause qui lui était commune. Ce fut inutilement que le sire de Luxembourg et sa femme, fille du sire de Béthune, cherchèrent à intercéder en sa faveur: Jeanne entra dans les prisons de Rouen dont elle ne devait sortir que pour disparaître dans les flammes du bûcher, transformée, selon le bruit populaire, en une blanche colombe qui s'éleva vers les cieux.

Le duc eût pu profiter de la consternation des serviteurs de Charles VII pour les repousser jusqu'aux fameuses murailles d'Orléans: des intérêts importants le rappelèrent dans ses Etats. Les Liégeois avaient envahi le comté de Namur qu'il avait acheté en 1420 de Jean de Flandre, dernier comte de Namur; mais rien ne devait s'opposer au développement de sa puissance, et la mort presque simultanée du duc de Brabant favorisa de nouveau son ambition en lui permettant de réunir à son comté de Flandre les riches provinces que Louis de Male avait vainement disputées à Wenceslas.

En ce même moment, les troubles avaient recommencé dans les châtellenies voisines de Cassel. Le duc avait cru les étouffer en faisant condamner à l'exil les chefs des mécontents, parmi lesquels se trouvait un chevalier nommé Baudouin de Bavichove. Ces mesures de rigueur accrurent l'agitation. Les bourgeois de Cassel, qu'avaient rejoints des bannis gantois ou brugeois, envoyèrent des députés redemander leurs concitoyens, puis, prenant les armes au nombre de huit mille, ils arrêtèrent à Hazebrouck le bailli de Bailleul et enlevèrent d'assaut le château de Ruwerschuere, qui appartenait à Colard de Commines. A cette nouvelle, Philippe écrivit de Bruxelles à ses officiers de Flandre et d'Artois pour que tous ses feudataires fussent convoqués à Bergues le 6 janvier 1430 (v. st.). Il voulait lui-même aller se placer à leur tête pour combattre les rebelles; mais, arrivant à Gand le 4 janvier, il y trouva réunis les quatre membres de Flandre qui le supplièrent de ne pas répandre le sang de ses sujets. Ils offraient leur médiation: il fallut l'accepter. Les bannerets bourguignons étaient retenus par la guerre dans les vallées de l'Oise, et l'on pouvait craindre que les communes des bords de l'Escaut et de la Lys ne consentissent pas à prendre les armes pour combattre les communes des bords de l'Aa et de la Peene. La soumission des rebelles, bien qu'obtenue par des voies pacifiques, fut aussi humble que le duc eût pu la souhaiter. Quarante mille habitants du pays de Cassel s'avancèrent, tête et pieds nus, au devant du duc jusqu'à une lieue de Saint-Omer; dès qu'ils l'aperçurent, ils s'agenouillèrent dans la boue, glacés par le froid de l'hiver et la pluie qui tombait à torrents. Ils livrèrent toutes leurs armes et payèrent une amende de six mille nobles d'or; mais Philippe ne pouvait oublier qu'un pensionnaire de

Gand, Henri Uutenhove, avait pris la parole au nom des insurgés, et que les quatre membres de Flandre s'étaient réservé le droit d'intervenir dans l'enquête relative aux faits de la rébellion.

La politique bourguignonne redevient envieuse et jalouse: elle sème la division et anime Gand contre Bruges, Ypres contre Gand. Tantôt elle cherche à corrompre les magistrats pour qu'ils se prêtent à l'accroissement des impôts et à la falsification des monnaies; tantôt elle désarme leur autorité en modifiant les bases sur lesquelles elle repose. Ce qu'elle fait en Flandre, elle le tente même à Tournay où elle fomente une émeute contre l'évêque Jean d'Harcourt; mais cette émeute ne réussit point, et si les séditions se multiplient dans les cités flamandes, elles dépassent le but secret que le duc Philippe s'est proposé. L'influence médiatrice des bourgeois sages et prudents s'y est affaiblie, il est vrai; on a vu s'y effacer de jour en jour les traces du gouvernement communal tel qu'il exista sous les Borluut, sous les Vaernewyck, sous les Damman, sous les Artevelde; mais rien ne justifie les prévisions du prince qui croit faire respecter ses officiers par ce même peuple qu'il excite contre ses propres magistrats.

Le 12 août 1432, les tisserands (ils étaient, dit-on, au nombre de cinquante mille) faisaient périr à Gand le grand doyen des métiers et l'un des échevins de la keure; beaucoup de bourgeois se dérobèrent par la fuite à leurs fureurs: le bailli s'éloigna avec eux. A peine était-il rentré à Gand que les foulons, imitant l'exemple des tisserands, répandirent une nouvelle agitation dans la ville qu'on les accusait de vouloir incendier. Les Gantois n'étaient que trop assurés d'une amnistie immédiate et complète: le duc, pour se les attacher, allait défendre une seconde fois la navigation des Yprois sur l'Yperleet.

A Paris, la politique bourguignonne avait abouti aux mêmes résultats. Le 16 décembre 1431, le peuple de Paris, insultant le parlement, l'université, le prévôt des marchands et les échevins, accourait tumultueusement au banquet du sacre de Henri VI, et inaugurait l'anarchie siégeant face à face vis-à-vis de la royauté.

Le duc de Bourgogne ne voyait pas seulement à Paris et à Gand sa domination ébranlée par des mouvements qui rappelaient les complots des Gérard Denys et des Legoix: les hommes d'armes qu'il opposait aux armées de Charles VII ne la soutenaient pas mieux sur cette vaste ligne de frontières, qui se prolongeait des rivages de l'Océan jusqu'au pied des Alpes, et chaque jour il recevait la nouvelle de quelque revers. Il semblait d'ailleurs que le ciel, devenu contraire aux projets du duc, lui refusait une prospérité qui perpétuât sa dynastie. Il perdit, à peu de mois d'intervalle, les deux fils qu'il avait eus d'Isabelle de Portugal, et on l'entendit s'écrier: «Plût à Dieu que je fusse mort aussi jeune, je m'en tiendrois pour bien heureux!» Enfin, quand la naissance de son troisième fils, Charles, comte de Charolais, vint le consoler, il ignorait qu'à la vie de cet enfant était attachée la ruine de sa puissance et de sa maison.

Cependant une épidémie venait d'enlever à Paris, le 14 novembre 1432, la duchesse de Bedford, qui, par ses mœurs conciliantes, avait su jusqu'alors maintenir l'alliance du duc et des Anglais. On comprit bientôt qu'elle touchait à son terme. Le duc de Bedford passant par Saint-Omer pour retourner en Angleterre, refusa d'aller au devant du duc Philippe qui s'y était rendu. Le duc de Bourgogne montra le même orgueil, et, après quelques démarches inutiles, les deux princes s'éloignèrent, sans s'être vus, mécontents l'un de l'autre.

Ce dissentiment fortuit hâta la reprise des négociations entre le duc de Bourgogne et Charles VII, et il fut arrêté, dans une entrevue que Philippe eut à Nevers avec le duc de Bourbon, que des conférences pour la paix s'ouvriraient à Arras le 1er juillet 1435. Ce fut en quelque sorte l'assemblée des mandataires du monde chrétien; car l'on y vit paraître tour à tour les cardinaux envoyés par le pape et le concile de Bâle, pour offrir leur médiation, puis les ambassadeurs des rois d'Angleterre, de France, de Sicile, de Navarre, de Portugal, de Chypre et de Norwége, et ceux des ducs de Gueldre, de Bar, de Bretagne, de Milan et de l'évêque de Liége, enfin les députés de Paris, que rejoignirent successivement d'autres députés choisis par les communes et les bonnes villes de Flandre, de Hainaut, de Hollande, de Zélande et de Bourgogne. Le duc Philippe arriva lui-même à Arras le 28 juillet: le peuple le suivit jusqu'à son hôtel en le saluant de ses acclamations. Peu de jours après, la duchesse de Bourgogne y fit également son entrée, dans une riche litière, accompagnée de dames et de damoiselles, montées sur leurs haquenées. De splendides joutes eurent lieu en son honneur, et l'on remarqua, au milieu de toutes ces fêtes, la tendance des Bourguignons et des Français à oublier leurs dissensions. Les envoyés anglais s'en montraient peu satisfaits, et, après quelques conférences, où tout confirma leurs prévisions, ils quittèrent Arras le 6 septembre.

Quinze jours après leur départ, la paix fut signée entre le duc de Bourgogne et les ambassadeurs de Charles VII.

Le roi de France, désavouant l'attentat de Montereau, en abandonnait les auteurs aux recherches du duc Philippe, et promettait de faire élever, au lieu même où succomba son père, une chapelle expiatoire.

Il lui cédait les comtés de Mâcon et d'Auxerre et la châtellenie de Bar-sur-Seine, les villes et les châtellenies de Péronne, de Roye, de Montdidier, de Saint-Quentin, de Corbie, d'Amiens, d'Abbeville, de Doulens, de Saint-Riquier, de Crèvecœur, d'Arleux, de Mortagne, en ne se réservant que le droit de les racheter pour quatre cent mille écus d'or.

Il confirmait aussi les prétentions du duc Philippe sur le comté de Boulogne et la seigneurie de Gien.

On y lisait, de plus, que le duc de Bourgogne serait, tant qu'il vivrait, exempt de foi et d'hommage vis-à-vis du roi, et qu'aucun traité ne serait conclu avec l'Angleterre sans qu'il en fût instruit.

Ainsi, après vingt ans de guerres, la dynastie des ducs de Bourgogne se rapprochait de la maison royale de France où elle avait pris son origine. La puissance qu'elle devait à son imprudente générosité n'avait été dans ses mains qu'un instrument pour la précipiter dans l'abîme des divisions et des guerres civiles. Lorsqu'elle consent à lui tendre la main pour l'en retirer, sa puissance s'est de nouveau accrue, et la réconciliation du feudataire avec son seigneur suzerain n'est que son émancipation et la déclaration de son indépendance vis-à-vis de tous.

Si la paix d'Arras fut accueillie avec joie par les Français et la chevalerie bourguignonne jalouse des Anglais, les communes de Flandre lui étaient moins favorables, parce qu'elles eussent désiré que cette paix ne s'étendît pas seulement au roi de France et au duc de Bourgogne, mais aussi au roi d'Angleterre: leur opinion, unanime à cet égard, était si connue aux bords de la Tamise qu'on y avait cru longtemps qu'elle suffirait pour éloigner le duc Philippe de tout traité avec Charles VII. Dès le 14 février, le roi d'Angleterre avait nommé des députés pour renouveler les traités avec la Flandre, et le 15 juillet, au moment où s'ouvraient les conférences d'Arras, il avait chargé son oncle, l'évêque de Winton, de modifier les règlements de l'étape des laines fixée à Calais, que les Flamands trouvaient trop défavorables aux intérêts de leur commerce. Ces derniers efforts pour ramener le duc de Bourgogne à ses engagements vis-à-vis des Anglais devaient rester stériles: Philippe envoya un héraut à Henri VI pour lui annoncer la paix d'Arras, et la nouvelle de sa défection causa une grande sensation à Londres. Il n'était personne dans le conseil du roi qui n'éclatât en injures contre lui. La même indignation régnait chez le peuple, qui voulait massacrer tous les marchands flamands ou brabançons, mais le roi donna des ordres pour qu'on les protégeât, et permit au héraut du duc de se retirer.

Déjà les Anglais et les Bourguignons se considéraient comme ennemis. Les Anglais arrêtaient sur mer les navires destinés aux Etats du duc de Bourgogne. A leurs gros vaisseaux se mêlait une petite flotte commandée par un banni de Gand; son nom était Yoens; ce nom-là était déjà un défi: les historiens bourguignons l'accusent d'avoir déclaré lui-même qu'il était «ami de Dieu et ennemi de tout le monde.» La terreur qu'il inspirait s'accroissait de jour en jour, lorsqu'il périt dans une tempête.

Les hostilités recommençaient en même temps sur les frontières de l'Artois, où la garnison de Calais essaya d'escalader la forteresse d'Ardres.

Ce fut dans ces circonstances que le duc de Bourgogne adressa à Henri VI une longue lettre, dans laquelle il énumérait toutes les entreprises dirigées contre ses sujets, notamment les tentatives des Anglais, pour exciter en faveur de Jacqueline de Hainaut une révolte en Hollande. Il avait résolu d'en tirer vengeance. Après une discussion fort vive dans son conseil, le parti de la guerre l'avait emporté et il avait été décidé qu'on assiégerait Calais.

C'était le meilleur moyen de changer le caractère de cette guerre aux yeux de la Flandre et de l'y rendre populaire. En 1347, les communes flamandes avaient cru détruire l'asile des pirates et la citadelle que redoutaient les flottes commerciales de la Manche, en s'associant avec zèle aux efforts d'Edouard III; mais elles avaient bientôt appris que Calais, aux Anglais aussi bien qu'aux Français, resterait toujours une position militaire menaçante pour leurs riches navires et les trésors qu'elles confiaient aux vents et aux flots. Une vive jalousie n'avait cessé de régner entre ce port et ceux de la Flandre: c'était ce sentiment étroit, qui remontait par la tradition et par l'histoire jusqu'aux souvenirs des batailles de Zierikzee et de l'Ecluse, qu'il fallait opposer aux véritables besoins commerciaux du pays; pour y parvenir plus aisément, Philippe adressa aux bourgeois de Gand, toujours enclins aux résolutions impétueuses et passionnées, son manifeste contre les Anglais de Calais.

Les échevins et les doyens avaient été convoqués. Le sire de Commines, souverain bailli de Flandre, leur annonça d'abord que le duc de Bourgogne s'était réconcilié avec Charles VII pour mettre un terme à la misère et à la désolation qui régnaient dans tout le royaume, désolation dont il avait été lui-même le témoin lorsque, revenant de Bourgogne en Flandre, il vit les pauvres se disputer la chair des chevaux morts pendant ce voyage. Il affirma que le duc avait invité le roi d'Angleterre à envoyer des ambassadeurs à Arras, et qu'afin de parvenir à la conclusion d'une paix générale, il avait tant fait qu'on leur avait proposé le tiers, et le meilleur tiers, de la couronne de France; mais les Anglais s'étaient éloignés sans vouloir prendre d'engagement, et le roi d'armes de la Toison d'or qui avait été député vers eux n'avait reçu aucune réponse. On l'avait retenu prisonnier; on l'avait menacé de le noyer, en ajoutant à cette violation des usages les plus sacrés des paroles insultantes. Le duc était d'ailleurs pleinement instruit des projets hostiles des Anglais, qui traitaient avec l'empereur, l'archevêque de Cologne, l'évêque de Liége et le duc de Gueldre, et avaient même écrit aux villes de Hollande et de Zélande pour leur faire espérer de grandes sommes d'argent si elles lui refusaient leur secours. Le sire de Commines eut soin de rappeler aux magistrats de Gand que plusieurs Flamands avaient été mis à mort à Londres, et que les Anglais avaient arrêté des vaisseaux chargés de marchandises de leur pays, en déclarant qu'ils feraient la guerre à feu et à sang. «Quel que soit le désir de mon très-redouté seigneur de vivre en paix, leur dit le sire de Commines, sa longanimité a atteint les dernières limites, et puisqu'il a résolu de se défendre, il lui semble qu'il ne peut le faire d'une manière plus utile qu'en enlevant à ses ennemis la ville de Calais qui est son légitime patrimoine et qui, également voisine de ses pays de Flandre et d'Artois, est pour vous une cause de pertes innombrables. Il a remarqué que la prospérité de la Flandre repose sur le commerce des draps, et que la laine d'Angleterre est mise à si haut prix que tout profit est enlevé à nos marchands, et que de plus, par une mesure qui entraîne la ruine de notre monnaie, on vous fait payer deux florins pour un noble; enfin, il a observé que les laines d'Espagne et d'Ecosse commencent à égaler celles d'Angleterre et à être aussi recherchées. Mon très-redouté seigneur, éclairé sur les desseins coupables des Anglais, et prenant en considération l'accroissement de son peuple et la décadence du commerce et de la prospérité publique, menacés de nouveaux désastres, veut donc, comme bon prince et comme bon pasteur, chasser le loup loin de ses brebis. Par la grâce de Notre-Seigneur et avec l'aide des bonnes gens de la ville de Gand, son intention est de reconquérir son héritage et de convoquer dans ce but tous ses bons sujets; c'est pourquoi il vous prie, sur la foi et le serment que vous lui devez, de vouloir bien l'aider: ce qui sera le plus grand plaisir et le plus agréable service que vous lui fîtes jamais. Il vous exhorte à suivre les traces de vos prédécesseurs qui plusieurs fois ont ainsi servi honorablement les siens, notamment à Pont-à-Choisy, en Brabant, en Vermandois, et ailleurs. Veuillez remarquer que la ville de Calais touche à votre pays et qu'elle appartient à l'ancienne Flandre. Songez aux dommages qu'elle cause à la Flandre, et montrez votre affection pour notre très-redouté seigneur. Il a déjà fait connaître sa puissance en s'emparant d'un grand nombre de villes à deux cents lieues de vos frontières et jusqu'aux bords du Rhône; mais si les Anglais conservent Calais, ce sera un grand déshonneur pour lui et pour vous: si, au contraire, vous vous empariez de Calais, ce serait fort à son honneur et au vôtre. Il en serait mémoire aussi longtemps que durerait le monde, et les chroniques rappelleraient votre gloire; mais si vous pensiez qu'une somme d'argent contenterait notre très-redouté seigneur, sachez bien que rien n'est moins vrai, car il aime mieux vous voir l'aider que de recevoir de vous un million d'or.»

A ces mots le duc se leva: «Mes bonnes gens, ajouta-t-il, tout ce qu'on vous a dit est vrai; je vous prie de m'aider à reconquérir mon héritage, et vous me ferez le plus grand plaisir et service que vous puissiez jamais me faire, et je le reconnaîtrai toute ma vie.»

Le lendemain, le duc se rendit, à midi, à la loge des foulons, où l'un des pensionnaires de la ville lui adressa ce discours: «Très-cher seigneur, les trois membres de la ville de Gand se sont réunis, chacun au lieu ordinaire de ses assemblées, et ils ont décidé, sur la requête qui nous a été faite hier par monseigneur notre souverain bailli de Flandre, qu'ils vous rendraient cette réponse qu'avec l'aide de Dieu et celle de vos autres sujets et amis, ils vous aideront à reconquérir votre patrimoine, et à cet effet ils vous offrent leurs corps et leurs biens.»

Ainsi prévalait la politique adroite et insinuante du duc; tant il est vrai que, pour faire adopter au peuple ce qui est le plus contraire à ses véritables intérêts, il suffit de le déguiser sous la feinte apparence d'une pensée nationale ou d'un sentiment patriotique. De toutes parts, les villes et les communes de la Flandre, oubliant les liens commerciaux qui depuis quatre siècles les unissaient aux Anglais, se préparaient à les combattre, et beaucoup de bourgeois croyaient imprudemment devoir saisir cette occasion de montrer à tous, et surtout au duc, combien ils étaient bien pourvus d'armes, de machines et d'habillements de guerre.

Dès le 14 mai, mille Anglais, qui avaient quitté Calais pour aller piller les campagnes de Bourbourg, de Bergues et de Cassel, avaient mis le siége devant l'église de Looberghe, où un grand nombre de laboureurs s'étaient réfugiés avec leurs familles. Le désespoir animait le courage de ces malheureux, et une pierre lancée du haut du clocher tua un banneret ennemi. La colère des Anglais redoubla: ils firent apporter de la paille et du bois, et le feu pénétra de toutes parts dans la nef. Là se pressaient autour de l'autel les femmes et les enfants. Une clameur lamentable retentit sous les ogives embrasées; puis, toutes ces voix plaintives s'affaiblirent et se turent, et le silence de la mort apprit bientôt aux combattants, retranchés dans la tour, que le père ne reverrait plus sa fille, que le fils ne retrouverait plus sa mère; mais pas un d'entre eux ne songea à implorer la clémence d'un vainqueur cruel et irrité, et à mesure que l'incendie se développait, le tocsin résonnait avec plus d'énergie. Les défenseurs de Looberghe avaient signalé à l'ouest, vers les bords de la Peene, une troupe nombreuse d'habitants de la vallée de Cassel, réunie par Philippe de Longpré et Thierri d'Hazebrouck, qui s'approchaient rapidement pour les secourir. Ce dernier espoir de salut ne devait pas tarder à s'évanouir. A peine le combat s'était-il-engagé qu'un puissant renfort arriva aux Anglais, et les deux chevaliers qui s'étaient vantés de les chasser donnèrent l'exemple de la fuite, tandis qu'un dernier cri s'élevait au haut du clocher de Looberghe, du sein des flammes qui venaient de l'atteindre.

Cependant les Gantois pressaient leurs armements. Ils avaient ordonné que tous ceux qui relevaient de leur ville déclarassent leurs noms et se pourvussent d'armes, sous peine de perdre leur droit de bourgeoisie. Toutes les querelles particulières furent suspendues, et l'on ajourna l'exécution des jugements qui imposaient des pèlerinages à quatorze jours après la fin de l'expédition. On fixa également le contingent de chacun dans l'armée que Gand avait promise au duc et dans les dépenses qu'elle entraînerait. Chaque homme devait avoir une lance ou, au moins, deux maillets de plomb ou de fer. Les paysans avaient reçu l'ordre de fournir un si grand nombre de chariots, qu'il dépassait d'un tiers celui qu'on avait réuni pour la célèbre expédition de 1411; mais comme ils s'y montraient peu disposés, on les menaça de les y faire contraindre par la milice municipale des Chaperons-Blancs, qui conservait encore son ancienne célébrité. A Bruges et dans les autres parties de la Flandre, les mêmes préparatifs avaient lieu et suspendaient les travaux des métiers et du labourage.

Vers les premiers jours de juin, le duc se rendit à Gand et y passa en revue, au marché du Vendredi, les connétables des bourgeois, auxquels s'était réuni le contingent des cent soixante et douze paroisses du pays d'Alost, et celui des puissantes communes de Grammont, de Ninove, de Boulers, de Sotteghem, d'Ecornay, de Gavre, de Rode et de Renaix. Le duc accompagna les Gantois jusqu'aux portes de la ville; le premier jour, ils firent halte à Deynze. De là ils poursuivirent leur route, et on ne put les empêcher de brûler le château de Thierri d'Hazebrouck, qu'ils accusaient de la défaite des habitants de Cassel à Looberghe.

Le 11 juin, le duc de Bourgogne réunissait également à Bruges les milices de cette ville et celles de Damme, de l'Ecluse, d'Oostbourg, d'Ardenbourg, de Thourout, d'Ostende, de Mude, de Muenickereede, d'Houcke, de Blankenberghe, de Ghistelles, de Dixmude et d'Oudenbourg. Depuis longtemps ces milices suivaient celle de Bruges dans toutes les guerres. Les habitants de Dixmude se vantaient d'avoir lutté sous les mêmes bannières aux glorieuses journées de Courtray et de Mont-en-Pévèle; ceux de Damme faisaient remonter cette association de périls et de gloire jusqu'à la bataille de Bavichove, où le comte Robert le Frison avait vaincu, trois cent soixante-cinq années auparavant, le roi de France Philippe Ier. La commune de l'Ecluse avait aussi combattu fréquemment avec les Brugeois; mais au quinzième siècle comme au quatorzième, depuis que Philippe le Hardi avait construit la tour de Bourgogne aussi bien qu'à l'époque où Jean de Namur se faisait investir par Louis de Nevers du bailliage des eaux du Zwyn, les Brugeois portaient une haine profonde aux habitants de l'Ecluse, la plupart bourgeois du parti *leliaert* ou bourguignon, qui ne devaient qu'à la faveur des princes le droit de garder les barrières sous lesquelles gémissait l'industrie flamande. Ces dissentiments éclatèrent dès le premier jour. La milice de l'Ecluse refusait de se mettre en marche à la suite des Brugeois, et le duc eut grand'peine à l'y engager par de douces paroles et de belles promesses. Enfin elle y consentit et alla se mêler aux autres communes qui l'attendaient près du couvent de la Madelaine, et elles s'éloignèrent ensemble en se portant vers Oudenbourg. Ce fut là que les rejoignirent les milices du Franc, commandées par les sires de Moerkerke et de Merkem, qui avaient un instant réclamé l'honneur de précéder la commune d'Ypres dans l'ordre de marche de l'armée. Elles rappelaient que, par une charte du 7 août 1411, Jean sans Peur leur avait permis de former un corps distinct dans l'expédition de Montdidier. Si la ville de l'Ecluse avait été soumise par des concessions solennelles à la tutelle des

Brugeois, les communes du Franc, profondément séparées des villes par leurs mœurs, pouvaient du moins revendiquer une juridiction spéciale qui remontait, dans les traditions populaires, plus loin que Jeanne de Constantinople, plus loin même que Thierri d'Alsace. L'étendue de leur territoire, le nombre de leurs habitants les avaient depuis longtemps élevées au même rang que les trois bonnes villes, et c'était par une conséquence toute naturelle de la situation des choses que s'était établi l'usage de considérer le Franc comme le quatrième membre du pays. Il était toutefois incontestable que le Franc relevait de Bruges par des liens politiques, et que l'obligation de combattre sous la bannière de cette ville en était le signe public. En 1436 ces liens étaient brisés, et les milices du Franc se consolèrent aisément d'être placées après celles des trois grandes cités flamandes, en obtenant «d'avoir et porter bannière aux armes de Flandre, comme font et ont ceux et chacun des trois autres membres.» Les milices communales d'Ypres et de Courtray, commandées par Gérard du Chastel et Jean de Commines, s'étaient également mises en marche.

Le duc Philippe était sorti de Bruges en chargeant messire Jean de la Gruuthuse et les bourgmestres Metteneye et Ruebs d'apaiser le mécontentement qui y régnait. Il rejoignit les Gantois à Drinkham, où il trouva le comte de Richemont, connétable de France, et lui offrit une collation dans la tente de Gand. Enfin il s'avança vers la ville de Gravelines, choisie comme point de ralliement pour les milices de Gand, de Bruges et du Franc. Lorsque toute cette armée, qui ne comprenait pas moins de trente mille combattants, eut dressé ses tentes par ordre de ville et de châtellenie, elle présentait un aspect magnifique: on eût pris son camp pour une réunion de plusieurs grandes cités. Les Flamands avaient conduit avec eux un grand nombre de ribaudequins chargés de canons, de couleuvrines et de grosses arbalètes. Leurs chariots et leurs charrettes se comptaient par milliers, «et sur chacun chariot, dit Monstrelet, avoit un coq pour chanter les heures de la nuit et du jour.»

Dans ce camp comme dans toute la Flandre, l'énergie des Gantois dominait celle des autres communes. Le duc avait si grand besoin de leur aide qu'il n'était rien qu'il ne fît pour leur plaire. Dès les premiers jours de son arrivée, il s'était vu obligé de les laisser piller, sous ses yeux, le domaine d'un noble nommé George de Wez, dont ils associaient le nom à celui de Thierri d'Hazebrouck. Lorsque le connétable lui avait offert de lui envoyer deux ou trois mille hommes d'armes français sous les ordres du maréchal de Rieux, la crainte d'exciter la jalousie des Gantois l'avait empêché d'accepter ces renforts; elle était si vive, d'après le récit des chroniqueurs, qu'ils forcèrent le duc à congédier la plus grande partie de ses hommes d'armes bourguignons; ce dont plusieurs de ses conseillers l'avaient fortement blâmé, parce qu'ils comprenaient bien que les communes flamandes ne persisteraient pas longtemps dans une guerre fatale à leurs intérêts et à leur industrie, et qu'elles feraient moins pour la soutenir que la plus petite armée de nobles et d'écuyers.

De même que dans l'expédition de Vermandois sous Jean sans Peur, en 1411, expédition que celle-ci devait rappeler sous tant de rapports, c'était surtout contre les Picards que se dirigeait la colère des Flamands. Quelle que fût l'ardeur des Picards à piller, elle ne leur servait de rien; il leur était impossible d'emporter ce qu'ils enlevaient, encore plus de le conserver, car, pour rappeler la vieille orthographe de Monstrelet, «Hennequin, Winequin, Pietre, Liévin et autres ne l'eussent jamais souffert ni laissé passer.» Les Picards se voyaient réduits à se taire et à fléchir devant «la grande puissance qu'avoient les Flamands.»

Les milices communales de Flandre, après avoir défilé sous les murs de Tournehem, allèrent mettre le siége devant le château d'Oye qui était au pouvoir des Anglais. La garnison, trop faible pour leur résister, se rendit et se remit à la volonté du duc de Bourgogne et de ceux de la ville de Gand. La volonté des Gantois fut que tous les Anglais fussent pendus. Le duc de Bourgogne parvint seulement, par ses prières, à en sauver trois ou quatre. Les châteaux de Sandgate et de Baillinghen ouvrirent leurs portes. Celui de Marcq fit une meilleure défense; enfin les Anglais qui s'y trouvaient capitulèrent en obtenant la vie sauve, et ils furent envoyés à Gand afin d'être échangés plus tard contre quelques Flamands prisonniers à Calais.

Les Flamands formèrent bientôt le siége de Calais (9 juillet 1436). Ils occupaient les mêmes lieux où leurs pères avaient campé lorsqu'ils aidèrent Edouard III à conquérir cette ville qu'ils voulaient aujourd'hui enlever à ses héritiers. Leur confiance dans le succès de leurs efforts était extrême, et ils croyaient voir les Anglais fuir dans leur île dès qu'ils apprendraient que «messeigneurs de Gand étoient armés et à puissance pour venir contr'eux.» Les Anglais appréciaient mieux l'importance de la forteresse de Calais; placée dans le passage le plus resserré du détroit qui sépare l'Angleterre du continent et par là facile à secourir, elle menaçait les ducs de Bourgogne dans leurs Etats les plus florissants et les rois de France au cœur même de leur royaume. Mieux eût valu sacrifier toutes les conquêtes des Chandos et des Talbot vers la Seine ou la Loire que ces remparts dont la perte fera expirer de douleur, au seizième siècle, l'une des reines filles de Henri VIII.

Dès le 18 juin, le comte d'Huntingdon avait reçu l'ordre de réunir des renforts. Le 3 juillet, lorsque la nouvelle de la prise du château d'Oye arriva en Angleterre, on pressa tous les préparatifs, et le duc de Glocester, qui en ce moment gouvernait l'Angleterre comme régent, résolut de passer lui-même la mer pour vider ses vieilles querelles avec le duc Philippe.

Le siége de Calais semblait devoir se prolonger. Les Anglais se montraient décidés à se bien défendre. Leurs sorties étaient fréquentes et acharnées. A plusieurs reprises les Flamands éprouvèrent des pertes, et ce fut au milieu d'eux que fut blessé l'un des capitaines de Charles VII, le fameux la Hire, qui était venu les voir combattre. Le duc de Bourgogne lui-même fut exposé à de grands dangers: un jour qu'il cherchait à reconnaître la ville, un coup de canon renversa à ses pieds un trompette et trois chevaux; un autre jour, il était allé sans armes et en simple robe, pour ne pas être remarqué, examiner le port du haut des dunes, lorsque plusieurs Anglais, qui s'étaient placés en embuscade, s'élancèrent vers lui, et il eût été pris, sans le dévouement d'un chevalier flamand nommé messire Jean Plateel, qui les arrêta vaillamment, s'inquiétant peu d'être le prisonnier des Anglais, pourvu que son maître ne le fût point.

Cependant les Flamands voyaient chaque jour entrer dans le havre des navires qui venaient d'Angleterre, chargés de renforts et de vivres. La flotte que Jean de Homes devait amener pour bloquer Calais du côté de la mer ne paraissait point. Les Flamands commençaient à murmurer contre les conseillers du duc de Bourgogne: mais Philippe cherchait à les apaiser en leur disant qu'elle était retenue par les vents contraires, et qu'il avait reçu l'avis qu'elle ne tarderait point à arriver.

Ces retards étaient déplorables: ils laissaient aux Anglais le temps de secourir Calais. L'armée qu'ils équipaient était déjà toute prête à passer la mer, et bientôt après, un de leurs hérauts d'armes nommé Pembroke se présenta au duc Philippe, chargé par le duc de Glocester de lui annoncer que dans un bref délai, s'il osait l'attendre, il viendrait le combattre avec toutes ses forces, sinon qu'il irait le chercher dans ses Etats. Le duc de Bourgogne se contenta de répondre que ce dernier soin lui serait inutile, et que si Dieu le permettait, le duc de Glocester le trouverait devant Calais.

A mesure que ces nouvelles se répandaient, le mécontentement augmentait. Les plaintes des Flamands, qui voyaient s'éloigner chaque jour les résultats promis à leur expédition, devenaient de plus en plus vives, et le 24 juillet, les membres de l'un des corps de métiers, campés devant Calais, adressaient cette lettre à leurs compagnons restés à Bruges: «Si tout le monde croyait comme nous qu'il vaut mieux rentrer dans nos foyers, nous ne demeurerions pas longtemps ici.» Philippe, alarmé par ces manifestations, crut devoir se rendre dans la tente de Gand, où il avait réuni les nobles et les capitaines de l'armée. Il leur fit exposer par maître Gilles Van de Woestyne le défi du duc de Glocester et la réponse qu'il y avait faite, et les pria instamment de rester avec lui afin de l'aider à garder son honneur. Puis il se dirigea vers le quartier occupé par les milices des bourgs et des villages de la châtellenie du Franc, et par une charte du 25 juillet, il lui accorda de nouveaux priviléges en confirmant l'indépendance de sa juridiction comme quatrième membre de Flandre. D'autres démarches semblables furent tentées près des Brugeois: on cachait sans doute les priviléges accordés à des rivaux dont ils auraient pu être jaloux. Les communes flamandes, quoique inquiètes et agitées, cédèrent à ces prières: elles se laissèrent persuader que le moment où elles pourraient tenter l'assaut de Calais était proche, et se préparèrent à de nouveaux combats. Sur une montagne voisine de Calais s'éleva une bastille de bois d'où l'on pouvait observer tous les mouvements des Anglais. On y plaça des canons et notamment trois bombardes dont l'une était si grande qu'il avait fallu cinquante chevaux pour la faire venir de Bourgogne. Les Anglais firent une sortie et vinrent en grand nombre assaillir la bastille; mais ils furent vaillamment repoussés par les Flamands qui la gardaient, et contraints à se retirer. Le jeudi suivant (26 juillet) on signala, vers le levant, une flotte qui déployait ses voiles: c'était celle de Hollande, si longtemps et si impatiemment attendue. Le duc monta à cheval et se rendit sur le rivage. Une chaloupe y aborda bientôt, chargée d'un message du sire de Hornes qui annonçait son arrivée. L'armée manifestait bruyamment sa joie, et la plupart des hommes d'armes s'élançaient sur les dunes pour saluer les vaisseaux qui devaient seconder leurs efforts.

Le même jour, vers le soir, quatre navires chargés de pierres profitèrent de la marée, sans que l'artillerie des assiégés pût les en empêcher, pour aller s'échouer à l'entrée du port. Ils devaient fermer tout passage aux navires anglais. Cependant, dès que les eaux de la mer se retirèrent, ils se trouvèrent à peu près à découvert sur le sable, et les Anglais, hommes, femmes, vieillards et enfants, accoururent en grand nombre pour les briser; le bois fut transporté dans la ville; la mer emporta les pierres comme des jouets opposés par l'impuissance de l'homme à l'éternelle furie de ses flots.

Lorsque les Flamands furent témoins de l'inutilité de ces tentatives pour fermer l'entrée du port, leurs murmures recommencèrent; mais quand le lendemain on vint leur apprendre que les vaisseaux du sire de Hornes s'éloignaient et cinglaient vers la Hollande de peur d'être attaqués par les galères du duc de Glocester, leur indignation passa aux dernières limites de la colère. Ils rappelaient toutes les promesses que le duc leur avait faites en leur assurant le concours de sa flotte. Ils accusaient de trahison les conseillers qui l'entouraient. Au même moment on leur annonça que les Anglais avaient surpris leur bastille et en avaient massacré toute la garnison; leurs cris redoublèrent alors. Ils se montraient résolus à lever le siége, et quelques-uns voulaient même mettre à mort les conseillers du duc, notamment les sires de Croy, de Noyelles et de Brimeu, qui jugèrent prudent de fuir. Le duc en fut instruit tandis qu'il faisait examiner le champ de bataille où il combattrait le duc de Glocester. Il se rendit aussitôt à la tente de Gand, où il assembla une seconde fois les capitaines flamands. Il les conjura de ne pas le quitter et d'attendre l'arrivée des Anglais qui était prochaine; il ajoutait que s'ils se retiraient sans les avoir combattus, ils le couvriraient d'un déshonneur plus grand que jamais prince n'en avait reçu. Quelques capitaines flamands s'excusaient avec courtoisie. La plupart, persistant invariablement dans leur détermination, refusaient de l'écouter. Il reconnut bientôt que tous ses efforts pour les retenir, même pendant quelques jours, seraient sans fruit, et de l'avis de ses conseillers il les pria de lever le siége le lendemain en bon ordre, et leur fit part de son intention de les accompagner avec ses hommes d'armes pour assurer leur retraite. Ils lui répondirent qu'ils étaient assez forts pour ne pas avoir besoin de sa protection. Pendant la nuit, ils ployèrent leurs tentes, chargèrent leurs bagages sur leurs chariots et percèrent les barils de vin qu'ils ne pouvaient emporter. Déjà retentissait le vieux cri de Montdidier: *«Go, go, wy zyn al verraden!»* «Allons, allons, nous sommes tous trahis!» Le duc les suivit jusqu'à Gravelines et les engagea vainement à s'arrêter dans cette ville pour la défendre contre les Anglais: toute remontrance était inutile.

«Le duc de Bourgogne, dit Monstrelet, prit conseil avec les seigneurs et nobles hommes sur les affaires, en lui complaignant de la honte que lui faisoient ses communes de Flandre. Lesquels lui remontrèrent amiablement qu'il prist en gré et patiemment ceste aventure, et que c'estoit des fortunes du monde... Il ne fait point à demander s'il avoit au cœur grand desplaisance, car jusqu'à ce toutes ses entreprises lui estoient venues assez à son plaisir, et icelle qui estoit la plus grande de toutes les autres de son règne lui venoit au contraire.»

Lorsque la nouvelle de la retraite de l'armée flamande parvint en Angleterre, le duc de Glocester se hâta de s'embarquer: sa flotte, composée de trois cent soixante vaisseaux, portait vingt-quatre mille hommes, et afin que rien ne manquât à l'éclat de son triomphe, Henri VI fit publier dans toutes les villes soumises à son autorité les lettres suivantes:

«Le roi à tous ceux qui ces présentes verront, salut.

«Les lois canoniques et divines, aussi bien que les lois humaines, attestent combien est grand le crime de rébellion, et quelle peine mérite le vassal qui s'insurge traîtreusement contre son seigneur lige: car ce crime sacrilége, qui entraîne celui de lèse-majesté, fait peser sur les enfants les fautes de leurs pères, et les exclut à juste titre de leur héritage pour faire retourner au prince, comme forfaits et légitimement confisqués, tous les biens et tous les fiefs du coupable.

«Or, le perfide Philippe, vulgairement nommé duc de Bourgogne, nous avait reconnu pour son souverain seigneur depuis notre enfance, c'est-à-dire dès le temps où nous avons recueilli à titre héréditaire la couronne de France selon le traité de paix conclu entre le roi Charles, notre aïeul, et le roi Henri V, notre père, traité accepté et juré par lui-même sur les saints Evangiles, mais il ne craint pas de nous outrager aujourd'hui par la plus détestable rébellion, en renonçant faussement, méchamment et traîtreusement à la foi et à la sujétion qu'il nous doit, pour jurer fidélité à notre adversaire et principal ennemi, l'usurpateur du royaume de France; de plus, accumulant crime sur crime et maux sur maux, il a usurpé des villes, des bourgs et des châteaux relevant notoirement de notre couronne de France, et il vient même, afin de rendre son manque de foi et sa rébellion plus manifestes, de détruire violemment et par la force de la guerre plusieurs de nos châteaux situés vers les marches de Calais, mettant à mort ceux de nos hommes qui s'y trouvaient et cherchant à s'emparer de notre ville de Calais, tentative dans laquelle notre Créateur, auquel nous rendons d'humbles actions de grâces, a daigné confondre sa malice pour la honte éternelle de ce traître rebelle et perfide, et de tous les siens.

«Nous déclarons donc que tous les biens, possessions et seigneuries que le susdit traître tient de la couronne ont de plein droit fait retour à nous comme au véritable roi de France, et voulant en disposer comme il convient en droit et en justice, nous avons résolu de nous occuper d'abord du comté de Flandre, qui relève directement de nous, et c'est afin de témoigner notre juste reconnaissance à illustre prince Humphroi, duc de Glocester, notre oncle, qui nous a toujours servi et nous sert encore fidèlement, que nous lui faisons don du susdit comté, ordonnant que ledit duc Humphroi le tiendra de nous et de nos successeurs tant qu'il vivra, et le possédera avec les priviléges les plus étendus que les comtes de Flandre aient autrefois reçus des rois de France, réservant seulement en tout et pour tout notre souveraineté et les droits de notre royauté (30 juillet 1435).»

Une violente agitation régnait dans toute la Flandre. Les Gantois, qui s'étaient montrés devant Calais les plus sourds aux exhortations et aux prières du duc Philippe, réclamaient le don d'une robe neuve, récompense ordinaire de ceux qui revenaient de la guerre: on la leur avait refusée, et ils s'en plaignaient vivement. Le mécontentement des Brugeois n'était pas moins redoutable. Ils s'étaient arrêtés, au retour de leur expédition, près du hameau de Saint-Bavon, aux mêmes lieux qu'en 1411, déclarant qu'ils ne déposeraient point les armes tant que l'on n'aurait pas puni la commune de l'Ecluse qui avait contesté leur suprématie, et, malgré les efforts qui avaient été faits pour les calmer, ils rejetaient tout ce qui eût pu conduire à une réconciliation et au maintien de la paix.

Le duc de Glocester, profitant de ces divisions et de l'absence du duc de Bourgogne qui s'était retiré à Lille, avait quitté Calais pour envahir la West-Flandre. Aucune résistance ne s'opposa à cette agression et aux représailles qui la signalèrent. Le pillage et l'incendie s'étendirent des portes de Tournehem aux rives de l'Yzer. Les Anglais s'emparèrent tour à tour de Bourbourg, de Dunkerque, de Bergues, de Poperinghe. Le bourg opulent de Commines, celui de Wervicq, non moins fameux par la fabrication des draps, et si important qu'un seul incendie y consuma mille maisons au quinzième siècle, furent pillés et saccagés, et les bourgeois d'Ypres, assemblés sur leurs remparts, purent entendre à la fois les cris des vainqueurs et les gémissements des malheureux chassés de leurs chaumières. A Poperinghe, le duc de

Glocester se fit reconnaître solennellement comme comte de Flandre, et arma chevalier un banni qui depuis longtemps combattait sous les bannières anglaises. Puis il se dirigea vers Bailleul, où l'on chargea deux mille chariots de butin, et rentra à Calais après avoir traversé l'Aa, près d'Arques. Les habitants des vallées de Cassel et de Bourbourg avaient formé le dessein de l'attaquer au passage de la rivière: mais Colard de Commines s'y opposa au nom du duc: la crainte de les exposer à de désastreux revers expliquait cette défense; mais, pour un grand nombre d'entre eux, ce fut un motif de plus d'accuser les principaux conseillers du duc de Bourgogne de les trahir et de les abandonner.

D'autres hommes d'armes anglais se portèrent vers Furnes et vers Nieuport; le monastère des Dunes était désert; l'abbé et les moines avaient fui à Bruges. Les Anglais respectèrent toutefois la belle église de cette abbaye, célèbre par ses stalles élégantes dont un artiste flamand reproduisit les sculptures à Melrose, sa bibliothèque où l'on comptait plus de mille manuscrits précieux, ses vastes bâtiments où deux cents frères convers se livraient habituellement aux travaux des métiers; mais ils dévastèrent les fermes voisines et les champs, qu'une admirable persévérance avait fertilisés avec tant de succès, au milieu même des sables de la mer, que l'abbé Nicolas de Bailleul avait coutume de dire que les Dunes étaient devenues une montagne d'argent.

Enfin toute la flotte anglaise sortit du port de Calais, où elle avait conduit l'armée du duc de Glocester; on la vit suivre lentement le rivage de la mer. Ostende fut menacée; mais les navires ennemis poursuivirent leur navigation vers les eaux du Zwyn, où la flotte bourguignonne avait jeté l'ancre. Un combat naval semblait inévitable: Jean de Hornes avait son honneur à réhabiliter; mais il l'abdiqua par un second acte de faiblesse ou de terreur: une troupe de laboureurs du Fleanderland, qui s'était réunie pour s'opposer au débarquement des Anglais, l'aperçut au bord du rivage de la mer, fuyant loin de ses navires et de ses hommes d'armes, et elle l'accabla de tant d'outrages que quatorze jours après il expira à Ostende.

Le 9 août 1436, les Anglais pillèrent Gaternesse, Schoendyke et Nieukerke. Le lendemain, ils dévastèrent Wulpen et Cadzand, d'où ils menaçaient à la fois les environs de Bruges et le pays des Quatre-Métiers, à peine défendu par quelques milices communales du pays de Waes.

Pour engager la Flandre à se protéger elle-même plus efficacement que ne l'avait fait Jean de Hornes, il ne restait au duc de Bourgogne qu'à lui persuader que ses intérêts et ceux du pays même étaient intimement unis. Les bourgeois de Gand furent convoqués le 14 août. Gilles Declercq, «procureur du duc en la chambre des échevins,» reçut la mission de les haranguer. Né à Gand et y exerçant la profession «d'advocat publicq,» il paraît y avoir joui à ce titre de quelque influence, et personne n'ignorait qu'il avait été chargé du soin de parler au nom du duc de Bourgogne, soin confié habituellement aux nobles les plus illustres, «pour ce que, porte l'instruction qui lui fut envoyée, plusieurs des conseillers de mondit seigneur, qui sçavoient le langage flameng, obstant les grandes menaces et charges que aucuns hayneux leur ont volu baillier, n'oseroient dire, ne exposer lesdites charges.»

Gilles Declercq annonça d'abord aux bourgeois de Gand que le duc avait mandé ses hommes d'armes à Ypres le 16 août, et qu'il avait résolu de venger l'échec de Calais. Il réclama leur concours et les exhorta à défendre vaillamment leurs libertés, leurs biens, leurs enfants «et l'honneur et bonne renommée de leur postérité.» Puis il rappela combien il était important qu'ils se choisissent de bons capitaines, «car sans obéissance et ordre n'est nul peuple à conduire,» et il les supplia de prendre les armes sans retard; attendu, disait-il, que les ennemis sont jà profondément entrez «oudit pays et font non-seulement en icellui dommage irréparable, mais aussi une perpétuelle blasme et déshonneur à mondit seigneur, qui est prince si grant et puissant que chacun scet, et aussi à sondit pays de Flandres, *qui a toudis esté ung pays honnouré et renommé par tout le monde, et qui oncques ne souffri si grant honte, ne attendi ses ennemis estre, ne se tourner si longuement en icellui.*»

La duchesse de Bourgogne, accourant au camp de Saint-Bavon, avait adressé le même appel au dévouement patriotique des Brugeois; elle leur avait fait connaître qu'une assemblée des députés des trois bonnes villes et du Franc se tiendrait à Bruges, le lundi 20 août, vers le soir, et le but qu'elle devait atteindre était de veiller à la fois à la défense du pays et au maintien de ses franchises. Trois députés du duc devaient y présenter en son nom la justification de ses conseillers, que l'on accusait d'avoir favorisé les Anglais devant Calais et au passage de l'Aa.

Les mêmes promesses avaient été faites à Gand, et elles avaient été accueillies favorablement dans les deux grandes cités flamandes, quand de nouveaux griefs vinrent ranimer l'irritation populaire. La duchesse de Bourgogne avait obtenu des bourgeois et des corps de métiers qu'indépendamment des milices qui s'étaient avancées jusqu'à Oostbourg, six hommes seraient choisis dans chaque tente pour se rendre à bord de la flotte si honteusement abandonnée par son amiral Jean de Hornes; mais lorsqu'ils se présentèrent devant l'Ecluse, Roland d'Uutkerke qui y commandait ne consentit à recevoir que messire Jean de Steenhuyse et quarante des siens, tandis que les autres étaient réduits à passer toute la nuit au pied des remparts, transis par la pluie qui tombait à torrents. Le lendemain, Roland d'Uutkerke répondit à toutes leurs remontrances qu'il n'y avait point de vaisseaux préparés pour combattre les Anglais, et qu'il ne leur restait qu'à retourner à Bruges. Il les appelait des traîtres et des mutins, ordonna même de tirer le canon contre eux, et fit jeter par les fenêtres ceux de leurs compagnons introduits la veille dans la ville, qui voulaient faire ouvrir les portes. Trois jours après on publia, par ses ordres, une ordonnance qui prescrivait à tous les bourgeois de Bruges résidant dans la ville de l'Ecluse de s'en éloigner immédiatement sous peine de mort.

Que devint, dans cette situation de plus en plus grave, l'assemblée du 20 août? L'influence des ducs de Bourgogne a si profondément pénétré les sources historiques de cette époque qu'il est presque impossible d'éclaircir les questions relatives aux mouvements des communes flamandes; mais il est vraisemblable qu'on y conclut, à l'exemple de ce qui s'était passé en 1405, un acte de confédération dont nous verrons bientôt les conséquences.

Aussitôt que les Brugeois réunis à Oostbourg eurent vu la flotte anglaise s'éloigner chargée de butin sans être inquiétée par celle du duc, ils rentrèrent à Bruges pleins d'indignation et de haine, et le cœur avide de vengeance. Leurs cris répétaient tumultueusement: «Nous ne quitterons point la place du marché avant d'avoir châtié l'insolence de Roland d'Uutkerke; nous voulons savoir quels sont les magistrats qui, au mépris de nos franchises, ont permis qu'on fortifiât l'Ecluse, et nous voulons désormais garder nous-mêmes nos priviléges et les clefs de la ville.» Les magistrats cherchèrent vainement à les en dissuader: il fallut les conduire à la maison de Dolin de Thielt, clerc de la trésorerie et receveur du septième denier, où les clefs étaient déposées. L'irritation populaire s'accroissait d'heure en heure: le sire de la Gruuthuse, capitaine de la ville, et le bailli Jean Uutenhove ne purent la calmer; l'écoutète Eustache Bricx, plus imprudent, osa recourir aux menaces en cherchant à saisir sur la place du Marché la bannière du duc qui, d'après la charte de 1407, ne pouvait en être enlevée sans que l'assemblée du peuple se rendît coupable du délit de sédition. On se souvenait qu'avant le départ de l'expédition de Calais il avait contesté à la commune le droit de s'armer dans les rues de Bruges, et la foule se précipitant sur lui l'immola sans pitié (26 août 1436). Bien que la nuit fût arrivée, on accourait de toutes parts sous les bannières, et les échevins se virent réduits à remettre, avec les clefs de la ville, celles de la *boîte* aux priviléges. On lut alors du haut des halles toutes les chartes de priviléges, notamment celle du 9 avril 1323 (v. st.), confirmée par Philippe le Hardi le 26 avril 1384, qui plaçait les habitants de l'Ecluse sous l'autorité de ceux de Bruges, et l'on somma tous les anciens magistrats de rendre compte des infractions à ce privilége qu'ils avaient encouragées ou tolérées. Quelques magistrats n'osèrent point obéir: on pilla leurs maisons, et l'on apprit bientôt au milieu de ces scènes de désordre que le peuple, sourd aux cris du jeune comte de Charolais, avait arraché de la litière de la duchesse de Bourgogne, qui se préparait à rejoindre à Gand le duc Philippe, deux femmes qu'il voulait conserver comme otages: le nom qu'elles portaient était tout leur crime: l'une était la femme de Roland d'Uutkerke; l'autre, la veuve de Jean de Hornes.

La duchesse Isabelle retrouva à Gand les mêmes troubles et les mêmes périls. L'alliance des bonnes villes de Flandre n'était plus ignorée, et une lettre de cinquante-deux doyens de la ville de Bruges avait été adressée aux cinquante-deux doyens de la ville de Gand pour que ceux-ci les soutinssent dans toutes leurs réclamations, en intervenant en leur faveur; mais le duc avait repoussé leur médiation; il ne leur avait même pas caché que son premier soin serait de venger la mort de son écoutète, et ce discours, répété par les doyens des métiers, avait si vivement ému les Gantois assemblés en armes au marché du Vendredi, que le duc avait jugé nécessaire d'accourir au milieu d'eux pour chercher à détruire les funestes conséquences de ses propres paroles. La réponse de Philippe avait été l'expression de son ressentiment; sa démarche près des Gantois fut la révélation de sa faiblesse. Les bourgeois auxquels il s'adressait humblement doutèrent moins que jamais de la puissance de ces priviléges devant lesquels ils voyaient s'incliner un prince si orgueilleux et si redouté: ils désarmèrent d'abord les archers de sa garde, en disant qu'ils étaient assez forts pour le défendre; ensuite, ils condamnèrent en sa présence à un exil de cent années Roland d'Uutkerke, Colard de Commines et Gilles Van de Woestyne, comme coupables de trahison, tandis qu'ils forçaient le duc à proclamer le courage assez douteux dont ils avaient fait preuve devant Calais: ils exigeaient aussi qu'ils pussent élire trois capitaines pour gouverner leur ville, que les hommes d'armes étrangers ne fussent point admis dans les cités flamandes et que l'on rétablît à l'Ecluse la domination exclusive des Brugeois. Le duc de Bourgogne promit tout, et reconnut qu'il fallait agir plus lentement et avec plus de circonspection pour réveiller la jalousie rivale de Gand et de Bruges.

Les cinquante-deux doyens des métiers de Gand étaient allés annoncer aux Brugeois qu'ils avaient rempli leurs engagements. Ils assistèrent à une cérémonie qui devait prouver au duc de Bourgogne que les bourgs et les villages n'étaient pas hostiles aux grandes villes. Bruges avait convoqué les milices de toutes les communes qui voulaient s'unir à elle, en y acceptant le droit de *bourgeoisie foraine*, que les chroniques flamandes nomment *haghe-poortery*. Un chaperon de roses était destiné à celle qui arriverait la première; il fut décerné aux habitants d'Oostcamp. Les communes de Damme, de Muenickereede, de Houcke les suivirent de près, toutes rangées sous leurs bannières. Trois jours après parurent celles d'Ardenbourg, de Blankenberghe, de Thourout, et depuis ce moment il ne se passa point de jour que l'on ne vît quelque bourg ou quelque village reproduire une adhésion semblable. Une chevauchée, dirigée par Vincent de Schotelaere et Jean Bonin, fit adopter le même acte de soumission aux communes moins zélées d'Ostende, d'Oudenbourg, de Ghistelles, de Loo, de Lombardzyde, de Dixmude, de Bergues, de Dunkerque, de Furnes et de Bourbourg.

Les Brugeois n'en protestaient pas moins de leur désir de se réconcilier avec le duc de Bourgogne; mais leurs députés ne réussissaient point à obtenir une audience, et leurs démarches réitérées étaient demeurées sans fruit, lorsque le bourgmestre de Bruges, Louis Van de Walle, retourna à Gand, accompagné de Jean de la Gruuthuse. Ce fut seulement après sept jours d'attente qu'ils parvinrent près du duc qui les reçut avec hauteur. Il était aisé de reconnaître à son accueil qu'il s'était vu contraint malgré lui, par les requêtes des trois bonnes villes, à maintenir le privilége auquel le port de l'Ecluse était soumis. Il demanda toutefois que les Brugeois abandonnassent sans délai la place du Marché, et annonça l'intention de se rendre à Damme pour y faire droit à toutes leurs plaintes.

En effet, Philippe ne tarda point à arriver à Damme et il y promit, le 4 octobre, de confirmer dans le délai de trois jours les priviléges des Brugeois s'ils consentaient à quitter les armes. Les corps de métiers étaient réunis depuis quarante jours: le moment de leur séparation fut solennel; ils jurèrent tous, et cet engagement fut scellé du sceau de la ville, qu'ils s'entr'aideraient à la vie et à la mort, et il fut arrêté que deux hommes veilleraient près de chacune des bannières qu'on allait déposer aux halles jusqu'à ce qu'on fût assuré de la confirmation des priviléges.

Le 8 octobre, les corps de métiers et les communes *foraines* avaient commencé à évacuer la place du Marché. Le lendemain, d'autres corps de métiers et d'autres communes s'éloignèrent, et le désarmement était complet depuis trois jours sans qu'on eût reçu la ratification du duc, quand on apprit tout à coup qu'il n'avait fixé les conférences à Damme que pour s'emparer de ce point important, et qu'il venait d'y introduire des hommes d'armes secrètement mandés de Lille et des frontières de Hollande, sous les ordres des sires de l'Isle-Adam, de Praet, de Lichtervelde et de Borssele: on ajoutait que déjà il faisait établir un barrage dans la Reye pour ruiner le commerce des Brugeois.

A ce bruit, les corps de métiers se précipitèrent vers les halles pour reprendre leurs bannières, et on les vit de nouveau se presser sur la place du Marché, plus nombreux que jamais. Devant le beffroi flottaient l'étendard de Flandre et celui de la ville: les six *hooftmans* s'y trouvaient chacun avec le drapeau de sa sextainerie. De là jusqu'à la *Groenevoorde* s'étaient placés les quatre grands métiers, c'est-à-dire les tisserands, les foulons, les tondeurs, les teinturiers; immédiatement après se tenaient les *bouchiers* et les poissonniers, et à côté de ceux-ci les *corduaniers* (*cordewaniers*), les *corroyeurs de noir cuir et blanc cuir*, les tanneurs, les *adobeurs* (*dobbeerders*), les *ouvriers de bourses*, les gantiers, les *agneliers*. Près de l'hôtellerie *de la Lune*, on remarquait sous leur bannière les *vieuwariers* accompagnés des *queutepointiers* (*culckstikers*), des chaussetiers, des *parmentiers*, des *sauvaginiers* (*wiltwerckers*), des *vieupeltiers*. La confrérie de Saint-George s'était rangée près de la chapelle de Saint-Christophe; de là jusqu'aux halles se déployaient les *afforeurs* et les *deschargeurs de vin*, les charpentiers, les maçons, les *couvreurs de thuilles*, les *scyeurs*, les peintres, les selliers, les tonneliers, les tourneurs, les *huchiers*, les *artilleurs* (*boghemakers*), les cordiers, les *couvreurs d'estuelle* (*stroodeckers*), les *plaqueurs*, les potiers de terre, les plombiers. Deux bannières annonçaient les métiers non moins nombreux des *fèvres*, des orfèvres, des *armoyeurs*, des potiers d'étain, des boulangers, des *mouliniers*, des chapeliers, des tapissiers, des *telliers* (*ticwevers*), des *gainiers*, des *bateurs de laine*, des barbiers, des fruitiers, des *chandeleurs*, des *marroniers*, des *ouvriers d'ambre* (*paternoster-makers*) et des *courretiers* (*makelaers*). Plus loin s'étaient rangées en bon ordre les milices de soixante-deux bourgs et villages.

On eût pu trouver dans ces préparatifs le symptôme d'une guerre prête à éclater; mais, loin de rompre la paix, ils contribuèrent momentanément à la rétablir. Le duc n'avait pas une armée assez nombreuse pour lutter contre une résistance si vive; il voyait avec étonnement un grand nombre de communes du Franc, sur lesquelles il avait toujours compté, s'empresser de déserter sa cause, et des intérêts importants réclamaient son attention hors des frontières de Flandre. Quant aux Brugeois, ils ne souffraient pas moins de l'interruption de toutes leurs relations commerciales, et les marchands osterlings, écossais, espagnols et italiens qui résidaient dans leur ville ne tardèrent point à prendre l'initiative de nouvelles négociations. Ils se rendirent à Damme le 12 octobre: deux députés des magistrats les accompagnaient. Le lendemain, l'archidiacre de Rouen, le prévôt de Saint-Omer et les sires de Ternant, de Roubaix et de Santen se présentèrent au milieu des bourgeois de Bruges pour les engager à déposer les armes. Le duc les avait chargés de leur soumettre le projet de la déclaration par laquelle il consentait à confirmer leurs priviléges et à leur remettre une copie du *Calfvel* de 1407, scellée du sceau de la ville de Bruges, que Jean sans Peur avait conservé avec soin après que la charte originale eut été déchirée en 1411; mais il exigeait que leurs députés vinssent s'excuser humblement des violences et des désordres qui s'étaient mêlé au mouvement de la commune. Ces conditions, qui, en 1436 aussi bien qu'à toutes les autres époques, semblaient concilier le maintien des priviléges avec le respect dû à l'autorité du prince, furent acceptées; mais on craignait, dit un chroniqueur, que le duc ne fît arrêter et décapiter ces députés, de même que Richilde avait fait périr ceux des Yprois à la fin du onzième siècle. Il fallut pour les rassurer que les envoyés du duc restassent eux-mêmes à Bruges comme otages.

Une procession solennelle signale la conclusion de la paix; ne faut-il toutefois pas répéter ce qu'écrivait le greffier du parlement de Paris en 1408: *Pax, pax, et non est pax?* Le même jour qu'on célébrait à Bruges le rétablissement de la paix publique, on y cita, en vertu des priviléges récemment renouvelés, Roland d'Uutkerke, Colard de Commines et leurs amis: ils ne comparurent point et furent bannis; mais ils conservaient l'Ecluse, sachant bien que le meilleur moyen de s'assurer la faveur du duc Philippe était une désobéissance toute favorable à ses intérêts. Les bourgeois de Bruges qui tombaient en leur pouvoir étaient impitoyablement maltraités, et ils firent arrêter près de Nieuport un navire qui portait des marchands brugeois. A ces attaques succédèrent des représailles, de funestes scènes d'incendie et de pillage, dirigées par des hommes, avides de crimes et de désordres, qui menaçaient des mêmes violences les conseillers du prince et les magistrats appelés à veiller à la fois sur la paix et sur les priviléges de la cité.

Au milieu de cette agitation, un procès, dans lequel figurait un chevalier de la Toison d'or, issu d'une illustre famille de Flandre et l'un des conseillers du duc auxquels on reprochait le plus vivement l'influence qu'ils exerçaient, vint accroître l'inquiétude des esprits.

Plusieurs années s'étaient écoulées depuis qu'un prince de la maison de Bourbon, Jacques des Préaux, qui était entré dans l'ordre des Cordeliers après une vie fort aventureuse, périt victime d'un assassinat, près de Plaisance, en Italie. On ignore par quelles circonstances les auteurs en restèrent longtemps inconnus; mais en 1436, Charles, duc de Bourbon et d'Auvergne, déclara qu'il était de son devoir, comme cousin de Jacques des Préaux, de les poursuivre et de les faire condamner. Il paraît que vers cette époque il adressa une plainte au parlement pour accuser Jean de Commines, souverain bailli de Flandre, d'avoir fait périt perfidement son parent, et ce fut en vertu de cette dénonciation que l'on arrêta, à Thuin et à Gribeaumont-en-Ardennes, deux valets qui déclarèrent qu'ils avaient commis le crime par l'ordre du sire de Commines, et l'un d'eux est cité dans la procédure sous le nom de Pierre le Wantier, dit *Comminaert*.

Jean de Commines était inscrit au nombre des bourgeois de Gand: il crut devoir déférer le soin d'une justification devenue indispensable aux échevins de cette ville, soumise à l'autorité du duc Philippe, sans s'adresser au parlement où dominait l'influence du duc de Bourbon, grand chambellan de France. Le 28 septembre 1436, il se présenta lui-même devant les échevins de la keure et fit exposer que le duc de Bourbon et le comte de Vendôme avaient répandu certaines rumeurs qui tendaient à blesser son honneur, et que ne pouvant les tolérer plus longtemps, il venait réclamer l'intervention des échevins pour qu'ils y missent un terme, en citant le duc de Bourbon et le comte de Vendôme à leur *vierschaere*. Selon les usages judiciaires de Gand, le sire de Commines se constitua aussitôt prisonnier au Châtelet; puis les échevins de la *keure* fixèrent la *vierschaere* au 15 novembre. On fit part de cette décision aux conseillers du parlement, aux baillis d'Amiens et de Tournay, aux prévôts de Beauquesne et de Montreuil, afin que s'ils le voulaient ils pussent assister à la procédure, et des messagers spéciaux furent envoyés dans le Bourbonnais et dans le comté de Vendôme pour inviter les accusateurs à développer leurs griefs.

Le duc de Bourbon n'hésita point à répondre qu'il se confiait dans la justice et dans l'impartialité des échevins de Gand, et qu'il enverrait ses procureurs à leur *vierschaere*; mais ils y trouvèrent le sire de Commines protégé par le duc et par une foule de seigneurs dont les maisons étaient alliées à la sienne et leurs efforts offraient si peu de chances de succès, qu'ils jugèrent utile de demander un délai en donnant à entendre que si le duc de Bourbon n'obtenait justice, le roi pourrait bien supprimer les priviléges de la ville de Gand.

Le lendemain la *vierschaere* s'assembla. Jean de Commines y demanda de nouveau que les échevins de la *keure* prononçassent sur toutes les accusations articulées par ses ennemis. «Je suis, dit-il, un loyal chevalier et je m'efforçai toujours de vivre selon les règles de l'honneur. J'ai servi fidèlement en France et dans d'autres pays tous mes princes, c'est-à-dire en premier lieu le duc Philippe, fils du roi Jean de France, puis le duc Jean son fils, et ensuite le duc Philippe qui règne aujourd'hui. Je les ai accompagnés dans beaucoup d'expéditions périlleuses; j'ai reçu de nombreuses blessures en combattant pour eux; partout l'on m'a cité comme un bon et fidèle chevalier, d'une réputation sans tache, et je me confie encore aujourd'hui dans la justice du Dieu du ciel qui sait la vérité de mes paroles, et dans l'estime de tous ceux qui me connaissent.» Les procureurs du duc de Bourbon ne s'étaient pas présentés à la *vierschaere*, et elle fut remise à *quatorze nuits* de là, c'est-à-dire au 29 novembre; puis du 29 novembre au 13 décembre. Tous les délais fixés par la loi s'étaient écoulés sans que les accusateurs eussent paru, et les échevins de la *keure* déclarèrent le sire de Commines légalement purgé des accusations portées contre lui, en lui réservant son recours contre tous ceux qui avaient diffamé son honneur.

Le duc de Bourgogne écrivit peu après au duc de Bourbon pour le prier de faire cesser toutes les poursuites déférées au parlement et de faire remettre au sire de Commines des lettres de réhabilitation. Le duc de Bourbon céda sur le premier point, mais on ne put rien obtenir de lui sur le second, «car véritablement, écrivait-il, ledit de Commines se treuve autant ou plus chargié d'estre cause de la mort de mondit cousin que nul des autres accusez dont justice a esté faite d'aucuns.» Peut-être cette procédure, quelque éclatante qu'en fût la conclusion en faveur du sire de Commines, avait-elle même en Flandre porté quelque atteinte à sa considération, car nous savons que, le 6 avril 1437, le duc de Bourgogne pria les échevins de la *keure* de vouloir lui accorder toute assistance en son office. La maison du souverain bailli de Flandre conserva la puissance qu'elle avait méritée par ses services belliqueux: un neveu de Jean de Commines devait bientôt immortaliser son nom dans la carrière des lettres.

Avant que le procès du sire de Commines se fût terminé et quoique les promesses du duc n'eussent pas été exécutées, les députés des bonnes villes s'assemblèrent à Bruges et reprirent les négociations précédemment entamées avec ses conseillers. Elles se poursuivaient depuis trois semaines, lorsque le 13 décembre Philippe arriva lui-même à Bruges où personne ne l'attendait. Le capitaine Vincent de Schotelaere, les bourgmestres Maurice de Varssenare et Louis Van de Walle eurent à peine le temps de se rendre au devant de lui pour le recevoir. Il protesta de son désir de ramener dans la ville l'ordre et le calme si nécessaires aux intérêts de son industrie, et chargea l'un de ses conseillers d'exprimer ses intentions. Si les Brugeois s'y fussent conformés, ils eussent abdiqué leurs priviléges de souveraineté sur l'Ecluse et l'autorité judiciaire qui en était la conséquence. Tout ce qu'on put obtenir d'eux ce fut de soumettre leurs franchises, sur cette question, à un examen ultérieur, et de ne point s'opposer à ce que ceux qu'ils avaient bannis rentrassent en Flandre, pourvu qu'ils ne se présentassent point dans leur ville; cette grâce spéciale était d'ailleurs mentionnée comme accordée à l'instante prière du duc et sans qu'elle pût être invoquée à l'avenir. Le duc eût aussi ajouté un grand prix à faire dissoudre l'alliance jurée précédemment entre les bourgeois et les corps de métiers; mais tous ses efforts pour atteindre ce but restèrent sans résultats. La méfiance était profonde et réciproque. Les bourgeois s'alarmaient de ce que le duc avait amené sept cents Picards avec lui. Philippe accusait aussi les métiers de lui être hostiles, et il advint même, dans la soirée du 21 décembre, que, troublé par de faux bruits, il manda en toute hâte près de lui Vincent de Schotelaere pour réclamer sa protection. Ce n'était qu'une fausse alerte; mais ses soupçons s'accrurent, et on l'entendit s'écrier que les Brugeois apprendraient bientôt à connaître sa puissance.

Bien que la paix eût été proclamée et que les communications fussent affranchies de toute entrave, l'hiver s'écoula au milieu des plus tristes préoccupations. Les Brugeois ne pouvaient oublier les priviléges qui assuraient leur domination sur le port de l'Ecluse, et ils se plaignaient vivement de la faveur que le duc montrait aux habitants du Franc pour les séparer des bonnes villes. Depuis longtemps leurs députés avaient pris part aux *parlements* et à la discussion des intérêts généraux de la Flandre. Les richesses des populations du Franc, qui s'adonnaient principalement à l'agriculture, justifiaient la dénomination de quatrième membre qui lui avait été déjà attribuée dans quelques documents antérieurs, mais elle ne reposait sur aucun titre écrit et n'était même sanctionnée par l'usage que depuis le règne de Jean sans Peur. Dès le 11 février, le duc, terminant les pourparlers qui touchaient aux rapports de Bruges et du Franc, avait déclaré que le Franc formerait définitivement à l'avenir le quatrième membre du pays, et qu'il ne permettrait jamais que ses habitants pussent se faire admettre parmi les bourgeois de Bruges; par une autre charte du 11 mars, il confirma de nouveau, malgré les réclamations des Brugeois, les droits du Franc à une organisation complètement indépendante. En ce moment, Maurice de Varssenare se trouvait à Lille, et son absence suffit pour que les hommes qui avaient répandu le sang d'Eustache Bricx le condamnassent sans l'entendre. Vincent de Schotelaere lui-même, que la commune avait naguère appelé avec enthousiasme aux fonctions de capitaine de la ville, se vit accusé de trahison par une multitude égarée.

Le duc de Bourgogne ne favorisa-t-il pas secrètement ces désordres qui devaient déshonorer et affaiblir à la fois les communes flamandes? Jean sans Peur avait adopté le même système, lorsque trente années auparavant il se préparait à imposer le *Calfvel* aux Brugeois.

Le 15 avril 1437 une sédition éclate à Gand; les échevins sont exposés à de graves périls, et le peuple met à mort Gilbert Patteet et Jacques Dezaghere: on leur reproche d'avoir les premiers, devant Calais, donné l'exemple de la retraite. Les griefs du prince ont converti en crime l'influence qu'ils exercèrent sur ceux-là même qui la leur font sévèrement expier.

Trois jours après, le 18 avril, la même sédition se reproduit à Bruges. Le bourgmestre Maurice de Varssenare ne réussit point à la calmer, et mille voix s'unissent pour le menacer. C'est inutilement que Jacques de Varssenare, capitaine du quartier de Saint-Jean, cherche à le défendre et se dévoue à la fureur populaire pour le sauver; Maurice de Varssenare, découvert dans la *Groenevoorde* où il s'est réfugié, est conduit devant les halles et frappé à son tour sur le corps sanglant de son frère.

Au bruit de ce crime, les échevins et les capitaines quittèrent la ville; mais la tranquillité y fut bientôt rétablie, et une députation des principaux bourgeois et des plus riches marchands se rendit à Arras près du duc pour protester de leur espérance de voir la paix raffermie: Philippe, qui avait déjà pardonné aux Gantois, se contenta de répondre aux députés de Bruges que des devoirs impérieux réclamaient avant tout autre soin sa présence en Hollande.

En effet, une armée s'était assemblée à Lille pour aller étouffer les dernières traces des discordes que Jacqueline, expirant à la Haye, avait léguées à ses adversaires comme à ses amis. On comptait dans cette armée quatre mille Picards, soldats toujours avides de pillage et depuis longtemps l'objet de la haine des Flamands. Plusieurs nobles chevaliers les avaient rejoints. Ils n'attendirent pas longtemps l'ordre de se mettre en marche, et le 21 mai ils atteignirent Roulers. Le duc de Bourgogne les accompagnait; cependant en ce moment même où il se voyait entouré de ses hommes d'armes, il évitait avec soin tout ce qui eût pu inquiéter les Brugeois: il leur avait écrit pour leur annoncer l'intention de ne traverser leur ville qu'avec un petit nombre de ses serviteurs; il avait même promis que pas un Picard n'y entrerait avec lui, et des approvisionnements considérables avaient été réunis au château de Male pour l'armée bourguignonne, qui devait s'y arrêter en se portant vers la Zélande.

Le lendemain, mercredi 22 mai 1437, vers trois heures, Philippe arrive au village de Saint-Michel: son armée le dépasse, soit par erreur, soit pour obéir à un ordre secret, et s'avance vers la porte de la Bouverie. Le bourgmestre Louis Vande Walle, les échevins, les capitaines, les doyens des métiers, accourus au devant du duc pour le féliciter, le trouvent entouré des sires d'Uutkerke, de Commines, de l'Isle-Adam et n'hésitent pas à lui exprimer leur étonnement de ce qu'il a oublié les promesses qu'il leur a faites: ils en réclament l'exécution. Le duc insiste et parlemente pendant deux heures jusqu'à ce que, instruit que le bâtard de Dampierre et le sire de Rochefort se sont emparés de la barrière, il réponde à haute voix aux magistrats: «Je ne me séparerai point de mes hommes d'armes.» Puis se tournant vers les siens, il ajoute: «Voilà la Hollande que je veux soumettre!» Les chevaliers et les archers picards ont répondu par leurs acclamations; protestant seule contre cette trahison, une troupe de sergents de la commune de Malines refuse de combattre les Brugeois et se dirige vers le château de Male.

«Le duc est déjà entré dans la ville, dit une vieille romance populaire consacrée au *terrible mercredi de la Pentecôte*, et les processions viennent au devant de lui; mais voici que la croix se brise en quatre morceaux et tombe aux pieds du prince. O noble seigneur de Flandre! daignez penser à Dieu; car Dieu ne vous permettra point de livrer au pillage l'illustre cité de Bruges.» Le duc de Bourgogne refuse d'écouter les discours que le clergé lui adresse; il est impatient d'exécuter son projet, et toutefois il hésite et n'ose pas s'avancer jusqu'à la place du Marché sans qu'on se soit assuré qu'il peut l'occuper sans combat. Le sire de Lichtervelde, chargé de ce soin, la trouve déserte. «Allons à monseigneur de Bourgogne, dit-il à ceux qui l'accompagnent, il aura le Marchiet à sa volonté. Bruges est gaingnié; on tuera les rebelles de Bruges.» Mais un bourgeois qui entend ces mots se hâte de lui répondre: «Sire, savez-vous combien d'hommes peut contenir l'enceinte des halles?»

Le sire de Lichtervelde revient, rencontre les Picards à deux cents pas de l'église de Saint-Sauveur et rapporte l'avis qu'il a reçu. Pour éviter toute surprise, le bâtard de Saint-Pol propose de retourner jusqu'au marché du Vendredi et de s'y ranger en ordre de bataille; à peine ce conseil a-t-il été suivi qu'on voit déborder par toutes les rues les flots agités de la foule. Le duc ordonne aux archers de bander leurs arcs. Une grêle de traits vole dans les airs et va frapper ici les femmes groupées aux fenêtres, plus loin des enfants ou des vieillards. Philippe lui-même a tiré l'épée et il a frappé un bourgeois qui se trouvait près de lui.

Aux cris qui s'élèvent et auxquels répond le tocsin, tous les habitants de Bruges ont reconnu le péril; les uns réussissent à fermer les barrières de la porte de la Bouverie pour que les hommes d'armes restés au dehors de la ville ne puissent pas soutenir les quatorze cents Picards qui s'y sont déjà introduits; d'autres amènent de l'artillerie, c'est-à-dire des veuglaires et des ribaudequins, sur les deux ponts qui formaient autrefois la limite de la ville, à l'est du marché du Vendredi. Les Picards reculaient et cherchaient à regagner la barrière; leur retraite enhardit les bourgeois. Ils renversaient à leurs pieds les archers et brisaient leurs piques sur les corselets d'acier des chevaliers. Ainsi succomba, près de la chapelle de Saint-Julien, Jean de Villiers, sire de l'Isle-Adam, dont l'aïeul portait l'oriflamme à la bataille de Roosebeke. Chaque instant voyait tomber autour du duc quelques-uns de ses défenseurs; il se trouvait serré entre les bourgeois furieux et les larges fossés qui baignaient les remparts, lorsque le bourgmestre Louis Vande Walle se précipita au milieu de la mêlée: «Advisez ce que vous allez faire, s'écrie-t-il, c'est notre seigneur.» Mais on ne veut point l'écouter, et il ne lui reste d'autre moyen d'éviter l'effusion d'un sang bien plus illustre que celui du sire de l'Isle-Adam que de s'efforcer d'ouvrir la barrière. Suivi du capitaine des *Scaerwetters*, Jacques Neyts, il court chercher un pauvre ouvrier dont le marteau et les tenailles brisent enfin les verrous de la porte et le duc lui doit sa délivrance.

Philippe se retira aussitôt à Roulers. Il y amenait avec lui quelques chevaliers et quelques archers de plus que Louis de Male après la déroute du Beverhoutsveld; mais il ne lui eût pas été plus aisé de rallier une armée prête à réparer ses revers.

Tandis que des ordres sévères défendaient de porter des vivres à Bruges, cent soixante et dix serviteurs du duc de Bourgogne, qui n'avaient point réussi à fuir avec leur maître, s'y voyaient retenus prisonniers. Parmi ceux-ci se trouvaient le confesseur de la duchesse et deux chantres de sa chapelle; on les traita honorablement, et la plupart de leurs compagnons durent la vie aux prières du clergé et des marchands étrangers; mais rien ne put sauver vingt-deux Picards, que le peuple accusait plus vivement d'avoir rêvé la destruction et le pillage de la ville.

Les Brugeois avaient commencé par ajouter de nouvelles fortifications à leurs remparts; mais ils ne tardèrent pas à reconnaître qu'il était peu vraisemblable que le duc, réduit quelques jours auparavant à dissimuler ses projets, fût devenu tout à coup assez puissant pour tenter un siége long et difficile. Rassurés à cet égard, ils s'enhardirent peu à peu à sortir de la ville. Leur première expédition fut dirigée vers Ardenbourg, d'où ils ramenèrent des chariots de blé et de vin; enfin, le 1er juillet, ils se demandèrent s'ils ne pourraient point rétablir eux-mêmes la liberté des eaux du Zwyn, et cinq mille hommes allèrent attaquer l'Ecluse. La garnison, placée sous les ordres de Roland d'Uutkerke et de Simon de Lalaing, était nombreuse; mais les Brugeois disposaient d'une formidable artillerie. L'une des portes était déjà détruite quand une députation des échevins de Gand vint supplier les Brugeois de suspendre les assauts. A les entendre, le duc était prêt à traiter de la paix, et la continuation des hostilités semait l'effroi parmi tous les marchands étrangers. Les milices de Bruges consentirent à se retirer: elles cherchaient à s'assurer, à tout prix, l'alliance des Gantois.

Lever le siége de l'Ecluse, c'était livrer la campagnes aux chevaliers bourguignons, qui, à toute occasion favorable, se tenaient prêts à y déployer leur pennon. Les bourgs de Mude, d'Heyst, de Blankenberghe, de

Ramscapelle, de Moerkerke, de Maldeghem furent pillés; leurs habitants, emmenés chargés de chaînes. Les excursions des Bourguignons s'étendaient si loin, qu'on démolit jusque sous les remparts de Bruges les châteaux où ils auraient pu trouver un abri. Le capitaine de Nieuport, Jean d'Uutkerke, osa même défier les Brugeois, en insultant leurs murailles avec cent trente hommes d'armes, qu'il rangea en bon ordre devant la porte des Maréchaux. Il s'était emparé des bœufs et des moutons que les laboureurs conduisaient au marché, quand douze cents Brugeois accoururent et le poursuivirent jusqu'à Couckelaere. Jean d'Uutkerke leur échappa à grand'peine; mais ils firent prisonniers plusieurs autres chevaliers, notamment Philippe de Longpré, l'un de ceux que les communes haïssaient le plus depuis le combat de Looberghe.

Ce triomphe des bourgeois de Bruges, obtenu en pleine campagne sur les écuyers et les sergents bourguignons, mit un terme à l'hésitation des Gantois. Le doyen des maréchaux, Pierre Huereblock, fit porter au marché du Vendredi soixante-sept bannières des corps de métiers, en s'écriant qu'il était temps d'arrêter les excursions de la garnison de l'Ecluse, et de faire une chevauchée pour rétablir dans toute la Flandre la paix et l'industrie. Le lendemain, les Gantois plaçaient leurs tentes à Mariakerke, et appelaient à les rejoindre toutes les milices des châtellenies soumises à leur autorité.

Les Gantois passèrent seize jours au camp de Mariakerke; dans la première ardeur de leur zèle, ils arrêtèrent Gilles Declercq, qui avait été naguère l'orateur du duc à l'assemblée de Gand, et décapitèrent même huit sergents de l'Ecluse qu'on avait surpris pillant à Benthille; ils ne demandaient qu'un chef pour marcher au combat, quand un bourgeois nommé Rasse Onredene, qui était d'intelligence avec le duc de Bourgogne, s'offrit à eux et se fit élire leur capitaine. Pour tromper leur patriotisme, il le flatta et ce fut ainsi qu'il parvint à leur persuader qu'ils devaient moins chercher à défendre la Flandre contre les hommes d'armes de l'Ecluse et de Nieuport qu'à faire prévaloir une médiation dont la première condition serait leur neutralité. Les Gantois le crurent; sortis du camp de Mariakerke pour aller briser les entraves apportées à la navigation du Zwyn, ils s'arrêtèrent à Eecloo, afin d'y présider à des conférences. Les députés de Bruges y accoururent, ignorant que leurs alliés n'étaient plus que des médiateurs. Dès les premiers pourparlers, ces médiateurs, guidés par les conseils de Rasse Onredene, se déclarèrent leurs ennemis, et leur imposèrent, par leurs menaces, une adhésion complète aux volontés du duc.

Les députés de Bruges rentrèrent tristement dans leur ville où vingt mille bourgeois, assemblés devant l'hôtel des échevins, attendaient impatiemment leur retour. Lorsqu'ils eurent rendu compte de leur mission, un banni de Gand, qui s'appelait Jacques Messemaker, bien qu'il fût plus connu du peuple sous le nom de Coppin Mesken, prit la parole: «Tout va mal, s'écria-t-il, comment êtes-vous si couards que vous craigniez les Gantois?» Jean Welghereedt et Adrien Van Zeebrouck, l'un doyen des maréchaux, l'autre doyen des teinturiers, insistent comme lui pour faire rejeter la convention qui a été conclue, et les bourgeois s'empressent de déclarer qu'ils ne la ratifieront pas. Cette résolution est suivie de l'arrestation immédiate du doyen des bateliers et de cinq autres doyens qui ont pris part aux conférences d'Eecloo.

Cependant Rasse Onredene profita de l'opposition même des Brugeois pour augmenter l'irritation contre eux. Il fit publier à Gand le mandement du duc qui défendait de leur porter des vivres, et ordonna que partout où ils se présenteraient on sonnerait le tocsin pour les combattre. L'influence de Rasse Onredene était si grande que si la saison ne fût devenue contraire, on eût peut-être vu les Gantois aller camper aux portes de Bruges, et venger eux-mêmes, dans les plaines du Beverhoutsveld, la honte de Louis de Male et de ses successeurs.

Ce fut le 29 novembre que Rasse Onredene rentra à Gand. Dès les premiers jours de décembre, il rendit à la liberté maître Gilles Declercq; puis il fit révoquer, dans une assemblée générale, la sentence de bannissement qui avait été autrefois portée contre Roland d'Uutkerke et Colard de Commines. L'autorité du duc était complètement rétablie à Gand, et tous ses officiers reprirent leurs fonctions des mains mêmes de celui que la commune insurgée s'était donné pour capitaine.

Un profonde stupeur régnait dans la ville de Bruges, depuis si longtemps privée de ses relations commerciales, et tout à coup isolée de toute alliance et de tout appui. L'absence des approvisionnements qu'on attendait des pays éloignés et la dévastation des campagnes voisines avaient engendré une disette affreuse. L'hiver commença fort tôt et fut excessivement rigoureux: pendant onze semaines, la gelée ne cessa point. A ces fléaux vint se joindre une peste qui emporta, à Bruges, vingt-quatre mille habitants. La misère favorisait également le développement de la lèpre, et l'on entendait à chaque pas dans les rues la sonnette de quelque pauvre *ladre* ou *mésel*, qui errait lentement tenant à la main une écuelle de bois, où il déposait ce qu'il recevait à la pointe de sa pique ou à l'aide d'un croc de fer. Dans tous les quartiers de Bruges, de l'humble asile de l'ouvrier affaibli par la famine aussi bien que de la couche brûlante des pestiférés ou de la cellule grillée du lépreux, s'élevait un seul cri, poignant comme les nécessités qui le dictaient: «La paix! la paix!»

Des députés se rendirent à Arras pour implorer humblement la médiation de la duchesse de Bourgogne. Pour que leur mission réussît plus aisément, les Brugeois accordèrent la liberté aux doyens qui avaient approuvé la convention d'Eecloo, et abandonnèrent aux supplices Jean Welghereedt, Adrien Van Zeebrouck et Coppin Mesken qui l'avaient fait rejeter; puis ils donnèrent aux serviteurs du duc, retenus prisonniers depuis près de huit mois, de l'argent, un habit vert et un chapeau gris, en leur permettant de quitter la ville: si le sire de l'Isle-Adam avait survécu à ses blessures, ils eussent sans doute réclamé sa protection.

Le duc semblait prendre plaisir à jouir de l'humiliation des Brugeois. Pendant trois mois, il retint à sa cour leurs envoyés suppliants. Ce fut à grand'peine qu'ils obtinrent, au prix de la cession de leur autorité sur le port de l'Ecluse, quelques garanties pour le maintien de l'étape des marchands étrangers à Bruges, et l'amnistie même qu'il leur accorda était si peu complète qu'il se réservait le droit d'en excepter quarante-deux bourgeois: il fallut tout accepter, tout subir. Le 13 février, les députés de Bruges avaient rédigé un acte de soumission; quatre jours après ils allèrent, accompagnés des délégués des marchands étrangers, demander merci au duc: les abbés de Ter Doost, de Saint-André, d'Oudenbourg et d'Eeckhout unirent à leurs prières leur voix pacifique; tout le clergé d'Arras imita leur exemple. Le duc feignait de vouloir rester inflexible et gardait le silence en lançant un regard de mépris sur les bourgeois de Bruges, prosternés et tremblants devant lui. Enfin, Jean de Clèves, neveu du duc, et la duchesse Isabelle elle-même se jetèrent à ses genoux en invoquant sa clémence; en 1385, on avait vu aussi Marguerite de Male s'agenouiller devant Philippe le Hardi pour qu'il pardonnât aux Gantois, mais les députés de Gand étaient du moins restés debout. En 1437, le duc de Bourgogne eût rejeté avec orgueil les conditions du traité de Tournay: il ne consentait à se réconcilier avec les Brugeois qu'en leur imposant toutes ses volontés.

La sentence de Philippe est du 4 mars 1437 (v. st.). Dès les premières lignes de ce document important il rappelle, dans un langage irrité, tous les méfaits des Brugeois, et, après avoir déclaré que sa puissance était assez grande pour détruire la ville de Bruges et «la mettre à toute misère et povreté,» il ajoute qu'il ne l'épargne qu'afin d'éviter la désertion qui par «ladicte rigueur porroit s'ensuivre en nostre dicte ville, laquelle a esté, devant lesdictes choses advenues, renommée une des notables en faict de marchandise en toute chrétienté, et par qui tous nos pays et seigneuries de par dechà et autres voisins sont principalement fondés, nourris et soutenus en fait de marchandise, au bien de la chose publique.»

Voici quelles sont les conditions de cette amnistie annoncée en des termes si sévères:

La première fois que le duc ira à Bruges, les bourgmestres, échevins, conseillers, trésoriers, *hooftmans*, doyens et jurés de la ville, accompagnés de dix personnes de chaque métier, se rendront tête et pieds nus à une lieue de la ville et s'y agenouilleront devant le duc; ils imploreront son pardon et sa miséricorde et l'inviteront à entrer dans leur ville, lui en offrant les clefs avec leurs corps et leurs biens. A l'avenir, toutes les fois que le duc se rendra à

Bruges, les magistrats seront tenus de lui présenter les clefs, et il sera libre de les rendre ou de les garder comme il le jugera convenable.

On érigera au lieu où les bourgeois se seront agenouillés une croix de pierre où cet événement sera rappelé.

On exécutera à la porte de la Bouverie les travaux nécessaires pour qu'on ne puisse jamais plus y passer. Il y sera bâti une chapelle, pourvue d'un revenu de soixante livres, dans laquelle une messe sera dite chaque jour.

Tous les ans, le 22 mai, on célébrera à l'église de Saint-Donat un service solennel, auquel assisteront tous les magistrats, *hooftmans* et doyens.

Comme le duc a l'intention d'envoyer à Bruges un commissaire avant qu'il y paraisse lui-même, il exige que les magistrats et les doyens se rendent au devant de lui et protestent à genoux de leur obéissance au duc.

Afin de réparer les grands dommages que les Brugeois ont causés au prince, ils sont condamnés à lui payer une amende de deux cent mille philippus d'or.

Le duc se réservait de fixer lui-même ce que la commune de Bruges payerait du chef du meurtre du sire de l'Isle-Adam, d'Eustache Bricx, de Maurice et de Jacques de Varssenare, et les indemnités que pourraient réclamer les habitants de l'Ecluse.

La peine de confiscation était rétablie pour les délits d'offense envers la personne du prince.

La réception des *haghe-poorters* dans la bourgeoisie de Bruges était soumise à des règles plus rigoureuses.

Les priviléges accordés à la ville de l'Ecluse au mois de septembre 1437 n'eussent jamais permis de relever la prospérité commerciale de Bruges, que le duc de Bourgogne était, moins que personne, intéressé à anéantir. En les modifiant le 4 mars 1437 (v. st.), il conservait toutefois aux habitants de l'Ecluse le droit de décharger dans leur port les charbons destinés aux forgerons et les bois de la Suède et du Danemark, et, de plus, il les maintenait dans leur affranchissement de tout lien d'obéissance vis-à-vis des Brugeois aussi bien pendant la paix qu'en temps de guerre.

Ajoutons que le *Calfvel* de 1407, déchiré en 1411 par la commune puissante et redoutée, se retrouvait tout entier dans la sentence prononcée en 1437 contre la commune vaincue.

Le duc annonçait ouvertement son intention de reconstituer l'organisation arbitraire que Jean sans Peur avait vainement essayé de fonder. Il maintenait la levée du septième denier, autorisait l'incarcération des bourgeois avant qu'ils eussent été condamnés, et établissait de nouveau que si l'on voyait sur les places de la ville élever quelque bannière sans que la sienne eût été arborée la première, «à celui qui de ce seroit convaincu, l'on couperoit la teste devant la halle.» Les métiers qui auraient concouru à de semblables manifestations étaient menacés de voir leur bannière à jamais confisquée. On leur enlevait immédiatement le *maendgheld*, qui était prélevé chaque mois sur les revenus de la ville. Le *ledigganck*, ou suspension des travaux, était un autre délit qui devait être puni de la confiscation de leurs franchises.

Le duc avait réussi à replacer la Flandre sous le joug de son autorité absolue. Afin que désormais elle dominât seule, il voulait, par une flétrissable conséquence de sa politique, imiter l'ingratitude de Philippe le Hardi vis-à-vis des médiateurs de la paix de Tournay, et s'empressait de renverser toutes les influences dont il craignait la rivalité, sans en excepter celles qui lui avaient été utiles et favorables.

Aussitôt que Rasse Onredene avait rétabli dans leurs prérogatives les officiers du duc, le premier usage qu'ils en avaient fait avait été de le condamner à l'exil.

Quand le supplice de Jean Welghereedt et d'Adrien Van Zeebrouck est devenu le triste gage de la soumission prochaine des Brugeois, le duc fait arrêter et conduire à Vilvorde Vincent de Schotelaere, dont il réclama la protection le 21 décembre 1436, et Louis Vande Walle, qui le sauva le 22 mai 1437, alors qu'il ne lui restait plus aucun secours qu'il pût invoquer.

Enfin, après la conclusion de la paix, dans cette liste fatale qui dévoue au dernier supplice quarante-deux citoyens d'une cité décimée par la peste et la famine, le nom de Vincent de Schotelaere est cité le douzième: avant le sien figure celui de Louis Vande Walle, et comme si de plus grands services méritaient un plus affreux châtiment, Louis Vande Walle, qui exposa sa vie pour sauver celle du duc Philippe, est condamné à voir périr avec lui sa femme et son fils. Le même arrêt atteint le capitaine des *Scaerwetters*, Jacques Neyts, complice de son dévouement.

Ce n'était point ainsi que la Flandre s'était représenté, dans ses espérances, les bienfaits de la paix succédant à une si cruelle désolation. Un sentiment profond d'inquiétude se manifestait et présageait dans l'avenir de nouvelles vengeances. Beaucoup de bourgeois résolurent de quitter leurs foyers, sous le prétexte de faire des pèlerinages, les uns à Notre-Dame de Walsingham, les autres aux Trois-Rois de Cologne, ceux-ci à Saint-Martin de Tours, ceux-là à la Sainte-Baume de Provence, ou aux Saintes-Larmes de Vendôme: ils n'eussent pas même reculé devant le grand pèlerinage de Saint-Thomas dans les Indes, placé par les géographes de ce temps à trois journées au delà du Cathay. Le duc l'apprit, et, par son ordre, quelques pèlerins furent arrêtés et mis à mort: étrange moyen de rendre la confiance à ceux que la crainte des supplices éloignait de leur patrie!

On touchait à l'époque où devait s'exécuter la sentence prononcée à Arras. Le 11 mars, Jean de Clèves se présenta, comme commissaire du duc, aux portes de la ville de Bruges. Les magistrats et les doyens des métiers l'attendaient près du couvent de la Madeleine. Dès qu'ils l'aperçurent, ils s'agenouillèrent, puis ils le conduisirent solennellement jusqu'au palais du duc. La paix fut proclamée du haut des halles, et tandis qu'on conviait la joie publique à saluer de ses acclamations la réouverture du Zwyn, de sombres images de deuil vinrent la troubler: un immense échafaud s'élevait sur la place du Marché, et les bourgeois prisonniers sortaient du Steen pour être livrés à la torture, en présence des conseillers du duc, investis, au mépris des priviléges, de l'autorité attribuée légitimement aux échevins. Jacques Neyts fut le premier qui la subit; une femme qui, selon quelques chroniqueurs, avait entretenu pendant longtemps des intelligences secrètes avec le duc pour faire triompher ses intérêts, fut soumise aux mêmes douleurs par la main du bourreau. C'était la femme de Louis Vande Walle, la sœur de Vincent de Schotelaere.

Les supplices succédèrent bientôt aux tortures. Le premier jour périrent Josse Vande Walle, fils de l'ancien bourgmestre de Bruges, Corneille Van der Saerten, Lampsin Mettengelde, et avec eux le doyen des charpentiers, des membres des corps de métiers et un pauvre religieux de l'ordre de Saint-François: Jacques Neyts était le dernier. Déjà il s'était agenouillé, les yeux bandés, dépouillé de ses vêtements, prêt à offrir à Dieu son dernier souffle et sa dernière prière, quand Jean de Clèves fit signe qu'il lui accordait la vie, et Colard de Commines jeta son manteau sur les épaules du malheureux que le glaive allait frapper.

Le 2 mai, Vincent de Schotelaere expia sur l'échafaud sa généreuse médiation entre l'ambition de Philippe, soutenu par les pillards de l'Ecluse et les fureurs de la multitude encore toute souillée du sang d'Eustache Bricx. Louis Vande Walle et sa femme Gertrude de Schotelaere allaient partager son sort, lorsque le son de toutes les cloches annonça aux habitants de Bruges que la duchesse de Bourgogne venait d'entrer dans leur ville, où elle devait assister le lendemain à la célèbre procession du Saint Sang; sa présence fit cesser les supplices. Louis Vande Walle survivait à son fils et Gertrude de Schotelaere à son frère. On les enferma au château de Winendale.

N'oublions pas que parmi les victimes que s'était réservées la vengeance de Philippe se trouvait le porte-étendard d'Oostcamp; sa tête sanglante fut exposée aux regards, ornée du chaperon de roses que la commune de ce village avait obtenue le 8 septembre 1436, pour être accourue la première à l'appel des Brugeois.

Cependant les marchands étrangers qui résidaient à Bruges déclaraient qu'ils quitteraient la Flandre si la paix n'y ramenait point la prospérité et l'industrie.

Ils insistaient surtout pour obtenir le rétablissement des relations commerciales entre la Flandre et l'Angleterre. Philippe, cédant à leurs représentations, permit à la duchesse Isabelle, nièce du roi Henri IV, de prendre l'initiative d'un rapprochement. Des conférences eurent lieu entre Calais et Gravelines; elles durèrent longtemps. La duchesse de Bourgogne s'y rendit elle-même avec des députés de la Flandre et du Brabant. Enfin, dans les premiers jours d'octobre 1439, après de longues discussions, on convint d'une trêve. Elle proclama la liberté de la pêche à partir du 5 octobre; celle des échanges commerciaux, à partir du 1er novembre. Cette trêve devait durer trois ans; le 24 décembre de l'année suivante, elle fut de nouveau prorogée pour cinq ans.

D'autres négociations, dont l'ambition personnelle du duc se réservait tous les avantages, s'étaient mêlées à celles de la trêve: il s'agissait de la délivrance du duc d'Orléans, depuis vingt-quatre ans prisonnier des Anglais. Le malheureux prince avait cherché à se consoler de ses ennuis en composant des ballades, des caroles et des chansons: sa muse, trop portée peut-être à oublier, à flatter et à ne voir dans la vie que des illusions et des rêves (c'est le défaut de toutes les muses), jetait un voile de fleurs poétiques sur un passé plein de sang; et c'était la générosité de l'héritier de Jean sans Peur qu'elle invoquait en lui disant en vers élégants:

Tout Bourgongnon suy vrayement

De cueur, de corps et de puissance.

Philippe, alarmé du développement rapide de la royauté de Charles VII, songeait à réunir, pour les lui opposer, les anciennes factions des Bourguignons et des Armagnacs. Il avait, dit-on, fait promettre à l'illustre poète que s'il lui devait le terme de sa longue captivité, il deviendrait son allié le plus fidèle et épouserait une princesse de sa maison. Toutes ces intrigues se retrouvent dans ces deux vers du captif d'Azincourt:

Peu de nombre fault que manye

Noz faiz secrez por bien céler.

Il ne restait qu'à trouver l'argent nécessaire pour payer la rançon. Le duc d'Orléans le disait lui-même:

Il ne me fauct plus riens qu'argent

Pour avancer tost mon passaige,

Et pour en avoir prestement

Mettroye corps et ame en gaige:

Qui m'ostera de ce tourment

Il m'achetera plainement...

Tout sien serai sans changement.

Philippe recourut à la générosité des bonnes villes de Flandre en leur laissant entrevoir la préoccupation d'un grand intérêt politique, et elles consentirent, à sa prière, à offrir un subside pécuniaire à ce prince que les conseillers du duc de Bourgogne avaient autrefois accusé de vouloir livrer la Flandre à la torche des incendiaires.

Charles VII n'ignora pas les négociations dirigées contre lui, et, avant qu'elles fussent terminées, sa résolution de donner de nouveaux capitaines aux compagnies d'hommes d'armes fit éclater ce complot avorté qu'on nomma la Praguerie. Le duc de Bourbon y entraîna si imprudemment le duc d'Alençon, les comtes de Vendôme et de Dunois et le Dauphin lui-même, que Philippe fut obligé de désavouer cette folle tentative d'un prince allié à sa maison.

Le duc d'Orléans avait quitté Londres vers les premiers jours de novembre 1440. La duchesse de Bourgogne l'attendait à Gravelines; le duc Philippe s'y rendit également et lui fit grand accueil. De Gravelines, ils allèrent ensemble à Saint-Omer où ils logèrent à l'abbaye de Saint-Bertin. Deux jours après leur arrivée, le duc d'Orléans jura solennellement, en présence d'une nombreuse assemblée, d'observer le traité d'Arras. Le comte de Dunois prêta le même serment, quoiqu'au souvenir de ces conditions si humiliantes pour la France il semblât d'abord hésiter. Aussitôt après l'archevêque de Narbonne fiança le duc d'Orléans à Mademoiselle de Clèves: mais la célébration du mariage fut remise au samedi avant la Saint-André. Le duc Philippe voulait que la cérémonie eût lieu avec pompe. Il conduisit lui-même sa nièce à l'autel. Le duc d'Orléans accompagnait la duchesse Isabelle; à leur suite marchaient les comtes d'Eu, de Nevers, d'Etampes, de Saint-Pol, de Dunois et d'autres puissants seigneurs. Après la cérémonie, il y eut des banquets et des joutes. Les deux princes rivalisaient de générosité, et, selon la coutume, les hérauts d'armes qui en avaient reçu des témoignages les proclamaient à haute voix en criant: «Largesse! largesse!»

Le mardi suivant, le duc tint le chapitre de la Toison d'or. Le duc de Bourgogne remit le collier de l'ordre au duc d'Orléans en signe «de fraternel amour,» et afin que rien ne manquât à l'alliance politique qui se cachait sous les apparences de la fraternité chevaleresque, les nouveaux chevaliers que l'on élut aussitôt après furent les ducs de Bretagne et d'Alençon, ces autres chefs de la conjuration une fois étouffée, mais prête à renaître, qui menaçait la royauté française.

Pendant ces fêtes, les députés de Bruges vinrent presser le duc de calmer son ressentiment et de se rendre dans leur ville. Le duc d'Orléans appuya leurs prières. Philippe, qui dans ces circonstances importantes désirait plus que jamais la paix de la Flandre, résolut de se montrer clément et leur promit d'accéder à leurs désirs: en effet, il partit peu de jours après pour Damme avec le duc d'Orléans et toute sa cour.

Le 11 décembre, les magistrats, les doyens des métiers et les plus notables bourgeois s'avancèrent hors la porte de Sainte-Croix jusqu'aux limites du Franc. Aussitôt que le duc parut, ils s'agenouillèrent sans ceinture, sans chaussure et sans chaperon, et crièrent merci les mains jointes. Le duc garda un moment le silence: cependant la duchesse d'Orléans l'ayant supplié d'oublier toutes leurs anciennes offenses, il leur permit doucement de se lever; mais on remarqua qu'il accepta les clefs de la ville et qu'il les remit au sire de Commines. Philippe se souvenait peut-être du 22 mai 1437. Il déclara néanmoins qu'il pardonnait aux Brugeois tout ce dont ils s'étaient jamais rendus coupables vis-à-vis de lui et qu'il se reposait en leur fidélité: un peu plus loin, les abbés de Ter Doest, d'Eeckhout et de Zoetendale l'attendaient en chantant le *Te Deum laudamus*. Quatre-vingts trompettes d'argent retentirent lorsqu'il passa sous la porte de Sainte-Croix. Ce fut là que le bailli Jean de Baenst lui présenta les nobles de la ville: mais il aima mieux se placer au milieu des marchands étrangers qui étalaient de magnifiques costumes de satin, de damas et d'écarlate. Ici l'aigle impériale annonçait les cent trente-six marchands de la hanse allemande; plus loin paraissaient les riches marchands de Milan, de Venise, de Florence, de Gênes ou de Lucques, ou bien ceux du Portugal, de la Catalogne, de l'Aragon, dont un More soutenait l'éclatant écusson.

Toutes les maisons étaient tendues de somptueuses tapisseries et d'étoffes précieuses. A chaque pas on rencontrait des arcs de triomphe et des échafauds où des personnages muets figuraient quelque allégorie. A la porte de Sainte-Croix on voyait une forêt, et saint Jean-Baptiste qui portait ces mots écrits sur sa poitrine: *Ego vox clamantis in deserto: parate viam Domini.* «Je suis la voix qui retentit dans le désert; préparez la voie du Seigneur!» ce qui était une allusion à l'entrée du duc Philippe. Plus loin la représentation des misères de Job reproduisait les calamités qui avaient affligé les Brugeois; plus loin encore se trouvaient les quatre prophètes. Le premier disait: «Ton peuple se réjouira en toi!» le second: «Le prince de Dieu est au milieu de nous;» le troisième: «Venons et retournons vers notre Seigneur;» le quatrième ajoutait: «Il faut faire tout ce que le Seigneur nous a dit.» Le dévouement des Brugeois n'était pas moins grand que leur disposition à l'obéissance, s'il faut en juger par le sacrifice d'Abraham qu'on avait choisi pour le figurer. L'histoire d'Esther et d'Assuérus retraçait la médiation de la duchesse en faveur des Brugeois. Cent autres emblèmes exprimaient les mêmes sentiments.

Vers le soir on alluma des feux sur toutes les tours de la ville, et le duc, à cheval, portant la duchesse d'Orléans en croupe, parcourut les rues à la lueur des torches. Toutes les cloches étaient en branle; on n'entendait que des joueurs de luth ou de harpe, et de joyeuses chansons entonnées par les ménestrels. La cité, qui appelait le duc de Bourgogne tantôt le Dieu sauveur de l'Evangile, tantôt le Dieu d'Abraham à qui elle offrait tout son peuple en sacrifice, pouvait-elle oublier qu'il y avait des traces du sang versé par le bourreau sous les fleurs dont ses places publiques étaient émaillées? N'y avait-il pas aussi une voix secrète qui rappelait au duc d'Orléans, dans les salles du palais de Bruges, que sous ces mêmes lambris Jean sans Peur avait résolu l'attentat de la Vieille rue du Temple?

La nuit était arrivée depuis longtemps avant que ces fêtes, prolongées à la clarté des flambeaux, touchassent à leur terme. Le lendemain dès l'aube du jour retentit le cri des hérauts d'armes qui préparaient l'arène des joutes. Philippe remit lui-même la lance à Adolphe de Clèves et applaudit fort à son courage. On remarqua aussi l'adresse du sire de Wavrin. Le jour suivant, après le tournoi où Perceval d'Halewyn et un chevalier des Ardennes méritèrent le prix, les magistrats offrirent au duc un pompeux banquet à l'hôtel des échevins.

Peu de jours après, le comte et la comtesse de Charolais arrivèrent de Bruxelles, et leur venue fut l'occasion de nouveaux tournois et d'autres fêtes non moins splendides.

Le 17 décembre, les deux ducs quittèrent Bruges. Le duc d'Orléans prit à Gand congé de Philippe et se dirigea vers Tournay. L'espoir de s'associer aux succès qui lui semblaient réservés avait engagé un grand nombre de personnes à lui offrir leurs services, et bientôt il eut des pages, des archers et trois cents chevaux à sa suite. Ce fut ainsi qu'il traversa Cambray, Saint-Quentin, Noyon, Senlis, accueilli avec autant de respect que s'il eût été le Dauphin, et cherchant à peine à justifier cet armement par la crainte d'être exposé aux attaques de quelques barons qui n'avaient jamais adhéré à la paix d'Arras; il ne tarda pas à se rendre dans ses terres sans être allé saluer le roi. Charles VII lui avait vainement ordonné de congédier ses gens, et il était aisé de prévoir l'explosion prochaine d'une nouvelle Praguerie.

Au mois d'avril 1441, la duchesse de Bourgogne se rendit près de Charles VII, à Laon, pour se plaindre de l'inexécution de quelques articles de la paix d'Arras, et la mésintelligence du roi et du duc parut plus évidente que jamais. On l'accueillit avec courtoisie, mais toutes ses réclamations furent écartées. Le duc, mécontent, songea dès ce moment à rassembler ses hommes d'armes. Ses forteresses reçurent des approvisionnements, et le duc d'Orléans arriva à Hesdin vers les fêtes de la Toussaint pour avoir une nouvelle entrevue avec lui. Il y fut résolu qu'on convoquerait à Nevers une assemblée générale des princes qui adresserait ses remontrances au roi. Là se trouvèrent les ducs de Bourgogne, d'Orléans, de Bourbon et d'Alençon, les comtes d'Angoulême, d'Etampes, de Dunois et de Vendôme. Charles VII y envoya le chancelier de France, et ce fut entre ses mains qu'ils remirent l'exposé de leurs griefs. Ils demandaient tous qu'à l'avenir le roi n'adoptât aucune résolution dans les affaires importantes sans avoir pris l'avis des princes du sang. Le roi leur répondit que jamais il n'avait songé a enfreindre leurs droits ni leurs prérogatives. Il se plaignait lui-même des assemblées que les princes du sang tenaient à son insu, et de leurs efforts pour attirer dans leur parti tantôt les nobles et les gens d'église, tantôt les communes auxquelles on promettait de rétablir l'autorité des trois états; et bien qu'il ne pût croire que ces princes, et notamment le duc de Bourgogne, voulussent manquer à leurs serments, il déclarait qu'il était prêt, si cela devenait nécessaire, «à laisser toutes autres besognes pour leur courre sus.» La sagesse et la prudence du roi de France détachèrent du parti des princes tous ceux sur lesquels ils comptaient le plus. Le duc d'Orléans s'arrêta devant le déshonneur d'une rébellion déclarée, et le duc de Bourgogne, voyant que l'autorité de Charles VII était de nouveau affermie, quitta Nevers pour retourner dans ses Etats.

Un repos profond régnait en Flandre, et cette paix se prolongea pendant dix ans. «Souvenez-vous de Bruges!» avait dit le duc Philippe aux habitants d'Ypres qui s'agitaient. D'autres succès accrurent sa puissance au dehors. On le vit tout à tour apaiser les troubles de Middelbourg et punir au fond des Ardennes l'orgueilleux défi du sire de Lamarck. Enfin, en 1443, il soumit à son obéissance le duché de Luxembourg, qui fut réuni aux Etats de la maison de Bourgogne, comme l'avait été le comté de Namur en 1429, le Brabant en 1430, le Hainaut, la Zélande, la Hollande et la Frise à d'autres époques.

La puissance de Philippe, du grand duc d'Occident, comme l'appelaient les peuples de l'Orient, était si grande qu'il semblait qu'en Europe il n'y eût plus qu'un roi, et que ce fût précisément celui qui n'en portait point le titre. Ses richesses étaient immenses. On évaluait à deux ou trois millions celles que renfermait son château d'Hesdin; on n'osait pas déterminer la valeur de celles qui se trouvaient dans le palais de Bruges. Les tributs de tous les peuples dont les vaisseaux abordaient dans les ports de Flandre remplissaient ses trésors. On pouvait lui appliquer, et avec une plus grande vérité, ce qu'un archevêque de Reims écrivait à Baudouin le Pieux au onzième siècle: «Tout ce que le soleil voit naître dans quelque région ou sur quelque mer que ce soit, vous est aussitôt offert: il n'est point de princes dont l'opulence puisse être comparée à la vôtre.»

Il faut d'ailleurs reconnaître que les richesses presque fabuleuses dont disposait la maison de Bourgogne servirent constamment aux progrès de la science et de l'art. Elle les seconda non-seulement de ce qu'elle possédait de goût éclairé et de nobles instincts, mais même de ses vices, de sa prodigalité et de son luxe: considérée au point de vue de la protection qu'elle accorda à toutes les branches de l'intelligence qui s'élançaient, vigoureuses et fortes, d'un tronc sans cesse fécondé par ses bienfaits, elle n'eut, elle n'aura peut-être jamais d'égale dans les annales des nations. Cette cour, si splendide et si généreuse, était devenue un centre de civilisation qui rayonnait sur toute l'Europe. Elle attirait à soi toutes les lumières pour les répandre de nouveau autour d'elle plus éclatantes et plus vives. Les fictions allégoriques où l'on célébrait sa puissance pâlissaient à côté de la vérité, et à peine apercevons-nous ses poètes, tels que le pannetier Jean Regnier, Pierre Michaut, l'auteur du *Doctrinal de la cour*, Martin Franc, auteur du *Champion des dames* et de l'*Estrif de fortune et de vertu*, et leurs nombreux émules dans l'art des mensonges harmonieux, lorsqu'on trouve parmi ses *indiciaires* les George Chastelain, les Philippe de Commines, les Olivier de la Marche, les Jacques du Clercq, les Lefebvre Saint-Remi, les Enguerrand de Monstrelet. Le duc de Bourgogne avait pris soin de recueillir les trésors littéraires du passé dans cette vaste *librairie* dont les précieux débris sont parvenus jusqu'à nous en perpétuant la gloire de son nom: il laissait, comme le dit Chastelain, le soin de raconter les événements de son temps à des historiens «aussi hauts que ses hautes fortunes, escripvans en loenge où ils exaltent les esvanuis du siècle et les coronnent en renommée.»

Les arts ont leur place marquée près de celle des lettres dans les fastes de l'histoire de la maison de Bourgogne. Jean Van Eyck et Hans Memling marchent les égaux des George Chastelain et des Philippe de Commines. Les uns racontaient avec le pinceau, les autres peignaient avec la plume, et la postérité a recueilli avec admiration des chefs-d'œuvre qu'inspira la même influence et qui rappellent la même civilisation.

Froissart avait décrit le commencement de la puissance des ducs de Bourgogne avant que d'autres en retraçassent l'apogée; mais personne n'avait devancé Jean Van Eyck dans la carrière où il se plaça au premier rang par l'invention des procédés nouveaux et par l'inspiration non moins féconde qui ouvrit tout un avenir à l'art transformé et agrandi.

Jean Van Eyck devait son nom à la ville de Maeseyck, où il était né; il porta plus tard celui de Jean de Bruges, en souvenir de la ville qui était devenue sa seconde patrie. Le nom de sa famille est le seul qu'il ne nous ait pas fait connaître. Jean Van Eyck, aussi bien que Jean Memling, s'isola dans sa supériorité. Van Eyck et Memling, sans ancêtres, sans postérité connue, semblent n'avoir existé que par eux-mêmes, et n'avoir vécu que dans les œuvres qu'ils nous ont laissées: caractère commun dans tous les temps à la plupart des grands hommes. Moins on aperçoit les liens qui les attachent à la terre, plus ils s'élèvent vers ces régions sacrées du ciel que devine l'œil de leur génie.

Jean Van Eyck quitta probablement assez jeune le toit natal pour aller se fixer dans la grande cité de Liége, dont Maeseyck relevait. Les pompes sacerdotales de la métropole ecclésiastique des Pays-Bas, fille aînée de Rome, furent l'école où il puisa ses inspirations; ce fut dans les riches églises élevées par l'évêque Notger dans la vallée de la Legia, aux lieux mêmes où saint Lambert tomba frappé par le frère d'Alpaïde, que s'essaya le pinceau qui devait reproduire un jour l'*Adoration de l'Agneau mystique*. La renommée de Jean Van Eyck était devenue si grande, que l'évêque de Liége le choisit pour son peintre. Cet évêque était un prince de la maison de Bavière, associé à toutes les luttes sanglantes du quinzième siècle, le célèbre Jean sans Pitié. Il oublia pendant sa vie les saintes basiliques et le sublime artiste qui les ornait de ses mains, et la consacra tout entière à soutenir les ducs de Bourgogne de la hache et de l'épée; mais il répara ses torts en leur léguant, avant de mourir, avec tous ses droits héréditaires, le soin de protéger Jean Van Eyck. Dès ce moment l'art, placé sur un théâtre plus élevé, partagea, vis-à-vis de toutes les nations de l'Europe, la domination et l'influence que la maison de Bourgogne exerçait sans contestation dans l'ordre politique.

Si Memling, venu quelques années plus tard, eut le malheur d'apparaître à une époque d'anarchie et de désorganisation; si toute sa biographie se réduit à une fabuleuse légende qui le montre confondu parmi les obscurs mercenaires de Nancy et les malades non moins obscurs d'un hôpital qui, en offrant un asile à sa misère, mérita de devenir le dépositaire de ses titres à la gloire, la carrière de Jean Van Eyck fut toute différente: comblé des bienfaits du duc Philippe, et surtout de ceux de l'infortunée duchesse de Bourgogne Michelle de France, consulté, peut-être en 1436, par le bon et savant roi René de Provence, alors prisonnier à Lille, il fut le père, non-seulement de l'école flamande, mais aussi de toutes les écoles fameuses qui rivalisèrent avec elle en Allemagne, en Espagne et en Italie. Ses élèves se retrouvent en Castille, en Catalogne, en Aragon; Martin Schœngauer porte ses secrets aux bords du Rhin; Antonello de Messine les révèle au roi Alphonse de Naples et aux Vénitiens étonnés, qui écrivent sur son tombeau: *Splendorem et perpetuitatem primus Italicæ picturæ contulit.*

Au bruit des merveilles qui se sont accomplies dans les ateliers de Jean de Bruges, des artistes flamands sont reçus avec enthousiasme à Gênes et à Florence; Juste de Gand est préféré à tous ses émules dans une ville d'Italie, distinguée par le culte des arts, où un prince et un poète s'unissent dans leur hommage au génie de Jean Van Eyck: le prince, en faisant venir de Flandre, à grands frais, un de ses tableaux; le poète, en célébrant l'éclat de son pinceau dans ses vers:

A Brugia, fu tra gli altri più lodato

Il gran Joannes...

Della cui arte e sommo magistero

Di colorire furno si excellenti

Che han superato spesse volte il vero.

«A Bruges, le plus célèbre de tous fut le grand Jean, qui excellait à un tel point par son art et sa haute connaissance du coloris, que souvent il s'éleva même au-dessus de la vérité.»

Cette ville était Urbin; ce prince s'appelait Frédéric, et appartenait à la famille des Ubaldini; ce poète se nommait Giovanni Santi. Il ne faut plus s'étonner de trouver à Urbin, dans la maison même de Giovanni Santi, le berceau de Raphaël: le sacerdoce de l'art ne devait pas s'interrompre.

LIVRE DIX-SEPTIÈME.
1445-1453.

Insurrection des Gantois.
Combats de Lokeren, de Nevele, de Basele.
Bataille de Gavre.

Le duc de Bourgogne venait de tenir à Gand, au mois de décembre 1445, le septième chapitre de la Toison d'or, où le duc d'Orléans s'était rendu, quand on apprit que l'un des plus illustres jouteurs de l'Europe, Jean de Bonifazio, chevalier aragonais, était arrivé en Flandre pour y chercher des aventures. Il portait à la jambe gauche un petit cercle de fer, soutenu par une chaîne d'or. Sous l'écusson de ses armes on lisait: «Qui a belle dame, la garde bien.» Les chevaliers de la cour du duc remarquèrent aussitôt ces signes d'un amour mystérieux qui recherchait la gloire des armes et tous réclamèrent l'honneur de le défier.

Celui que le duc choisit entre eux, et à qui il se proposa lui-même comme juge du tournoi, était un jeune écuyer de vingt-quatre ans, Jacques de Lalaing. Son père appartenait à l'une des plus illustres maisons du Hainaut: sa mère était fille du sire de Créquy. Le chroniqueur qui écrivit sa vie retrace longuement les soins dont on entoura les premières années du jeune banneret, qui mérita plus tard d'être surnommé «de bon chevalier.» Jusqu'à l'âge de sept ans on le laissa aux mains des femmes, mais lorsque «de père, qui estoit sage et prudent, regarda qu'il estoit en bon âge pour l'endoctriner et faire apprendre, l'enfant fut baillé à un clerc pour l'enseigner, lequel, en assez bref terme, le rendit expert et habile de bien sçavoir parler, entendre et écrire en latin et en françois; de sçavoir deviser de chasses et de voleries, nul ne l'en passoit; de jeux d'échecs, de tables et de tous autres ébattements que noble homme devoit savoir, il estoit instruit et appris plus que nul homme de son âge; car, à la vérité dire, Dieu et nature à le former n'avoient rien oublié.» A la cour du duc, tout le monde aimait Jacques de Lalaing. Les chevaliers vantaient son adresse à manier les armes; les dames admiraient sa beauté, et «assez y en avoit d'elles qui eussent bien voulu que leurs maris ou amis eussent été semblables à lui.»

La lice était préparée sur le marché de la Poissonnerie, près de l'ancien château des comtes de Flandre. Devant la halle des fripiers on avait élevé un vaste échafaud, orné avec une rare magnificence, où le duc Philippe s'assit avec le duc d'Orléans, le comte de Charolais et toute sa cour. Le sire de Bonifazio avait fait tendre son pavillon de soie verte et blanche du côté de la Lys. Jacques de Lalaing arriva du côté opposé. Le premier jour était consacré aux armes à cheval: elles durèrent jusqu'à la nuit, «et à la vérité tous ceux qui les virent disoient que jamais n'avoient vu de plus belles et dures atteintes.»

Le lendemain fut le jour du combat à pied. Jean de Bonifazio sortit de son pavillon, vêtu de sa cotte d'armes et couvert de son bassinet dont la visière était fermée. Sa main gauche soutenait, au-dessus de sa longue dague, une hache et un bouclier d'acier; sa main droite agitait un dard léger, selon l'usage d'Espagne. Jacques de Lalaing portait à sa ceinture l'épée avec laquelle il venait d'être armé chevalier par le duc Philippe; de la même main à laquelle était attaché son bouclier, il soutenait également une longue hache terminée en pointe aux deux extrémités; il tenait de l'autre une de ces lourdes épées connues sous le nom d'estoc; mais il avait fait ôter son bassinet et marchait le front découvert.

La lutte s'engagea. Les deux chevaliers lancèrent leurs dards et, se débarrassant aussitôt de leurs boucliers désormais inutiles, se les jetèrent l'un vers l'autre en s'armant de leurs haches. Bonifazio cherchait à frapper son adversaire au visage. Jacques de Lalaing profitait de l'avantage de sa haute taille pour rabattre, du bâton de sa hache, les coups qui lui étaient portés; deux fois celle du sire de Lalaing tenta sans succès de briser sa visière. Bonifazio avait remarqué le sang-froid du jeune chevalier, on le vit tout à coup laisser tomber sa hache et saisir de la main gauche celle du sire de Lalaing: au même moment il tira son épée et voulut l'en frapper, mais déjà celui-ci avait dégagé sa hache et pressait plus vivement Bonifazio, dont les forces s'épuisaient. Le duc de Bourgogne, sur les instances du duc d'Orléans, jeta alors sa baguette pour faire cesser le combat, et les deux adversaires se retirèrent ensemble, se donnant des témoignages de mutuelle amitié et comblés de louanges par tous les chevaliers.

A cette joute succéda un combat d'une nature toute différente: on amena dans l'arène un taureau et un lion, et les bourgeois de Gand qui étaient restés étrangers aux passes d'armes s'empressèrent à ce spectacle. Tous leurs vœux appelaient le triomphe du lion; mais à leur grand étonnement, le taureau le perça de ses cornes et le lança mort aux pieds des spectateurs: triste présage, dit un historien, parce que les Gantois purent y lire le sort qui les attendait dans cette longue et sanglante guerre contre le duc de Bourgogne, où ils ne devaient succomber qu'après avoir versé le sang de ce jeune sire de Lalaing, si beau, si loyal et si plein de courage.

Si la maison de Bourgogne se trouvait à l'apogée de sa puissance, celle de la ville de Gand était également plus grande que jamais. Jacques d'Artevelde lui-même ne l'avait pas portée si haut, et il semblait, depuis l'abaissement de Bruges, qu'elle représentât toute la Flandre: «La ville de Gand, dit Olivier de la Marche, florissoit en abondances de biens, de richesse et de peuple, et l'on ne parloit en Flandre que du pouvoir de messieurs de Gand.»

Le duc voyait avec jalousie le développement rapide de cette cité si indépendante et si fière, qui, la première, l'avait abandonné au siége de Calais, et qui, plus tard, n'avait consenti à trahir la cause des Brugeois qu'en le forçant à s'humilier devant elle.

En 1445, le duc avait enlevé à Gand le grand conseil de Flandre pour le fixer à Courtray, mais les violents murmures des Gantois, qu'il devait encore ménager à cette époque, l'avaient réduit à l'y rétablir; plus puissant en 1445, il l'avait transféré à Ypres et de là à Termonde.

Cependant la pénurie du trésor, épuisé chaque jour par de nouvelles dépenses, obligea deux ans plus tard le duc à se rapprocher des Gantois. Il avait formé le projet d'introduire dans toute la Flandre la gabelle du sel, qui n'existait en France que depuis le règne calamiteux de Philippe de Valois. Bruges, désarmée par les malheurs de ses dissensions civiles, l'avait silencieusement acceptée en 1439; les Yprois semblaient disposés à la subir. Il ne restait plus qu'à décider les bourgeois de Gand à imiter leur exemple. Le duc convoqua l'assemblée de la *collace* et s'y rendit lui-même, espérant que par de douces paroles il obtiendrait tout ce qu'il désirait des bourgeois:

«Mes bons et fidèles amis, leur dit-il, vous savez tous que dès mon enfance j'ai été nourri et élevé au milieu de vous; c'est pourquoi je vous ai toujours aimés plus que les habitants de toutes mes autres villes, et je vous l'ai souvent témoigné en m'empressant de vous accorder toutes les demandes que vous m'avez faites: je crois donc pouvoir espérer que vous aussi vous ne m'abandonnerez point aujourd'hui que j'ai besoin de votre appui. Vous n'ignorez point sans doute dans quelle situation se trouvait le trésor de mon père à l'époque de sa mort; la plupart de ses domaines avaient été vendus; ses joyaux avaient été mis en gage, et toutefois le soin d'une vengeance légitime m'ordonnait d'entreprendre une longue et sanglante guerre, pendant laquelle la défense de mes forteresses et de mes villes et la solde de mes armées ont été la source de dépenses si considérables qu'il est impossible de se les figurer. Vous savez aussi qu'au moment même où les combats se poursuivaient le plus vivement en France, j'ai dû, pour assurer la protection de mon pays de Flandre, prendre les armes contre les Anglais en Hainaut, en Zélande et en Frise, ce qui me coûta plus de dix mille saluts d'or que j'eus grand'peine à trouver. N'ai-je pas dû également défendre contre les habitants de Liège mon comté de Namur, qui est sorti du sein de la Flandre? Ne faut-il pas ajouter à tous ces frais ceux que je m'impose chaque jour pour le soutien des chrétiens de Jérusalem et l'entretien du Saint Sépulcre? Il est vrai que, cédant aux exhortations du pape et du concile, j'ai consenti à mettre un terme aux calamités que multiplie la guerre, pour oublier la mort de mon père et me réconcilier avec le roi, et dès que ce traité fut conclu, je considérai que bien que j'eusse réussi à conserver à mes sujets, pendant la guerre, les biens de l'industrie et de la paix, ils avaient subi de grandes charges en taxes et en dons volontaires, et qu'il était urgent de rétablir l'ordre de la justice dans l'administration; mais les choses se sont passées comme si la guerre n'avait point cessé; toutes mes frontières ont continué à être menacées, et je me suis trouvé de plus obligé de faire valoir mes droits sur le pays de Luxembourg, si utile à la défense de mes autres pays, notamment à celle du Brabant et de la Flandre.

«C'est ainsi que de jour en jour toutes mes dépenses se sont accrues; toutes mes ressources sont épuisées, et ce qui est plus triste, c'est que les bonnes villes et les communes de la Flandre, et surtout mon pauvre peuple du plat pays, sont au bout de leurs sacrifices: je vois avec douleur beaucoup de mes sujets réduits à ne pouvoir payer les taxes et à s'émigrer dans d'autres pays, et néanmoins les recettes sont si difficiles et si rares que j'en recueille peu d'avantage; et je ne trouve pas plus de secours dans les terres qui me sont advenues par héritage, car toutes sont également appauvries.

«Il faut donc à la fois chercher à soulager le pauvre peuple et pourvoir à ce que personne ne puisse venir insulter mon bon pays de Flandre, pour lequel je suis prêt à exposer et aventurer ma propre personne, quoique pour y parvenir des secours importants soient devenus indispensables.»

Le duc Philippe ajouta qu'un impôt sur le sel lui paraissait le meilleur moyen d'atteindre le but qu'on se devait proposer, et demanda instamment qu'un droit de trois sous fût établi sur chaque mesure de sel pendant douze années. Il s'engageait, moyennant cette taxe, à supprimer toutes les subventions qui lui avaient été accordées et à jurer et à faire jurer par son fils qu'il n'en serait plus réclamé tant que durerait la gabelle du sel. «Sachez, dit-il en terminant, que lors même que vous y consentiriez, il suffirait que d'autres pays fussent d'un avis différent pour que je m'empressasse d'y renoncer, car je ne veux point que les communes de Flandre supportent plus de charges qu'aucun autre de mes pays.»

Comme on pouvait s'y attendre, les bourgeois de Gand repoussèrent la gabelle sur le sel. Philippe, irrité, sortit de cette ville de Gand qu'il avait autrefois comblée de ses bienfaits pour l'opposer à la cité rivale de Bruges, et pendant longtemps il n'y reparut plus. Il croyait que son absence serait une leçon pour la commune mécontente, et que son autorité, vue de loin à travers l'horizon d'une forêt de lances, paraîtrait plus redoutable et plus menaçante; mais les Gantois ne demandaient pas mieux que de l'oublier: ils crurent volontiers que le duc Philippe était mort le jour où il avait quitté la Flandre, et le sentiment de leurs droits et de leurs priviléges se fortifia de tout ce que semblait leur abandonner l'autorité du prince.

Trois années s'étaient écoulées depuis que le duc avait déclaré qu'il ne rentrerait point à Gand tant qu'on lui refuserait la gabelle du sel. Philippe, après avoir introduit des réformes importantes dans l'administration de son duché de Bourgogne, était retourné à Bruges, et ses courtisans lui avaient aisément persuadé que cette résistance à ce qui paraissait odieux et illégal était moins due aux sentiments énergiques de la population qu'aux efforts de quelques hommes dont elle subissait l'influence. Les Mahieu tenaient le même langage à Louis de Male, en accusant Jean Yoens.

Parmi ces courtisans se trouvaient deux bourgeois de Gand qui ne voyaient dans les malheurs de leur patrie et dans les discordes de leurs concitoyens qu'un moyen de satisfaire leur ambition. Sortis d'une condition obscure, mais soutenus dans leur hostilité contre les communes par la protection des sires de Croy, ils étaient parvenus, en flattant le duc et en affectant un zèle sans limites pour ses intérêts, à s'assurer une déplorable autorité sur son esprit. L'un, Pierre Baudins, avait été autrefois emprisonné pour avoir volé des livres à Paris, et ne connaissait que trop bien la *Ghuetelinghe*, c'est-à-dire la tour où l'on enfermait les malfaiteurs; il était, disait-on, si pauvre au moment où il entra au service de la ville de Gand, qu'il n'avait pas de quoi s'habiller selon l'usage. L'autre, Georges Debul, paraît avoir été le frère d'un secrétaire du duc, qui avait reçu, en 1437, une part de l'amende imposée aux Brugeois. Philippe, trompé par leurs discours, n'hésita pas à entrer dans la voie funeste où des mesures iniques et violentes devaient l'entraîner à ruiner par la guerre les populations qui étaient les plus riches et les plus florissantes de tous ses Etats. Il croyait qu'il ne s'agissait pour dominer la commune de Gand que de lui imposer des magistrats dont il connaîtrait l'obéissance et le dévouement.

L'élection municipale devait avoir lieu trois jours avant les fêtes de l'Assomption, conformément au privilége de Philippe le Bel, du mois de novembre 1301. Le duc de Bourgogne avait choisi pour la diriger deux hommes appelés à des titres différents à se prêter un mutuel appui: l'un était Philippe de Longpré, chevalier de noble maison, qui avait, disait-on, trahi les communes du pays de Cassel avant d'escarmoucher contre les bourgeois de Bruges, et qui devait en cette occasion être soutenu par l'ancien bailli de Grammont, Ghislain d'Halewyn, depuis vingt ans l'ennemi des communes. Le second n'était qu'un simple clerc qui à la lourde épée d'acier préférait la plume, cette puissance nouvelle dont la révélation inspira Guttemberg: c'était Pierre Baudins. Arrivant à Grand avec une escorte d'hommes d'armes bourguignons pour y solliciter les suffrages nécessaires à l'élection, ils ne pouvaient point espérer de cacher quelle était leur mission, et ce fut ce qui la fit échouer. Le bruit se répandit que d'autres troupes d'hommes d'armes étaient cachées dans la ville pour seconder cette tentative destinée à substituer à la liberté de l'élection l'intimidation et la menace. La commune s'assembla: elle proclama bien haut ses craintes et ses murmures, les porta même à l'hôtel de ville où les électeurs devaient, d'après les anciens usages, siéger sans conserver aucune communication avec le dehors, et obtint les magistrats qu'elle désirait. Pierre Baudins et le sire de Longpré n'avaient pu s'y opposer. Le clerc s'était enfui, mais le chevalier, croyant réhabiliter son courage en ne cédant pas au péril, était resté sans qu'il consentît à sanctionner la nouvelle élection. Le duc de Bourgogne, instruit par ses envoyés de ce qui s'était passé à Gand, alléguait de nombreux motifs pour en faire ressortir l'irrégularité. L'un était le développement de l'autorité des doyens; l'autre, la violation du privilége de 1301 qui ne traçait aucune règle fixe à l'élection, enfreint par la coutume depuis longtemps établie de choisir six échevins dans la *poortery*, c'est-à-dire dans la bourgeoisie des *viri hæreditati*, ou «hommes héritavles;» dix dans le métier des tisserands et dix dans les cinquante-deux petits métiers: l'objection la plus sérieuse, la plus grave à ses yeux était évidemment la part qui y avait été prise, disait-on, par Daniel Sersanders, l'un de ceux qui lui avaient fait refuser la gabelle du sel. Or, Daniel Sersanders avait été élu lui-même échevin avec Liévin Sneevoet, Jean Vander Zype, Daniel Vanden Bossche, Louis Rym et Gérard de Masmines.

Simon Borluut et huit autres députés se rendirent à Bruges pour engager le duc à ratifier l'élection des nouveaux magistrats. Leurs démarches restèrent infructueuses; mais le duc de Bourgogne consentit à mander près de lui l'abbé de Saint-Bavon, l'abbé de Tronchiennes et le prieur de la Chartreuse de Gand. Dans une assemblée à laquelle avaient été également appelés les députés de Bruges, d'Ypres et du Franc, le chancelier Nicolas Rolin donna lecture d'un long mémoire où se trouvaient successivement énumérés tous les griefs du duc contre les Gantois. Aussitôt après, Philippe fit signe aux deux abbés et au prieur de la Chartreuse de se lever, et tandis qu'il leur parlait en flamand, il fronçait vivement les sourcils qu'il avait longs et épais: ce qui était chez lui le signe de la colère.

«Ce que mon chancelier vient de vous dire, il vous l'a dit par mon ordre; les choses sont réellement ainsi et l'on ne saurait en douter. Les ancêtres de Daniel Sersanders ont été des hommes loyaux, mais ils n'auraient jamais fait ce qu'il a fait, car il se montre faux, mauvais, traître et parjure contre moi qui suis son prince. Je le connais pour tel et je le considère comme mauvais et faux vis-à-vis de moi. Je sais bien qu'il en est qui le conseillent et le favorisent: il n'est pas seul, et ce qu'il fait, il ne le fait pas de lui-même. N'est-ce pas toutefois une grande fausseté que d'avoir dit et répandu parmi le peuple que je voulais le faire assassiner? Certes, si je le voulais, ni lui, ni les plus grands de ce pays ne pourraient l'en défendre; mais, Dieu soit loué! je n'ai pas jusqu'à ce moment passé pour un assassin: non que je parle ainsi pour me disculper et que je pense devoir me justifier; mais sachez-le bien, avant que je consente à ce que lui ou les siens reçoivent ou conservent un siége au banc des échevins dans ma ville de Gand, je me laisserai plutôt couper en morceaux. Je ne crois pas qu'en termes de justice et de droit il soit possible ou licite de soutenir quelqu'un qui m'est contraire, puisqu'il est tel que je vous l'ai dit. Aussi, dès que j'ai connu la situation des choses, j'ai rappelé mon bailli de Gand, je l'ai révoqué de son office et je lui ai fait connaître qu'il ne pouvait plus m'y servir, et je rappellerai de même tous les officiers que j'ai à Gand. Daniel et les siens rempliront aisément les fonctions de bailli, d'échevins et de doyens, et toutes celles qui seront vacantes plus tard. Daniel, si on le laisse faire, s'établira seigneur de la ville, comme d'autres ont autrefois cherché à l'être, et mes gens et mes officiers n'y auront plus que faire, ce me semble. Je vous avertis volontiers de toutes ces choses qui sont vraies, afin que vous les conserviez dans votre mémoire et que chacun de vous en avertisse ceux que cela regarde, et spécialement ceux que vous entendrez discourir de ces affaires, car ledit Daniel et les siens excitent chaque jour le peuple et sèment une foule de mensonges contre moi et mes serviteurs. Je m'étonnerais fort toutefois de voir mes gens de Gand soutenir et appuyer un homme tel qu'est ledit Daniel contre moi, qui leur ai toujours été bon prince, car je leur ai généreusement pardonné tous leurs méfaits à cause de ma grande affection pour eux, ce que je n'ai jamais fait pour mes autres sujets.»

Puis, se tournant vers les députés de Bruges, d'Ypres et du Franc, il leur proposa de voir les lettres séditieuses de Daniel Sersanders; mais ceux-ci s'en excusèrent respectueusement, et les trois dignitaires ecclésiastiques, chargés de porter à leurs concitoyens ces paroles menaçantes, prirent congé du duc pour retourner à Gand.

Philippe s'était retiré à Bruxelles: ne cachant plus son hostilité contre les Gantois, il avait fait frapper d'un impôt tous les grains qu'ils venaient chercher dans le Brabant, et peu de jours après, le 26 novembre 1449, nous le voyons ordonner que personne ne reconnaisse désormais l'autorité dont continuent à rester investis, à Gand, des hommes qu'il hait ou qu'il redoute.

Cependant les Etats de Flandre s'assemblèrent le 6 décembre à Malines pour interposer leur médiation: l'évêque de Tournay y joignit la sienne, et après de longues négociations, on obtint que les Gantois éliraient d'autres échevins. Il est toutefois à remarquer que le duc avait consenti à ce que l'on se conformât à ce qui avait eu lieu précédemment pour la triple représentation de la bourgeoisie, de la corporation des tisserands et des petits métiers dans le corps des échevins; les députés que les Gantois avaient envoyés près du duc avaient également annoncé à leur retour qu'une nouvelle élection apaiserait le prince, et la cité de Gand devait y trouver d'autant moins de danger pour ses priviléges, ses coutumes ou ses usages que, par un acte d'appel du 7 mars, ils venaient de les placer sous la protection du roi de France. L'élection eut lieu le 10 mars: à côté des noms illustres des Uutenhove, des Uutendale, des Sersimoens, elle plaça d'autres noms que le quinzième siècle allait voir s'élever, briller et s'éteindre, celui de Seyssone, celui de Thierry de Schoonbrouck. Néanmoins, le duc s'applaudissait de cette élection comme d'un premier succès, et ses conseillers n'hésitèrent pas a poursuivre la lutte en produisant d'autres griefs. Quelque longue qu'en fût l'énumération, le plus grave était toujours la puissance de Gand, la tendance ambitieuse vers la domination qu'on lui reprochait. On prétendait que la ville cherchait sans cesse à augmenter sa population par l'admission de nouveaux bourgeois, et chaque métier, dans la mesure de ses forces, imitait le mouvement centralisateur de la cité. Pour obtenir le titre de *bourgeois* de Gand, ce titre que ne dédaignaient pas les plus nobles seigneurs, il suffisait d'occuper une maison ou une chambre meublée, et même parfois d'être l'hôte d'un *bourgeois*: or, pour entrer dans la plupart des métiers, il suffisait d'être bourgeois. Bourgeois ou membre des métiers, on était protégé en quelque lieu que ce fût, dans les châteaux des princes aussi bien que dans les foires étrangères, par des immunités personnelles que garantissait l'autorité de toute la commune. Modifier ces immunités, en régler l'origine, l'usage, la déchéance était une question grave dans ces temps où la commune des bourgeois, où l'association industrielle ne se maintenaient qu'au milieu de mille périls: on le comprenait si bien à Gand, qu'à toutes les plaintes du prince l'on se contentait de répondre: «Nous voulons conserver tous nos droits, tous nos priviléges, toutes nos libertés.»

Pendant quelques mois, le mécontentement du duc ne se manifeste que par des actes isolés. C'est d'abord une tentative pour diviser la corporation des francs-bateliers, à laquelle avait appartenu Gilbert Mahieu. Peu après, le bailli et les autres officiers du duc bannissent un ancien échevin de la keure, deux anciens doyens des tisserands et d'autres membres influents des corps de métiers; mais leur sentence ne s'exécute point et ils quittent eux-mêmes les murs de Gand, y laissant pendant quelques jours le cours de la justice interrompu. Enfin, au commencement du mois de juin 1451, le duc charge quatre bourgeois de Gand du parti bourguignon, Pierre Tincke, Louis Dhamere, Eloi Coolbrant et Liévin Wicke d'exposer ses griefs près de leurs concitoyens, et dès qu'il voit que leurs efforts ne réussissent point, il publie un manifeste conçu dans les termes les plus violents, où il accuse, en les rendant responsables de son absence, Daniel Sersanders, Liévin Potter et Liévin Sneevoet.

Le duc de Bourgogne s'était rendu à Termonde. Il y répéta lui-même en flamand aux députés de Gand qu'il ne rentrerait point dans leur ville tant qu'il pourrait y rencontrer Sersanders, Potter et Sneevoet. Il leur fit aussi remettre un nouvel exposé de ses griefs où l'on engageait les Gantois, en leur citant l'exemple de Thèbes, d'Athènes et de Rome, à ne pas se laisser entraîner aux discordes civiles par quelques voix ambitieuses, et à se souvenir que si le commerce avait fait la gloire de Bruges, Gand devait sa célébrité à la sagesse de ses lois et de son administration; mais les députés de Gand ne pouvaient rien sans consulter les magistrats, les métiers et les bourgeois dont ils tenaient leurs pouvoirs.

Le duc de Bourgogne se lassa de ces retards. Le 26 juillet 1451, poursuivant ouvertement ses desseins, il cita devant son conseil Sersanders, Pottcr et Sneevoet et avec eux tous les échevins de la keure de l'année précédente, et cet ajournement leur fut signifié par un huissier de la chambre du conseil, nommé Jean Vanden Driessche, que les magistrats de Gand avaient condamné en 1446 à un exil de cinquante ans. Les bourgeois de Gand firent entendre de vifs murmures. Ils avaient reconnu que le duc cherchait à substituer une procédure illégale à l'autorité des échevins des autres membres de Flandre, seuls compétents pour statuer sur la gestion de leurs pairs. Trois citations successives avaient été inutilement portées à Gand lorsque messire Colard de Commines, souverain bailli de Flandre, et Gérard de Ghistelles, haut bailli de Gand, parurent le 3 août 1451 à l'hôtel des échevins, où les trois membres de la ville s'étaient réunis pour délibérer sur la gravité de la situation. Après avoir fait connaître les lettres de créance qui leur étaient confiées, ils déclarèrent qu'ils étaient autorisés à annoncer que le duc avait pardonné aux anciens échevins de la keure et se contentait d'exiger que Daniel Sersanders, Liévin Sneevoet et Liévin Potter vinssent s'excuser, en sa présence, de leurs rébellions, promettant sur leur foi, sur leur honneur et sur leur parole de chevalier, que le duc de Bourgogne serait satisfait de cette démarche.

Sersanders, Sneevoet et Potter n'hésitent plus, et, après avoir signé une protestation contre la violation des priviléges de la commune, ils quittent Gand espérant qu'ils y rétabliront la paix en se soumettant à l'autorité du duc, qui préside lui-même son conseil à Termonde. Les échevins de Gand et les doyens les accompagnent. Cependant plusieurs heures s'écoulent avant que le duc consente à les recevoir. Il exige que les trois bourgeois de Gand paraissent devant lui, comme des suppliants, la tête découverte, les pieds nus; de plus, il les condamne à quitter la Flandre dans le délai de trois jours, tous frappés d'une sentence d'exil, l'un pour vingt ans, l'autre pour quinze ans, le troisième pour dix ans, et de peur que, rentrés à Gand, ils ne trouvent un asile dans leurs propres foyers, des sergents d'armes les emmènent pour exécuter sans retard les ordres qui leur ont été données.

Le lendemain matin, Philippe s'éloigna de Termonde pour se retirer à Bruxelles. Le sire de Commines et le sire de Ghistelles n'avaient point osé retourner à Gand. En effet, une vive agitation se manifesta dans le peuple assemblé sur les places publiques lorsque les magistrats et les doyens annoncèrent que le duc, au mépris d'une promesse solennelle, avait violé le privilége des bourgeois de Gand de ne connaître d'autre juridiction que celle de leurs magistrats. Les bourgeois, en ne voyant pas reparaître avec eux Sersanders et ses amis, les croyaient déjà morts, et il fallut pour les rassurer que les femmes éplorées des bannis vinssent elles-mêmes déclarer qu'ils vivaient encore. Quoi qu'il en fût, l'inquiétude s'accroissait de jour en jour, et l'on trouva près de l'hôtel des échevins des lettres où l'on invoquait comme un libérateur un autre Jacques d'Artevelde.

Cependant, les amis du duc jugèrent urgent de tenter un effort pour assurer leur triomphe. Pierre Tincke se rendit à Mons près de Pierre Baudins et de

Georges Debul, qui à cette époque continuaient à jouir d'une funeste influence dans toutes les questions relatives aux affaires de Flandre. Il y fut résolu qu'on essayerait de soulever le peuple au vieux cri de Jean de Heyle: «La paix et nos métiers, et le seigneur dans sa ville de Gand!» Tout le parti bourguignon devait se rallier à ce signal. Le duc avait approuvé lui-même ce projet en disant à Pierre Tincke et à Louis Dhamere: «Fort bien, mes enfants.» Le jour fixé pour l'accomplissement de ce complot arriva. Pierre Baudins attendait hors de la ville le moment favorable pour s'élancer au secours des conspirateurs; mais Pierre Tincke et Louis Dhamere ne furent pas plus habiles que Gilbert Mahieu, qui s'appuyait, comme eux, sur le métier des francs-bateliers. Au premier bruit, les tisserands accoururent: sans rencontrer une grande résistance, ils saisirent et enfermèrent au Châtelet Pierre Tincke et Louis Dhamere, comme coupables d'avoir excité des troubles dans la ville.

Le 26 octobre toutes les corporations s'assemblent, et tandis que les officiers du duc s'éloignent de Gand, elles déclarent qu'elles ne déposeront point les armes tant que l'on n'aura pas fait justice des prisonniers enfermés au Châtelet. Une ordonnance prévient tous les bourgeois absents qu'ils aient à rentrer immédiatement à Gand; une autre ordonnance suspend le cours de toutes les querelles particulières et de toutes les haines privées. Pendant les jours suivants se succèdent d'autres événements importants: la formation d'un conseil d'enquête composé de douze membres choisis parmi les bourgeois, les tisserands et les membres des petits métiers; l'interrogatoire des prisonniers du Châtelet qui avouent, selon les uns, le projet, désapprouvé par le duc, mais conçu par ses conseillers, d'assassiner à coups de hache Sersanders, Potter et Sneevoet à Bruxelles, au pied des autels de Saint-Michel, selon d'autres, celui d'incendier la ville; l'arrestation des magistrats du parti bourguignon et entre autres celle d'un ancien échevin, Baudouin de Vos, reconnu près de la porte de Termonde au moment où il se prépare à fuir dans son château de Laerne; le bannissement du sire de Ghistelles et de tous les autres officiers du duc qui ont quitté la ville. Enfin, le 11 novembre 1451, un échafaud s'élève sur l'*Hooftbrugge*, et par l'ordre des doyens, Pierre Tincke et Louis Dhamere y subissent le dernier supplice.

Tous les travaux avaient cessé: la cloche qui chaque jour en donnait le signal ne se faisait plus entendre; les bannières des métiers ne quittaient plus la place du Marché, afin que nuit et jour elles servissent de point de ralliement aux bourgeois constamment armés, et peu de jours après les trois membres, agissant conformément à leurs priviléges qui avaient prévu le cas où quinze jours se passeraient sans que le prince amendât la faute de son bailli, créaient Liévin Willemets *justicier de la ville de Gand.*

Le 15 novembre, les doyens et les échevins des deux bancs adressèrent au duc de Bourgogne une longue lettre pour chercher à justifier cc qui avait eu lieu. Une seule phrase nous frappe vivement dans cette apologie: c'est celle où ils se vantent d'avoir agi comme de loyaux et fidèles sujets, parce que dans le jugement des deux suppliciés ils n'ont point eu recours à la suzeraineté du roi de France. C'est à la fois une menace pour l'avenir et l'indice presque certain de négociations secrètes déjà entamées et accueillies avec faveur à Paris. En effet, une ambassade solennelle, composée de l'archevêque de Reims, du sire de Gaucourt et de deux clercs nommés Gui Bernard et Jean Dauvet, se rendit à la cour du duc Philippe, et on lit dans les instructions qui leur furent données qu'ils étaient chargés «de besoigner et de remontrer à monsieur de Bourgogne sur le fait de Flandres.» Charles VII chargeait vers la même époque trois conseillers du parlement de commencer une enquête sur la validité de la cession des villes de la Somme.

Si les Gantois comptaient sur l'appui de Charles VII, qui ne pouvait pardonner à Philippe les complots ourdis avec le duc d'Orléans, la position du duc de Bourgogne, réduit, à défaut d'armée, à recourir sans fruit à d'obscures intrigues, ne les encourageait pas moins dans leur résistance. Les abbés de Saint-Pierre, de Saint-Bavon, de Baudeloo, de Ninove, de Grammont, de Tronchiennes s'étaient rendus près de lui, accompagnés des sires de Praet, d'Escornay et de Boulers et des députés de plusieurs châtellenies, pour l'engager à écouter les plaintes des Gantois; mais leur médiation fut désavouée par ceux-là mêmes dont ils plaidaient la cause. Ce fut en vain que le duc de Bourgogne rappela de la proscription Daniel Sersanders, Liévin Potter et Liévin Sneevoet, en leur donnant un sauf-conduit pour qu'ils allassent engager leurs concitoyens à la paix: fidèles à leur serment, ils portèrent à Gand le message qui leur était confié, et dès qu'il eut été rejeté, quittant les foyers paternels où ils s'étaient à peine, tels que des étrangers, reposés pendant quelques heures, ils s'éloignèrent de nouveau pour rentrer dans l'exil.

Ni les pieuses démarches des abbés, ni les exhortations des nobles aimés du peuple, ni la présence de Daniel Sersanders n'avaient pu calmer l'irritation des Gantois. On y retrouvait à la fois un ressentiment aveugle contre leurs ennemis, une confiance illimitée en eux-mêmes. En même temps, au sein des populations industrielles, arrachées à leurs travaux et placées au-dessus des lois et des institutions par la mission même qu'elles s'étaient donnée de les protéger, grandissait un parti, redoutable par une audace dont les fureurs et les excès rejetaient le frein de toute autorité. C'était la faction des suppôts de l'anarchie qui, après s'être élevés en s'appuyant sur les libertés communales, invoquaient le salut public pour les étouffer sous une tyrannie non moins odieuse que celle du duc de Bourgogne. Leur influence se manifesta, le 3 décembre 1451, par l'élection de trois capitaines, Jean Willaey, Liévin Boone et Everard Van Botelaere, hommes peu respectés et peu dignes de l'être, auxquels ils adjoignirent toutefois par méfiance un conseil de six personnes, supérieur à celui des échevins.

Les capitaines inaugurèrent dès le lendemain leur autorité en allant attaquer le château de Biervliet. Ils espéraient, en imitant servilement l'exemple de Jacques d'Artevelde et de François Ackerman, rappeler leur dévouement et leur gloire; mais ils échouèrent dans leur première expédition, et cette tentative ne révéla que leur impuissance et leur faiblesse.

Cependant, on poursuivait à Gand l'enquête dirigée contre les anciens magistrats qu'on accusait d'exactions et de fraudes. Parmi ceux-ci se trouvaient Jacques Uutenhove, Etienne de Fourmelles, Laurent de Wale; mais le plus important était Baudouin de Vos, seigneur de Laerne et de Somerghem, chevalier et ancien échevin de la cité de Gand où son aïeul avait été *rewaert* en 1348. Deux fois il monta sur l'échafaud, deux fois il réussit par ses prières et par ses promesses à obtenir un nouveau délai; l'évêque de Liége et le comte d'Etampes contribuèrent puissamment à le sauver; le premier parlait au nom d'une commune puissante où les Gantois étaient fiers de compter des frères et des amis; le second, prince égoïste et ambitieux, petit-fils de Philippe le Hardi aussi bien que le duc de Bourgogne, quoiqu'il affectât une grande soumission à Charles VII pour conserver tous ses domaines héréditaires situés sur les frontières du royaume, pouvait être utile au parti des Gantois par l'élévation de son rang et les vices mêmes de son caractère.

Les bourgeois qui cherchaient à rétablir la paix avaient trouvé dans cet acte de clémence de nombreux motifs de se réjouir. Ils espéraient qu'il serait le présage d'une réconciliation entre le duc de Bourgogne et ses sujets. Malgré l'hiver, de nouveaux pourparlers eurent lieu. Les députés des trois membres de Flandre les poursuivirent à Bruxelles. Le comte de Saint-Pol appuyait leurs démarches; mais il fut bientôt aisé de voir que rien ne se déciderait avant le printemps et que toutes les chances seraient alors pour la guerre. A Gand, on représenta publiquement dans les rues un mystère imité du beau poëme de Baudouin Van der Lore, où une noble vierge, en butte à l'injuste colère de son père, voyait inutilement ses sœurs intercéder pour elle et ne trouvait d'autre remède à ses maux que l'appui «du lion de perles couronné d'or.» Il semblait à beaucoup de bourgeois que ces allusions, en annonçant de nouvelles luttes, devaient en hâter l'explosion: des nouvelles reçues du Brabant confirmèrent bientôt leurs craintes. Le 15 mars, vers midi, l'amman s'était présenté à l'hôtel de ville de Bruxelles: aucun des échevins ne l'accompagnait, car il venait donner lecture de la condamnation de la plus puissante commune de Flandre. Le duc, rassuré sur les intentions du roi de France par le rapport des ambassadeurs qu'il avait envoyés à Paris, déclarait dans ce manifeste que les rébellions réitérées des Gantois ayant lassé son indulgence, il voulait qu'à l'avenir on ne leur portât plus de blé, et qu'on chargeât de fers tous ceux d'entre eux dont on pourrait s'emparer. En même temps le sire de la Vere recevait le commandement de l'Ecluse, où il remplaça le sire de Lalaing qui s'était rendu à Audenarde. On ajoutait que messire Jean de Bonifazio, qui était presque aussi pauvre que courageux, avait offert son épée au duc pour chercher fortune en combattant les riches bourgeois de Gand.

Huit jours après la déclaration du duc, les capitaines, échevins et conseillers de Gand écrivirent aux villes de Termonde, d'Alost, de Ninove, de Grammont, d'Audenarde, de Courtray, qui relevaient de la châtellenie de Gand, pour exposer les dangers dont ils étaient menacés. Ils les priaient de ne pas recevoir d'hommes d'armes étrangers et de ne pas exécuter les mandements qui tendraient à suspendre les relations industrielles, notamment le commerce des blés, les assurant que nuit et jour ils seraient toujours prêts à leur venir en aide dans leur résistance à des mesures illégales et oppressives. Les bourgeois de Ninove, quoique voisins des frontières du Hainaut et du Brabant, osèrent seuls annoncer leur intention formelle de fermer, avec le secours des Gantois, les portes de leur ville aux hommes d'armes bourguignons. Ailleurs, de vaines protestations voilaient une neutralité qu'inspirait l'attente des événements. Ce n'est qu'à Bruges que l'on voit, en réponse à de semblables lettres, les magistrats influencés par le comte d'Etampes, désormais hostile aux Gantois, repousser l'appel qui était adressé à l'union et à la solidarité des communes flamandes.

Pour effacer ces dissentiments et rallier en un faisceau toutes les villes que réunissaient les mêmes intérêts, il eût fallu aux Gantois une modération qui ne se retrouve guère dans les situations critiques, une prudence presque toujours étrangère aux délibérations de la multitude inquiète et agitée. Rien n'eût été plus sage que d'accepter la médiation des bonnes villes et des châtellenies de Flandre; agréée par le duc, elle ne pouvait évidemment jamais conduire à la destruction de priviléges qui leur étaient communs; repoussée, elle devenait aussitôt la base d'une vaste confédération nationale. On ne le comprit pas à Gand: les moyens violents y dominaient de nouveau. On venait de décapiter, devant le Châtelet, un bailli du pays de Waes, nommé Geoffroi Braem, et depuis les premiers jours de mars, les remparts étaient gardés comme si l'on eût redouté quelque agression. L'autorité des magistrats était si peu respectée que Gui Schouteet avait été réduit à fuir hors de la ville avec Etienne de Liedekerke, Gérard de Masmines, Jean de la Kéthulle, Jacques Uutenhove, Pierre Van der Zickele et Roger Everwyn. La dictature anarchique restait seule debout: c'était celle des trois capitaines, Jean Willaey, Liévin Boone et Everard Van Botelaere.

Les circonstances devenaient de plus en plus graves. Le 31 mars, le duc de Bourgogne avait publié à Bruxelles un nouveau manifeste où il annonçait son intention de dompter par la force des armes l'opposition des Gantois. Reprenant ses griefs depuis le refus de la gabelle du sel, il rappelait l'influence prépondérante exercée par les deux grands doyens, l'accroissement des métiers par l'adjonction d'ouvriers *forains*, les sentences criminelles prononcées sans l'intervention du bailli, «et encore, ajoutait-il, lesdits de Gand, non contens de ce, accumulans mal sur mal, demonstrans de plus en plus mauvais courraige, obstination, pertinacité, rebellion et désobéissance envers nous, et pour mieulx accomplir et mettre à effet et execution leur mauvaise, dampnable et détestable voulenté, et afin de troubler et esmouvoir, comme il est à présumer, tout le pays à l'encontre de nous, ont fait et ordonné trois *hoftmans*, lesquelz se font seigneurs de la ville, exercent le fait de la justice, font éditz, et sont obeiz en tout, et tiennent le peuple en telle cremeur que nul n'ose autrement faire, ne dire que à la voulenté desdits *hoftmans* et de leurs satellites, complices et adhérens; font aussi faire ou plat pays, bollevars, et fortifier passaiges et chemins, ordonnent de par eulx capitaines, dizeniers et chiefs ès villaiges, envoient ou pays, quérir, prendre et amener prisonniers audit lieu de Gand nos officiers, et meismement ont nagaires envoyé quérir nostre bailli de nostre terroir de Waize, lequel ilz trouvèrent tenant viescare de par nous et en nostre nom, la verge à la main et néanmoins le prindrent et l'ont fait morir, contre Dieu et raison; mandent, commandent et deffendent de par eulx et par leurs lettres où ils se inscripvent dessus comme princes ce qu'il leur plaist et meismement deffendent que, aux commandements de nous qui sommes prince et seigneur d'eulx et du pays, ne soit aulcunement obéy, ce qui est chose bien estrainge et de mauvaise conséquence... Quelle chose donques doit l'en dire des fais desdits de Gand, qui ainsi se gouvernent, et encores, comme conspirateurs, contendent, par leurs mensonges, esmouvoir et soubztraire nostre bon peuple, et le pays mettre en division et rebellion à l'encontre de nous? Certes, il faut dire qu'ilz font comme gens qui point ne recognoissent de Dieu en ciel, ne de prince en terre, mais vuellent par eulx et d'eulx-meismes régner, seignourier et gouverner à leurs plaisirs et voulentez; et se ces choses sont très-grièves, amères, desplaisans et intolérables à nous qui sommes leur prince et seigneur, et qui en sommes esmeuz et courrouciez contre eulx, ce n'est point merveille, et en avons bien cause, car ce sont euvres qui aussi doibvent estre bien desplaisans et abominables à toutes gens de bon couraige et qui craignent Dieu; et combien que deussions piéça y avoir pourveu, toutes voyes, pour compassion que avons eu de nostre bon peuple de Flandre et espérans toujours que lesdits de Gand se deussent raviser et mettre en leur devoir envers nous, nous avons différé de y procéder jusques à ores; mais pour ce que, par honneur et serment, veu l'obstination et continuation mauvaise d'icenlx de Gand, ne povons, ne devons, comme aussi ne voulons plus avant dissimuler, ne tolérer leurs tirannies, cruautez et inhumanitez, ne les injures, vilenie, blasme et mesprisement qu'ilz nous ont fait et montré, qui sommes leur prince, et chascun jour, de plus en plus, font et montrent, nous avons fait notre mandement pour réduire lesditz de Gand à congnoissance, obéissance et humilité envers nous.»

La mémoire de quelques vieillards conservait encore à Gand le souvenir des guerres qu'avait terminées la paix de Tournay. En les voyant prêtes à se renouveler sous un prince dont la puissance était bien plus redoutable que celle de Philippe le Hardi, ils s'effrayaient des désastres qui en devaient être la suite inévitable, soit que les Gantois expiassent une insurrection imprudente par la perte de leurs libertés, soit qu'ils réussissent, après de longs et cruels sacrifices, à obtenir, au prix de leur sang et de leur prospérité, la confirmation de leurs lois et de leurs priviléges. La plupart des bourgeois partageaient leur opinion, et huit jours après le supplice de Geoffroi Braem, le parti des hommes sages se ranima à la lecture du manifeste du duc qui leur annonçait un péril si imminent. Leur influence, leur autorité, leurs richesses, leurs lumières favorisèrent leur intervention spontanée en faveur de la paix, et le 4 avril on porta en procession solennelle la châsse de saint Liévin pour obtenir du ciel le rétablissement de la concorde et de l'union.

Le même jour, six abbés et trois chevaliers, accompagnés des mandataires de toutes les villes de la châtellenie de Gand, quittèrent l'église de Saint-Bavon, où l'on avait célébré la messe du Saint-Esprit, pour se rendre à Bruxelles. Les députés des trois États de Flandre s'empressèrent de s'associer à leurs efforts, et, s'étant également assuré l'appui de la duchesse Isabelle et du comte de Charolais, ils profitèrent de la solennité du vendredi saint pour supplier le duc de se montrer généreux et clément en souvenir de Jésus-Christ, léguant du haut de la croix, comme un divin témoignage de son amour, sa paix aux hommes.

Philippe qui, peu de jours auparavant, s'était contenté de répondre à d'autres députés des villes flamandes qu'il ne pouvait que recommander à ses hommes d'armes de ne pas piller les biens de ceux qui le soutiendraient, regrettait déjà que des dissensions intérieures l'empêchassent de prendre une part active au mouvement des ambitions féodales en France. Un message venait de lui apprendre que le Dauphin, son allié secret, devenu l'époux d'une princesse de Savoie, petite-fille de Philippe le Hardi, réclamait son appui contre les troupes de Charles VII qui s'avançaient vers le Lyonnais. Dans ces circonstances, Philippe, changeant de langage, accueillit avec douceur les députés de Gand. Il les assura que, malgré tous les méfaits de leurs concitoyens, il était aussi disposé que jamais à tout oublier et qu'il désirait vivement voir la paix rétablie. Il ajouta qu'il consentait volontiers à ce qu'aussitôt après les solennités de la semaine sainte ils entamassent des négociations avec les gens de son conseil. «Et dissimuloit le duc leur malice, ajoute Olivier de la Marche, attendant son point et qu'il eust assuré son faict devers le roy françois avec lequel il avoit toujours quelque chose à remettre.»

Les capitaines de Gand, Boone, Willaey et Van Botelaere, s'alarmèrent d'un rapprochement si inespéré: ils sentaient bien, avec tous ceux qui s'étaient élevés par l'anarchie, qu'entre eux et le duc de Bourgogne, entre l'agitation de la veille et la réconciliation du lendemain, il y avait le souvenir du sang qu'ils avaient répandu. Au mois de décembre, ils avaient refusé de sceller des lettres pacifiques des échevins adressées à la duchesse de Bourgogne et au comte d'Etampes, et leur avaient défendu, ainsi qu'aux doyens, d'écrire ou de recevoir désormais d'autres lettres sans qu'ils en prissent préalablement connaissance, puis ils s'étaient attribué le droit de porter le même costume que les échevins et de marcher dans les rues suivis de douze serviteurs. Ils s'étaient crus bientôt assez puissants pour faire arrêter un secrétaire des échevins de la keure, nommé Engelram Hauweel et pour le faire décapiter sans avoir consulté l'assemblée du peuple. Le supplice de Geoffroi Braem était un autre attentat présent à tous les esprits. Leur sécurité personnelle, troublée sans doute par le remords, était désormais liée au maintien de leur autorité: pour la perpétuer, ils résolurent de lui donner, comme base nouvelle, d'autres désordres, n'ignorant pas que le seul moyen de sauver leur responsabilité, c'était de l'étendre de plus en plus à tous les bourgeois de Gand, et au moment même où les députés de la Flandre s'acquittaient de leur message près du duc de Bourgogne, sans respect pour la sainteté de ce jour consacré par toutes les nations chrétiennes à la pénitence et à la prière, ils envoyèrent quelques-uns de leurs amis surprendre le château de Gavre qui appartenait au sire de Laval, comme si les mêmes lieux, deux fois célèbres dans cette guerre, devaient, à un sanglant intervalle, en voir l'imprudent signal et le fatal dénoûment.

Peu de jours après, un autre complot se forma: il s'agissait cette fois de s'assurer aux bords de l'Escaut une conquête qui, à la fin du quatorzième siècle, avait manqué aussi bien à la gloire qu'à la fortune de Philippe d'Artevelde. Les deux capitaines de la forteresse d'Audenarde étaient absents. Le sire d'Escornay se trouvait dans sa terre; le sire de la Gruuthuse s'était rendu à Bruges, mais nous savons déjà que Simon de Lalaing avait été chargé par le duc de les remplacer. Sa prudence était extrême. Il remarqua que les magistrats d'Audenarde avaient ordonné à tous les habitants des faubourgs de rentrer dans la ville, et prévit que cette retraite motivée par la crainte des Picards permettrait aisément de renouveler aux portes d'Audenarde, avec quelques chariots chargés des biens des fugitifs, la ruse qui avait si bien réussi en 1384 à Philippe le Hardi. Simon de Lalaing soupçonna bientôt quelque trahison: il déclara que le duc ne songeait point à envoyer à Audenarde ces Picards si fameux par leurs maraudages et que, bien que capitaine de l'Ecluse, il resterait à Audenarde pour veiller lui-même à l'exécution de sa promesse. En effet, il manda aussitôt à sa femme et à son fils aîné qu'ils vinssent l'y rejoindre.

L'inquiétude des habitants s'était un peu calmée, quand une troupe de cultivateurs s'introduisit à Audenarde sous le prétexte du jour du marché, avec des armes cachées sous leurs vêtements. A leurs cris, quelques bourgeois se soulevèrent; mais l'intrépidité du sire de Lalaing arrêta l'insurrection avant qu'elle eût pu se développer et la rejeta hors de la ville (13 avril 1452).

Cette tentative, aussi bien que celle qui avait été précédemment dirigée contre le château de Gavre, avait eu lieu de concert avec les trois capitaines de Gand. Dans la soirée de la veille, ils avaient reçu un message des habitants de la châtellenie d'Audenarde qui favorisaient leurs projets, et ils avaient immédiatement convoqué tous leurs amis pour leur représenter que la châtellenie d'Audenarde relevait de Gand et qu'il fallait la secourir et la délivrer. A les entendre, il ne leur devait pas être moins aisé, dès qu'ils auraient défait le sire de Lalaing, d'aller attaquer le duc de Bourgogne, et déjà ils répétaient; «Allons, allons à Philippin aux grandes jambes!» Liévin Boone décida le mouvement en montrant une besace pleine de grandes clefs qu'il prétendait être celles de la forteresse d'Audenarde, et il partagea avec Jean Willaey l'honneur de commander tous ceux qu'il avait séduits par ses astucieux discours.

Il était près de midi quand Boone et Willaey parurent devant Audenarde. Apprenant que leur complot avait échoué, ils se contentèrent d'annoncer aux habitants que, loin d'être guidés par des desseins hostiles, ils venaient uniquement les aider à repousser les étrangers qui voudraient s'introduire dans leur ville, et qu'ils espéraient être reçus en amis; mais Simon de Lalaing leur fit répondre qu'il était faux que des étrangers menaçassent Audenarde, et que si les Gantois croyaient, par leur présence, exciter quelque nouvelle sédition, ils seraient déçus dans leur attente.

Lorsqu'on sut à Gand que les capitaines étaient sortis de la ville avec un petit nombre de bourgeois, moins hardis que présomptueux, pour combattre l'un des plus braves chevaliers bourguignons, qui pouvait appeler des renforts soit des garnisons du Hainaut, soit de l'armée que le comte d'Etampes réunissait à Seclin, l'inquiétude fut vive, l'alarme universelle. On pouvait craindre que la renommée de la cité de Gand ne fût compromise et que l'opprobre d'une défaite n'affaiblît la puissance de son droit. L'agitation s'accrut au moment où l'on apprit la réponse énergique du sire de Lalaing, et les bourgeois, quel que fût leur sentiment sur le caractère de l'expédition, crurent devoir faire proclamer sans délai la *wapening* pour s'associer à un armement que leur prudence eût désavoué si, avant de l'entreprendre, on eût jugé utile de la consulter. Liévin Boone, Jean Willaey et Everard Van Botelaere triomphaient: ils avaient réussi, par une démarche téméraire, à engager l'honneur, le repos et la prospérité de leurs concitoyens dans une guerre acharnée. Ils espéraient qu'elle confondrait désormais dans une même cause les intérêts sacrés des libertés publiques et les intérêts ambitieux de leur dictature.

Au son de la cloche du beffroi, toute la commune de Gand s'assembla. Dix-huit ou vingt mille combattants, choisis dans les *connétablies*, prirent les armes et sortirent des remparts de Gand, suivis d'une artillerie si nombreuse qu'il n'était en Europe pas de roi qui n'en eût été jaloux. De village en village des renforts importants venaient les rejoindre, et leur premier soin en arrivant devant Audenarde fut de se diviser en deux corps: l'un campait sur les bords de l'Escaut, que l'on y traversait sur un pont construit à la hâte, l'autre occupait la route d'Alost; le blocus établi autour de la ville ne permettait aux assiégés de recevoir ni secours, ni approvisionnements, et l'artillerie des Gantois vomissait sans relâche au milieu d'eux, de ses mille bouches tonnantes, une grêle de projectiles incendiaires. Simon de Lalaing se préparait toutefois à une vaillante résistance: par son ordre, on avait détruit les faubourgs, et dans toutes les rues on avait placé de grandes cuves remplies d'eau où l'on jetait avec des pelles les boulets, rougis au feu, des bombardes gantoises.

Le 15 avril, un messager du sire de Lalaing, qui avait réussi à grand'peine à traverser l'armée des assiégeants, arriva à Bruxelles. Le duc Philippe comprit toute la gravité de la situation qui attachait de nouveau aux murs d'Audenarde le maintien de l'autorité du prince ou le triomphe des communes insurgées. Il congédia les députés de la Flandre dont les pacifiques tentatives étaient restées stériles, et tandis qu'il adressait en toute hâte au comte d'Etampes l'ordre de se porter en avant avec les milices picardes et bourguignonnes campées à Seclin, il monta lui-même à cheval, avec ses conseillers et ses chambellans, pour se diriger vers les frontières de la Flandre et du Hainaut. Il arriva le même soir à Ath, plein d'agitation et d'inquiétude. Tous les récits lui représentaient la grande puissance des Gantois, et il avait appris en passant à Enghien que six cents paysans de Sotteghem, conduits par Gauthier Leenknecht, Samson Van den Bossche et Galiot Van Leys, avaient escaladé les murs de Grammont; on y attendait, ajoutait-on, des renforts que Gauthier Leenknecht s'était empressé d'aller chercher à Gand. Le duc de Bourgogne n'avait en ce moment avec lui qu'un petit nombre d'hommes d'armes; mais, trois cents chevaliers s'avancèrent aussitôt, sous les ordres de Jean de Croy, pour rétablir sa bannière sur les remparts de Grammont. Samson Van den Bossche et Galiot Van Leys opposèrent une vive résistance: leur mort livra la ville aux chevaliers bourguignons, et elle avait été abandonnée pendant deux heures au pillage des Picards, quand Jean de Croy, craignant le retour inopiné de Gauthier Leenknecht et d'un corps gantois, donna l'ordre de charger le butin sur des chariots et de reprendre la route du Hainaut.

Cependant le comte d'Etampes avait vu l'armée réunie à Seclin atteindre le nombre de dix ou douze mille combattants, parmi lesquels on remarquait un grand nombre d'illustres chevaliers, tels que les sires de Hornes, de Wavrin, de Lannoy, de Montmorency, de Harnes, de Dreuil, de Dampierre. Dès qu'il apprit la tentative de Liévain Boone, il se dirigea vers le pont d'Espierres, que les Gantois avaient fortifié pour défendre le passage de l'Escaut. Les Picards se jetèrent aussitôt à l'eau pour forcer leurs retranchements; ils étaient guidés par Jacques de Lalaing, qui avait voulu faire partie de cette expédition pour être le premier à secourir Simon de Lalaing, dont il était le neveu. Les Gantois, inférieurs en nombre, cédèrent: les uns battirent en retraite sous les ordres de Jean Boterman; les autres se réfugièrent dans l'église d'Espierres et y soutinrent un assaut où furent blessés le sire de Roye et Antoine de Rochefort (21 avril 1452).

Le comte d'Etampes poursuivit sa marche vers Helchin, dont il reconquit le château, ancien domaine des évêques de Tournay. Quelques lances et quelques archers, qu'il avait envoyés en avant sous la conduite de Jacques de Lalaing, pour reconnaître la position des Gantois devant les murs d'Audenarde, l'avaient à peine rejoint lorsque des lettres du duc lui furent remises; Philippe l'invitait à venir unir ses forces à celles qu'il avait lui-même rassemblées à Grammont, jugeant qu'il était imprudent de songer à aller, avec des ressources trop peu considérables, attaquer les Gantois dont on évaluait le nombre à trente mille hommes.

L'habileté du duc calculait les chances d'une bataille: pour des chevaliers, plus le combat était inégal, plus il était glorieux. Le comte d'Etampes convoqua le conseil. Quelques-uns prétendaient qu'il fallait obéir au duc, mais le plus grand nombre s'écriaient que ce serait une grande honte que de s'être approché des Gantois sans les attaquer, et d'abandonner ainsi sans secours les chevaliers enfermés à Audenarde. Leur avis fut adopté, et dès ce moment on commença à tout préparer pour le combat. Deux hommes, qui connaissaient bien les chemins et la langue du pays, avaient été choisis pour avertir Simon de Lalaing de la tentative qu'on allait faire pour le délivrer; en effet, ils réussirent à traverser l'Escaut, et Simon de Lalaing ordonna que pendant toute la nuit on travaillât à démurer les portes de la ville, afin qu'il pût assaillir les Gantois au premier moment favorable.

Le lendemain, dès l'aube du jour, le comte d'Etampes se mit en marche, précédé du bâtard de Bourgogne qui commandait l'avant-garde: aussitôt qu'il apprit qu'on n'était plus loin d'Audenarde, il pria le bâtard de Saint-Pol de l'armer chevalier; puis il donna lui-même l'accolade au bâtard de Bourgogne, à Philippe de Hornes, aux sires de Rubempré, de Crèvecœur, d'Aymeries, de Miraumont, et à un grand nombre d'autres écuyers. Jacques de Lalaing les exhorta à bien combattre. «Voilà leur dit-il, l'heure de gagner honorablement vos éperons dorés.» Il racontait qu'il avait remarqué un endroit où le retranchement des ennemis était peu élevé et leur fossé peu profond, et il ajoutait qu'il serait fier de s'avancer avec eux pour disperser la multitude des Gantois. A sa voix, ils se dirigèrent vers une troupe de milices communales qui s'était rangée en bataille dans un champ labouré, protégée par quelques fortifications qui coupaient la grande route d'Audenarde à Courtray. Bien que les Gantois leur présentassent bravement la pointe de leurs piques, les chevaliers, d'un effort vigoureux, rompirent leurs premiers rangs; mais ils se ralliaient et se mettaient déjà en bon ordre, quand Jacques de Lalaing, aiguillonnant son cheval de l'éperon, se précipita plus avant: tous les chevaliers suivirent son exemple. Ils combattaient entourés d'ennemis qui les séparaient sans pouvoir se secourir les uns les autres. Enfin d'autres chevaliers parvinrent à les rejoindre et forcèrent les Gantois à se retirer. Le comte d'Etampes, avec le gros de l'armée, paraissait déjà. Les archers picards décochaient sur les Gantois une nuée de flèches qui traversaient leurs haubers et les atteignaient de loin sans qu'ils pussent se défendre. Dès ce moment, le désordre se mit dans leurs rangs, et ils se replièrent précipitamment vers Gand sans être poursuivis (24 avril).

Le comte d'Etampes laissa son armée à Heyne et entra à Audenarde; de là, il envoya un héraut à Grammont annoncer sa victoire au duc. Philippe fit aussitôt sonner les trompettes et ordonna qu'on se hâtât de prendre les armes pour couper la retraite des Gantois. Le comte de Saint-Pol et Jean de Croy s'armèrent les premiers et galopèrent jusqu'à l'entrée des maladreries de Gand, près de Merlebeke: là, sur le tertre d'un moulin, sept ou huit cents tisserands s'étaient ralliés sous la bannière de Notre-Dame. A mesure que les archers picards arrivaient, les chevaliers les rangeaient en bon ordre; mais dès le premier mouvement qu'ils firent pour attaquer les Gantois, ceux-ci se retirèrent dans les faubourgs, poursuivis et harcelés de toutes parts. Au milieu de cette confusion et de ce désordre, on remarqua le courage d'un bourgeois, nommé Seyssone, qui portait leur étendard. Couvert de blessures, il combattait à genoux et continuait à se défendre: bientôt il ne put plus se soutenir et tomba étendu sur le sol; mais, lorsqu'on l'acheva, sa main n'avait pas quitté la bannière qui lui était confiée.

Le duc de Bourgogne et le comte de Charolais s'étaient avancés jusqu'aux faubourgs de Gand. Toutes les cloches de la ville sonnaient à pleines volées, et le peuple, s'armant au son du tocsin, se précipitait vers les portes et sur les remparts. Dans cette situation, le duc de Bourgogne n'osa pas, avec le petit nombre de chevaliers qui l'entouraient, livrer sa fortune aux chances incertaines d'une lutte décisive. Le même soir, il effectua sa retraite du côté du château de Gavre, dont il espérait intimider la garnison; mais elle refusa de parlementer, et pendant toute la nuit ses canons ne cessèrent de tirer sur les sergents d'armes picards qui campaient dans les champs et au milieu des jardins. Le lendemain, Philippe se retira à Grammont, après avoir chargé le sire de Miraumont d'observer les mouvements des Gantois.

Tout retraçait dans la première ville de la Flandre le spectacle ordinaire des peuples livrés aux orages des révolutions, que frappe un désastre subit et imprévu. Une accusation de trahison avait retenti contre les capitaines de Gand: peut-être leur incapacité et leur défaite étaient-elles leur plus grand crime aux yeux de la multitude; mais ils resteront toujours coupables, devant l'histoire et devant la postérité, d'avoir excité l'anarchie qui avait préparé la guerre, et d'avoir plus tard provoqué la guerre pour éterniser l'anarchie. L'épée que leurs mains débiles, ambitieuses de gloire et de puissance, avaient essayé de soulever, était devenue l'instrument de leur honte; la hache du bourreau, que pendant longtemps ils avaient promenée sur les places publiques rougie du sang des victimes, retomba sur leur tête. Il n'y avait rien, ni dans les souvenirs de leur pouvoir, ni dans les accidents de leurs revers, qui pût les justifier ou atténuer leurs fautes. Arrêtés le 25 avril, peu d'heures après le combat de Merlebeke, ils périrent cinq jours après: ils léguaient à leurs juges, comme une fatale nécessité, le soin de venger ceux qu'ils avaient conduits à la déplorable expédition d'Audenarde, et dans les derniers jours d'avril, après une revue de tous les habitants en état de porter les armes, les bourgeois élurent pour capitaines Pierre Van den Bossche, que Jean de Vos remplaça bientôt après, Jacques Meussone, Jean de Melle, Pierre Van den Ackere et Guillaume de Vaernewyck. En 1199, Marc de Vaernewyck était déjà l'un des plus riches bourgeois de la cité de Gand. Yvain et Thomas de Vaernewyck accompagnèrent Gui de Dampierre au château de Compiègne; Simon de Vaernewyck combattit à la journée de Courtray. Peu d'années plus tard, Guillaume de Vaernewyck fut tour à tour l'un des témoins qui signèrent l'acte d'appel de Louis de Nevers contre Philippe le Bel, et l'un des échevins qui résistèrent à Louis de Male, devenu l'allié de Philippe de Valois. L'un de ses fils était Philippe d'Artevelde au siége d'Audenarde. Il ne faut point s'étonner de la perpétuité des noms dans ces grandes communes, où les libertés dont ils servaient la cause étaient si anciennes qu'elles semblaient avoir toujours existé.

Sous l'influence de cette élection qui retrempait toutes les forces de la commune aux sources les plus pures de sa gloire et de ses franchises, une énergie admirable succéda à l'abattement le plus profond. Quelques vives escarmouches attestèrent combien il faudrait verser de sang pour la vaincre et la dompter. Le sire de Lalaing fut repoussé devant la porte de Saint-Pierre. Une attaque, que le comte d'Etampes dirigea contre le château de Malte, situé près du village de Saint-Denis, qui appartenait à messire Baudouin Rym, ne fut guère plus heureuse. Il ne parvint à s'en rendre maître qu'avec de grandes pertes, et vit succomber dans cet assaut l'un des plus vaillants chevaliers de l'armée, messire Jean de Miraumont, qui fut atteint d'un trait dans la poitrine; enfin, au moment où il croyait, après de longs efforts, s'être assuré de l'honneur de la journée en détruisant les faibles murailles qui l'avaient arrêté, il apprit que le capitaine des chaperons blancs avait enlevé Deynze et le château de Peteghem (mai 1452).

Lorsque le duc connut la résistance opiniâtre des Gantois et la mort de Jean de Miraumont, il ordonna qu'on tranchât la tête à tous les prisonniers qui étaient en son pouvoir, et promit un marc d'argent à quiconque lui en amènerait. Ces supplices ne pouvaient toutefois lui tenir lieu de victoires. On reconnut, dans un conseil tenu à Audenarde, que puisqu'il était impossible de s'emparer immédiatement de Gand, il fallait affaiblir les ressources de ses habitants en interceptant toutes leurs communications. Le comte d'Etampes resta à Audenarde; les sires de Saint-Pol et de Croy se rendirent à Alost; les sires d'Halewyn et de Commines à Courtray.

Le duc de Bourgogne et le comte de Charolais s'étaient réservé le soin d'occuper Termonde, point fort important par sa position sur l'Escaut, près de la Zélande et du Brabant. Philippe s'empressa d'y construire un pont fortifié, afin que son armée pût à son gré faire des excursions sur la rive gauche du fleuve. Ces expéditions avaient lieu le plus souvent la nuit; mais la garnison de Termonde ne réussissait point à surprendre les Gantois qui défendaient le pays de Waes. Partout où elle se présentait, ses projets étaient connus et leur accomplissement semblait devenu impossible, quand le hasard fit remarquer au haut du clocher de Termonde une petite lumière qui servait de signal. Deux espions des Gantois y furent découverts et bientôt après décapités. Les tentatives des Bourguignons continuaient toutefois à être couronnées de peu de succès. Les bandes armées que Philippe avait envoyé piller le pays jusqu'aux portes de Gand furent surprises à Lembeke et à Melle: tout le butin qu'elles avaient réuni leur fut enlevé, et par de justes mais cruelles représailles, les prisonniers furent mis à mort. Peu de jours après elles échouèrent de nouveau lorsqu'elles voulurent disperser les ouvriers qui travaillaient aux fossés de la ville, près de la porte Saint-Liévin. Jacques Meussone les repoussa, et une décharge de couleuvrines, placées au haut d'une maison qui avait appartenu à Galiot Van Leys, l'un des capitaines gantois tués à Grammont, acheva de mettre le désordre dans leurs rangs.

La puissance des Gantois ne résidait pas uniquement dans les retranchements qu'ils avaient élevés autour de leur ville au bord des canaux, à la jonction des routes, à l'entrée des villages. Ce n'était pas seulement en Flandre que les Gantois comptaient des alliés secrets dans les villes inquiètes pour leurs priviléges et parmi les populations des campagnes que le duc de Bourgogne avait, disait-on, menacées d'un impôt sur le blé, aussi onéreux pour elles que la gabelle du sel pour les bourgeois des villes. Hors des frontières de Flandre, le souvenir des mémorables confédérations du quatorzième siècle s'était également conservé dans tous les esprits, et le sentiment des mêmes intérêts et des mêmes périls pouvait produire de nouvelles alliances, fatales à l'ambition du duc de Bourgogne. Les Gantois avaient réclamé le secours des Liégeois et entretenaient avec eux des relations suivies. La ville de Tournay les favorisait, et pendant toute la guerre les biens qui appartenaient à ses habitants furent respectés des Gantois. A Mons, on avait doublé la garde des portes. Les échevins de Gand écrivaient à ceux de Dordrecht comme à des amis dont l'appui leur était assuré, et l'on venait de trancher la tête à Simon Uutenhove, qui avait été arrêté près de Biervliet porteur d'un message des bourgeois de Gand «pour séduire et à eux attraire ceulx de Hollande.»

Au moment où le duc de Bourgogne se préparait à tenter un nouvel effort contre la commune de Gand dont la résistance attirait l'attention et sans doute aussi les sympathies et les vœux de tant d'autres communes, il se trouvait placé entre la nécessité de ne pas laisser se développer une insurrection formidable et la crainte de s'exposer à une défaite qui eût pu être le signal d'un semblable mouvement dans toutes les provinces voisines: il résolut donc de recommencer la guerre avec ordre et avec prudence en enlevant successivement aux Gantois toutes les barrières qui les protégeaient. Le duc chargea le comte d'Etampes de diriger l'attaque du côté de Nevele; il se réserva le soin d'envahir le pays de Waes. Dès le 13 mai, on découvrit une conspiration formée pour lui livrer cette riche et importante contrée. Le duc de Bourgogne ne se découragea point toutefois; il ne devait se consoler du mauvais succès de ce complot qu'en en préparant d'autres plus menaçants et plus terribles.

En 1337, Philippe de Valois avait choisi la plus vénérable de toutes les solennités de la grande semaine des chrétiens pour surprendre les bourgeois de Gand livrés à l'exercice des saints et paisibles devoirs de la religion. En 1452, son arrière-petit-fils Philippe, troisième duc de Bourgogne de la maison de Valois, résout une attaque générale contre Gand, et le jour qu'il fixe pour exécuter avec la même ruse de semblables desseins est celui de la fête de l'Ascension (18 mai 1452). En 1337, Jacques d'Artevelde s'armait avec la commune entière pour repousser l'agression, et son génie faisait sortir de la victoire la puissance, la grandeur, l'ordre et la paix même du pays. En 1452, l'on retrouve chez les bourgeois, dans chaque acte isolé de leur vie, ou le même courage, ou le même dévouement; mais ils ne voient apparaître au milieu d'eux aucun de ces hommes qui s'élèvent au sein des difficultés et des périls pour les dominer de tout l'éclat de leur gloire; cette stérilité des peuples à produire à l'heure venue les intelligences supérieures qui manquent à leurs destinées n'est que trop souvent le signe certain de leur décadence.

Les sires de Lannoy, d'Humières, de Lalaing commandaient l'armée qui sortit de Termonde. La plupart des archers du duc les avaient suivis sous les ordres du bâtard de Renty. Ils s'emparèrent sans résistance des premiers retranchements qui s'offrirent à eux. Mais avant de se retirer, l'un des capitaines gantois mit le feu au bourg de Zele pour que les Bourguignons ne pussent ni le piller ni s'y établir. De Zele, les hommes d'armes bourguignons se dirigèrent vers Lokeren. Là comme ailleurs, les Gantois ne s'attendaient point à être attaqués. Les uns cherchèrent à la hâte un asile dans l'église, les autres s'enfuirent au delà de la Durme. Heureusement, ils avaient depuis longtemps, par mesure de précaution, rompu le pont qui conduisait au pays de Waes pour le remplacer par une planche étroite où l'on ne pouvait passer, même à pied, qu'avec peine.

Les hommes d'armes du duc s'étaient divisés: la plupart entouraient l'église; d'autres, sous les ordres du sire de Lalaing, se précipitèrent vers la Durme. Un écuyer breton fut le premier qui cherchât à en forcer le passage, mais il avait peu d'espoir d'y parvenir, lorsqu'on vint annoncer qu'on avait découvert, un peu plus loin, un gué facile à franchir. Jacques de Lalaing s'y porta aussitôt, accompagné d'une centaine d'hommes, et poursuivit les Gantois jusque dans les bois.

Pendant ces escarmouches, le bâtard de Renty s'était arrêté au milieu du bourg, dans un carrefour dont les principales rues se dirigeaient vers l'église et vers la rivière. Ce fut de là que, durant deux heures, les Picards se répandirent de maison en maison pour piller et chercher du butin. Cependant les sons du tocsin descendaient, à travers les campagnes, des clochers de tous les villages environnants. Les fugitifs semaient au loin le récit des dévastations dont ils avaient été les témoins. Les paysans s'armaient: les uns s'avançaient vers Lokeren parles grands chemins, les autres se glissaient à travers les champs couverts de moissons ou le long des haies pour surprendre leurs ennemis.

Le sire de Lalaing était allé rallier ceux de ses hommes d'armes qui étaient restés au delà de la Durme, afin d'aider le sire d'Humières à attaquer les Gantois retranchés dans l'église de Lokeren: à peine s'était-il éloigné que le bâtard de Renty, cédant à un sentiment subit d'effroi, abandonna ses archers sous le prétexte d'aller s'aboucher lui-même avec le sire d'Humières. Son départ fut le signal d'une terreur panique. Tous fuyaient au plus vite: la plupart abandonnaient même leurs chevaux pour franchir plus aisément les obstacles qui s'offraient devant eux. A mesure qu'ils pénétraient plus avant dans un pays qu'ils ne connaissaient point, séparés les uns des autres par de larges fossés et par les arbres dont les Gantois avaient jonché les chemins, leur déroute devenait plus complète. Il suffisait qu'on leur criât: Voilà les Gantois! pour qu'ils fussent si épouvantés «que les vaillants ne les povoient «rassurer.»

Tandis que ceci se passait, Jacques de Lalaing réunissait ses hommes d'armes. Il avait traversé la Durme avec sept des siens seulement, laissant à quelque distance le reste de ses gens, lorsqu'un héraut d'armes lui annonça que les Gantois avaient reparu pour lui couper la retraite, et que le bâtard de Renty s'était enfui sans l'attendre. Le danger était grand. Jacques de Lalaing mit pied à terre et déploya tant de courage qu'il parvint à arrêter presque seul la multitude des assaillants, jusqu'à ce que les hommes d'armes bourguignons eussent pu se retirer vers les portes de Termonde. Sans la valeur héroïque du jeune sire de Lalaing, pas un seul de ceux qui étaient entrés à Lokeren n'en serait sorti (18 mai 1452).

Le duc s'irrita de ce revers: il assembla aussitôt son conseil. On y résolut d'appeler de nouveaux renforts de Picardie et de promettre un mois de solde à quiconque prendrait les armes. En même temps il fut arrêté qu'on tenterait une autre expédition pour laquelle on réunirait toutes les forces dont on pouvait disposer. Antoine de Croy et Jacques de Lalaing étaient les chefs de l'avant-garde; à leur suite marchaient un grand nombre d'ouvriers munis de cognées, de pelles et de scies pour enlever les arbres des routes et combler les fossés. Les sires de Lannoy et de Hornes étaient chargés du soin de les soutenir. Morelet de Renty avait conservé le commandement des archers. Le comte de Saint-Pol conduisait le corps de bataille; l'arrière-garde devait obéir à Jean de Croy.

Cependant quatre ou cinq cents archers et quelques hommes d'armes avaient à peine traversé le pont de Termonde lorsqu'il se rompit; mais le duc se rendit lui-même sur les lieux, et fit si bien qu'en moins d'une heure il fut rétabli. L'armée bourguignonne put continuer sa marche en se dirigeant vers le bourg d'Overmeire, d'où elle devait se rendre à Lokeren pour y venger sa première défaite. Elle était encore à quelque distance des retranchements des Gantois quand des chevaucheurs accoururent pour annoncer que ceux-ci se portaient en avant en faisant sonner leurs trompettes. Le premier héraut d'armes du duc, qu'on nommait Toison d'or, alla avertir l'armée: «S'il est, s'écria-t-il, quelque écuyer qui veuille devenir chevalier, je le conduirai devant les ennemis.» Selon l'usage de ces temps, on croyait qu'après un semblable honneur on ne pouvait jamais prouver trop tôt que l'on en était digne. Le sire de Croy arma donc plusieurs chevaliers, qui à leur tour conférèrent à leurs compagnons l'ordre de chevalerie: c'étaient, entre autres, Adolphe de Clèves, le bâtard Corneille de Bourgogne, les sires de la Viefville, de Wavrin, d'Oignies, d'Humbercourt, de Châlons, de la Trémouille. Ils rivalisèrent de courage dans la lutte qui s'engagea, lutte opiniâtre et acharnée. Jacques de Lalaing combattit de nouveau au premier rang jusqu'à ce que toute l'armée, guidée par le comte de Saint-Pol, eût rejoint l'avant-garde. La supériorité du nombre décida la victoire, et bientôt les Gantois se virent réduits à regagner leurs retranchements, dont les fossés arrêtèrent assez longtemps les ennemis pour qu'ils pussent se retirer sans être inquiétés. Les hommes d'armes du duc les poursuivirent inutilement jusqu'aux villages d'Overmeire et de Calcken qu'ils livrèrent aux flammes (23 mai 1452).

Ce succès semblait devoir les conduire à Lokeren, quand ils virent se présenter à leurs regards un corps de Gantois qui, non moins nombreux que celui qu'ils avaient déjà combattu, marchait aussi au devant d'eux en bon ordre et bannières déployées. On se trouvait dans de vastes bruyères coupées de fossés. Les hommes d'armes bourguignons y cherchèrent longtemps la route qu'ils devaient suivre. Au centre, les fossés étaient absolument inabordables: à gauche, on ne pouvait les franchir qu'à pied; mais vers la droite, Jacques de Lalaing, le sire d'Aumont, et les deux sires de Vaudrey parvinrent à faire passer leurs chevaux et les lancèrent au milieu des Gantois, tandis que les hommes d'armes du sire de Croy, qui revenaient du sac d'Overmeire, les attaquaient par derrière. Les difficultés du terrain facilitèrent la retraite des Gantois. S'ils laissaient quatre ou cinq cents de leurs compagnons sur le champ du combat, leur mort intrépide égala du moins leur résistance à une victoire, car l'armée du duc, affaiblie par ses pertes, effrayée des tintements du tocsin qui résonnaient au loin, s'arrêta et retourna à Termonde livrer au bourreau quelques prisonniers qu'elle emmenait avec elle (23 mai 1452).

Que se passait-il au même moment au sud de Gand? Qu'était devenue l'expédition du comte d'Étampes, entreprise simultanément avec celle du duc de Bourgogne? Avait-elle obtenu, grâce à cette tactique habile, un succès plus décisif? L'ordre du récit nous conduit à de nouveaux combats, et quels qu'en doivent être les résultats, il est trop aisé de prévoir que nous verrons s'y associer d'autres scènes de pillage et de dévastation.

Le comte d'Etampes s'était dirigé d'Audenarde vers Harlebeke pour faire lever le siége du château d'Ingelmunster que bloquaient quelques Gantois. Il y réussit aisément, et ce fut en chassant devant lui toutes les troupes gantoises qui étendaient leurs excursions jusqu'à Courtray, qu'il poursuivit sa marche vers Nevele.

Nevele était un gros bourg entouré de fossés. Les Gantois, commandés par Jean de Vos y avaient élevé un fort retranchement, et, comme si ces précautions ne leur eussent pas suffi, ils avaient fait couper toutes les routes environnantes et avaient placé dans les blés des pieux destinés à arrêter les chevaux. Le comte d'Etampes s'inquiéta peu de ces préparatifs. Son armée était fort nombreuse, puisque les chroniques flamandes l'évaluent à huit mille chevaux; il avait d'ailleurs avec lui la plupart de ses intrépides chevaliers qui avaient délivré Audenarde. Le bâtard Antoine de Bourgogne commandait l'avant-garde; le sire de Saveuse éclairait la marche de l'armée. Elle se porta immédiatement en avant pour assaillir les Gantois, qui s'attendaient peu à cette attaque, et les hommes d'armes bourguignons, protégés par les traits des archers, s'emparèrent facilement des retranchements qu'ils rencontrèrent. A peine les Gantois eurent-ils le temps de se replier au delà de Nevele, se défendant toutefois si courageusement que la chevalerie bourguignonne ne put les entamer.

Nous retrouvons à la prise de Nevele toutes les circonstances de la prise de Lokeren. Le comte d'Etampes, qui était resté hors du bourg de Nevele, avait donné l'ordre de poursuivre les Gantois. Les plus braves chevaliers de l'armée et la plupart des hommes d'armes s'empressèrent d'obéir et s'éloignèrent pour les atteindre. Ceux qui ne les avaient pas suivis ne songeaient qu'à piller, lorsque des renforts importants arrivèrent de Gand sous les ordres de Pierre Van den Nieuwenhuus: au même moment, quatre ou cinq cents paysans, avertis de ce qui se passait, se réunirent au son du tocsin et marchèrent vers Nevele en poussant de grands cris. Le sire de Hérimès, qui occupait le bourg, les entendit, et rassemblant quelques archers, il se fit ouvrir les barrières et s'avança imprudemment pour combattre. Les Gantois, un instant ébranlés par le choc des Picards, les forcèrent bientôt à reculer jusqu'au pont, et là toute résistance cessa. Le sire de Hérimès, que l'on citait comme l'un des plus vaillants chevaliers de l'armée du duc, tomba sous leurs coups; avec lui périrent des chevaliers de la Bourgogne, du Dauphiné, de la Picardie, qui étaient venus chercher la mort sous la massue ou sous les pieux ferrés de quelques obscurs laboureurs. Les Gantois pénétraient déjà dans Nevele et frappaient tous les hommes d'armes qui s'offraient à leurs regards. Le comte d'Etampes pâlit en apprenant ce désastre. Il fit appeler Simon de Lalaing, à qui il avait confié sa bannière, et lui demanda conseil. «Monseigneur, lui répondit le sire de Lalaing, il convient sans plus tarder que tantôt et incontinent cette ville soit reconquise sur ces vilains; car si on attend à les assaillir, je fais doute que tantôt qu'il sera sçu par le pays, les paysans s'élèveront de tous côtés et viendront secourir leurs gens.» Le comte d'Etampes approuva cet avis et ordonna que chacun mît pied à terre pour attaquer les Gantois. Le combat s'engagea avec une nouvelle fureur: le désir de réparer une défaite encourageait les uns; celui de conserver leur avantage soutenait les autres. Par un hasard favorable aux Bourguignons, le bâtard de Bourgogne et ses compagnons, renonçant à une poursuite infructueuse, revenaient déjà vers Nevele. Ils tardèrent peu à reconnaître, au bruit de l'assaut, que les Gantois avaient reconquis le bourg, et joignirent leurs efforts à ceux que le comte d'Etampes faisait du côté opposé. Enfin l'enceinte de Nevele fut forcée. Les Gantois que les vainqueurs purent saisir furent impitoyablement mis à mort. Quelques-uns s'étaient réfugiés dans une petite île: on les entoura, et pas un seul n'échappa à la vengeance des hommes d'armes bourguignons. C'était aussi à Nevele que, soixante et onze années auparavant, Rasse d'Herzeele avait péri avec un grand nombre des siens en combattant Louis de Male.

Cependant, dès que l'avant-garde eut rejoint le corps d'armée, le comte d'Etampes fit mettre le feu au bourg de Nevele et ordonna la retraite. Il en était temps. Le tocsin des villages voisins n'avait pas cessé de retentir, et de toutes parts les laboureurs s'assemblaient, les uns pour combattre, les autres pour fermer par des abatis d'arbres la route qu'avait suivie l'armée du comte d'Etampes. Le péril était plus grand que jamais, et sans la prudence des chefs de cette expédition, elle eût enveloppé dans un désastre commun tous ceux qui y avaient pris part. De nouveaux obstacles arrêtaient à chaque pas la marche et accroissaient le désordre, lorsque le capitaine du château de Poucke assaillit impétueusement l'arrière-garde avec sept ou huit cents combattants. L'alarme gagna le corps principal: le désordre d'une retraite précipitée succéda aux chances égales d'une bataille. Ce fut à grand'peine que les chevaliers rallièrent leurs hommes d'armes autour de l'étendard du comte d'Etampes. A chaque pas, la mort éclaircissait leurs rangs, et cette brillante armée, épuisée de fatigues et de privations, ne parvint à atteindre Harlebeke que vers le milieu de la nuit (24 mai 1452).

La guerre était devenue si acharnée et si cruelle que, dans l'armée des Gantois aussi bien que dans celle du duc, les prisonniers offraient en vain les plus fortes rançons: ils n'évitaient la mort sur les champs de bataille que pour périr le lendemain noyés, pendus ou décapités. La fureur des combattants ne respectait pas davantage les priviléges du rang le plus élevé ou des noms les plus illustres, et plusieurs chevaliers bourguignons jugèrent prudent de chercher à éloigner le comte de Charolais «d'icelle mortelle guerre, pour doubte de male fortune et que doleureuse aventure n'avenist au père et au fils ensemble, qui eust esté la totale destruction de tous les pays du duc de Bourgogne.» Le duc Philippe partagea leur avis et chargea le sire de Ternant de conduire son fils à Bruxelles, près de sa mère; mais la duchesse de Bourgogne, instruite des motifs de ce voyage, ne témoigna aucune joie de voir l'unique héritier de Philippe le Hardi s'abriter dans le sein maternel comme dans un pacifique asile. Elle garda le silence et se contenta d'inviter à un banquet «des chevaliers, escuyers, dames et damoiselles.» Déjà la fête s'achevait, lorsque la fière princesse portugaise, élevant la voix, s'adressa en ces mots au comte de Charolais: «O mon fils, pour l'amour de vous, j'ay assemblé ceste belle compaignie pour vous festoyer, car vous estes la créature du monde, après monseigneur vostre père, que je ayme le mieulx.... Or doncques, puisque monseigneur vostre père est en la guerre à l'encontre de ses rebelles et désobéissans subjetz, pour son honneur, haulteur et seigneurie garder, je vous prye que demain au matin vous retournez devers lui, et gardez bien que en quelconque lieu qu'il soit, pour doubte de mort ne autre chose en ce monde qui vous puist advenir, vous n'eslongiez sa personne et soyés toujours au plus près de luy.» Le comte de Charolais revint à Termonde; mais le duc de Bourgogne, en le revoyant dans son camp, se sentit plus disposé aux négociations, et peu de jours après le retour du comte de Charolais, les marchands d'Espagne, d'Aragon, de Portugal, d'Ecosse, de Venise, de Florence, de Milan, de Gênes et de Lucques, résidant à Bruges, se rendirent à Gand pour s'efforcer de rétablir la paix.

La cité de Gand restait puissante et redoutée. De quelque côté que se portassent ses regards, l'horizon moins sombre semblait s'éclairer de quelques rayons. Le roi de France se montrait disposé à abjurer le système hostile de Philippe le Bel et de Philippe de Valois, tandis qu'à Londres rien n'avait affaibli les sympathies séculaires qui unissaient la patrie de Jacques d'Artevelde au royaume d'Edouard III.

Le 24 mai 1452, les capitaines, les échevins et les doyens des métiers adressaient à Charles VII une longue lettre pour lui faire connaître leurs griefs et leurs plaintes. Ils y exposaient que le duc de Bourgogne avait mandé des hommes d'armes pour les combattre et qu'il s'efforçait de les livrer à la famine, protestant toutefois que bien que la guerre fût «moult dure, griefve et déplaisante,» ils étaient résolus à maintenir leurs droits, leurs priviléges, franchises, coutumes et usages, dont le roi, comme leur souverain seigneur, était «le gardien et conservateur.»

Deux jours après, des ambassadeurs anglais arrivaient à Gand, chargés par Henri VI d'offrir un secours de sept mille hommes.

Enfin, peu d'heures avant que les représentants des marchands étrangers, des *nations*, comme on avait coutume de les nommer, eussent salué les bords de l'Escaut, six mille Gantois, sous les ordres de Jean de Vos, quittaient Gand par la route de Nevele pour se diriger vers Bruges. Ils avaient pour mission de rappeler à leurs anciens alliés leur serment de sacrifier d'étroites rivalités aux intérêts d'une patrie commune, de les soutenir s'ils tentaient quelque mouvement favorable, de les menacer peut-être dans le cas où l'influence du duc y étoufferait tous les efforts de leurs amis. En effet, ils apprirent bientôt que Louis de la Gruuthuse et Pierre Bladelin avaient fait fermer les portes, et d'un commun accord ils s'arrêtèrent à Moerbrugge, assez près du Beverhoutsveld. Un de leurs trompettes se présenta à la porte de Sainte-Catherine avec plusieurs lettres adressées aux divers métiers de Bruges: «S'il vous plaît, écrivaient-ils aux Brugeois, nous faire assistance pour nous aider à entretenir nos droits et franchises, lesquels nous en nulle manière ne pensons délaissier ne souffrir estre amendris à l'aide de Dieu et de nos bons amis, nous vous promettons que nous vous ferons samblable assistence à l'entretenement de vos droits et franchises, et que nous, pour plus grand sureté de ces choses, jamais ne ferons paix sans vous; car vous et nous ne porions mieulx entretenir iceulx nos droits et franchises, se non par bonne union.» Ces lettres ne furent point remises. Louis de la Gruuthuse et Pierre Bladelin, étant sortis par un guichet pour parlementer, réussirent à persuader aux Gantois que les magistrats de Bruges étaient disposés à appuyer leurs réclamations, et que le but de leur voyage était atteint par la démarche des *nations*. Les Gantois se retirèrent vers Oedelem et Knesselaere; ils acceptaient comme un succès complet ces vagues et douteuses espérances.

Les marchands des *nations* avaient déjà été admis à Gand dans la *collace*. Dans un discours rédigé avec habileté, ils représentèrent vivement les désastres qui menaçaient une contrée célèbre entre toutes celles du monde par les richesses qu'elles devaient à son commerce. Ils ajoutaient que les Gantois agiraient sagement en cessant de rappeler à tout propos leurs franchises et leurs priviléges et qu'il serait agréable au duc de leur voir supprimer leurs «*chievetaineries*.» Les Gantois eussent craint de paraître, par leur silence, renoncer à leurs priviléges: quant à la mission de leurs capitaines, ils déclaraient qu'elle n'avait d'autre but que de maintenir au milieu des agitations de la guerre la sécurité et l'ordre intérieur, et l'on eût tout au plus consenti à leur donner un autre nom. Cependant la médiation des *nations* fut acceptée et quatre religieux furent choisis pour seconder leurs efforts: c'étaient l'abbé de Tronchiennes, le prieur des Chartreux, le prieur de Saint-Bavon et un moine de la même abbaye, nommé Baudouin de Fosseux, dont la sœur avait épousé Jean de Montmorency, grand chambellan de France. Ils trouvèrent le duc à Termonde. Le prieur des Chartreux parla le premier, puis l'un des marchands étrangers lut une cédule où ils exposaient qu'ils se trouveraient, si la guerre ne se calmait point, bientôt réduits à quitter la Flandre, «car, comme chascun peult savoir, les marchands et les marchandises requièrent paix et pays de paix, et nullement ne pevent soustenir la guerre.» Les conseillers du duc délibérèrent et se plaignirent de ce que les Gantois étaient pires que les Juifs, «car se les Juifs eussent véritablement sceu que nostre benoit Sauveur Jésus-Christ eust esté Dieu, ils ne l'eussent point mis à mort: mais les Gantois ne pouvoient et ne pevent ignorer que monseigneur le duc ne fust et soit leur seigneur naturel.» Les Gantois étaient si fiers, le duc si irrité qu'il était bien difficile de concilier des prétentions tout opposées.

Les négociations se poursuivaient depuis quelques jours lorsque des nouvelles importantes vinrent modifier profondément la situation des choses. On avait appris en même temps à Gand et à Termonde que Charles VII, cédant aux prières des députés flamands, voulait intervenir comme médiateur dans les querelles du duc et de ses sujets et l'on savait déjà que ses ambassadeurs étaient arrivés le 11 juin à Saint-Amand; c'étaient: Louis de Beaumont, sénéchal de Poitou; Gui Bernard, archidiacre de Tours, et maître Jean Dauvet, procureur général au parlement; mais il leur avait été ordonné de placer à la tête de leur ambassade le comte de Saint-Pol, l'un des plus illustres feudataires du royaume qui, en ce moment même, combattait sous les drapeaux du duc de Bourgogne et semblait, par l'étendue et la situation de ses domaines, investi d'un droit d'arbitrage qui devait un jour lui devenir fatal.

Les instructions destinées aux ambassadeurs français leur avaient été remises à Bourges, le 5 juin; elles comprenaient deux points principaux, deux réclamations également importantes pour la puissance de la monarchie. La première s'appuyait bien moins sur l'équité que sur le sentiment national de la France, blessé par le honteux traité d'Arras et prêt à saisir avec empressement la première occasion favorable pour le déchirer. Il s'agissait de la restitution des villes de la Somme, sans rachat, sous le simple prétexte que la cession n'avait eu lieu que pour protéger les pays du duc contre les excursions des Anglais, et qu'elle était devenue sans objet par la conquête de la Normandie et l'existence des trêves. Le sire de Croy avait dit vrai, lors des conférences d'Arras, que le duc de Bourgogne renoncerait volontiers aux avantages qui lui avaient été faits si Charles VII acceptait les conditions mises à la paix par les Anglais, et il suffit de rappeler, pour s'expliquer cette déclaration, que le duc Philippe craignait en traitant séparément d'exciter à la fois les murmures de la Flandre et la colère de l'Angleterre; mais on n'avait rédigé aucun acte de cette promesse, essentiellement vague et sans doute limitée aux négociations de cette époque. Le second point, c'était la médiation du roi dans les affaires de Flandre, l'exercice complet et entier de son droit de souveraineté dans ces provinces qui formaient le plus riche héritage de la maison de Bourgogne, et les envoyés de Charles VII se trouvaient chargés de travailler en son nom au rétablissement de la paix.

Pour atteindre ce but, les ambassadeurs français tiendront au duc et aux Gantois un langage tout différent. Ils diront au duc que le roi, arbitre légitime de toutes les dissensions de ce genre, peut, à l'exemple de ses prédécesseurs, les terminer, soit par sa sentence, soit en recourant, contre ceux qui ne s'y soumettraient point, à la force des armes. Ils exposeront, au contraire, aux Gantois que le roi, qui décide seul dans toute l'étendue du royaume de la paix ou de la guerre, est disposé à les préserver de toute oppression comme ses bons et loyaux sujet. Dans le même système, ils devaient ou ajourner les négociations relatives à la Flandre pour assurer le succès de celles qui se rapporteraient à la restitution de villes de la Somme, ou bien, si elle était contestée, présenter à la Flandre l'appui du roi contre le duc de Bourgogne.

A Gand on lut publiquement, dans la journée du 14 juin, les lettres qui annonçaient l'intervention du roi de France, et dès le lendemain le capitaine de Saint-Nicolas, Jean de Vos, prit le commandement d'une expédition dirigée contre le Hainaut.

Le duc de Bourgogne n'était pas moins impatient de renouveler la guerre. Si les Gantois sentaient leur zèle se ranimer par l'espoir de l'appui de Charles VII, il était important à ses yeux que leur défaite immédiate rendît cet appui inutile ou superflu: le 13 juin il congédia les députés des *nations*, rejetant avec dédain la trêve de six mois qu'ils avaient demandée et leur proposition de remplacer désormais le nom que portaient les capitaines (*hooftmans*) par celui de *gouverneurs*, *recteurs*, ou *deffendeurs*. L'armée bourguignonne avait reçu d'importants renforts et était prête à envahir le pays de Waes. Le duc le déclara lui-même aux députés des *nations*. Quelques heures plus tard il eût pu, pour les en convaincre, leur montrer les flammes qui s'élevaient à l'horizon au-dessus de ces heureuses campagnes enrichies par les bienfaits d'une longue paix.

Le sire de Contay et trois cents hommes d'armes avaient passé l'Escaut, près du bourg de Rupelmonde, dont les Bourguignons avaient depuis longtemps incendié les habitations. Ces ruines leur offrirent un abri où ils se fortifièrent avec quelques coulevrines. La nuit s'écoula dans une grande inquiétude: deux mille Gantois occupaient Tamise; ils étaient au nombre de quatre mille à

Basele: on craignait qu'ils ne se réunissent à Rupelmonde pour repousser le sire de Contay et ses compagnons.

Cependant l'aurore se leva: les Gantois n'avaient fait aucun mouvement, soit qu'ils ignorassent la tentative des Bourguignons, soit qu'ils crussent leur troupe plus nombreuse, et d'autres chevaliers ne tardèrent pas à rejoindre le sire de Contay. Le comte de Saint-Pol et le sire de Chimay traversèrent les premiers le fleuve avec l'avant-garde, composée de mille archers et de trois cents lances: toutes les enseignes furent aussitôt déployées et guidèrent les combattants vers Basele. Les Gantois, surpris et chassés de leurs retranchements par les archers, se réfugiaient précipitamment dans l'église et dans une maison fortifiée qui en était voisine. On les y assiégea. Les archers décochaient leurs traits sur tous ceux qui se montraient aux fenêtres, et la plupart des hommes d'armes, entraînés par leur exemple, abandonnaient leurs rangs et accouraient en désordre pour prendre part à l'assaut, lorsqu'une troupe nombreuse de Gantois qui avait quitté Tamise les attaqua inopinément. Un cri d'effroi avait retenti parmi les hommes d'armes bourguignons et une sanglante mêlée s'engagea aussitôt autour de la bannière du comte de Saint-Pol.

 Le duc Philippe remarqua, de l'autre rive de l'Escaut, le péril qui menaçait les siens. Il se jeta sans hésiter dans une petite nacelle avec son fils, le duc de Clèves, et Corneille, bâtard de Bourgogne. A mesure que ses hommes d'armes le suivaient sur la rive opposée, il les rangeait lui-même en bon ordre et les envoyait là où le danger était le plus pressant. Grâce aux secours qu'ils reçurent, le comte de Saint-Pol et le sire de Chimay parvinrent à repousser les Gantois, qui perdirent une partie de leurs chariots et de leur artillerie.

Ce succès permit à l'armée bourguignonne d'achever son mouvement sans obstacle, et le lendemain vers le soir elle se trouvait tout entière sur la rive gauche du fleuve.

Le 16 juin 1452, dès que le jour parut, les hommes d'armes qui combattaient sous la bannière du duc de Bourgogne quittèrent leurs tentes: Philippe avait ordonné qu'à l'exception d'un petit nombre de chevaucheurs chargés de surveiller les mouvements de l'ennemi, ils luttassent tous à pied. En ce moment, en y comprenant les sergents qu'avait amenés le duc de Clèves, ils étaient trente ou quarante mille: redoutable légion d'élite, que des chevaliers accourus de toutes les provinces de France conduisaient à la destruction des milices communales de Flandre. «Fière chose fust, dit Olivier de la Marche, à voir telle assemblée et telle noblesse, dont seulement la fierté de l'ordre, la resplendisseur des pompes et des armures, la contenance des étendards et des enseignes estoient suffisans pour ébahir et troubler le hardement et la folle emprise du plus hardi peuple du monde.»

Une vaste plaine s'étend entre Rupelmonde et Basele; c'est là que le duc attendait les Gantois. On apercevait près de lui le jeune comte de Charolais qui, au milieu des hommes d'armes dociles à ses ordres, se préparait à combattre pour la première fois. Déjà il savait se faire craindre et obéir, et montrait bien «que le cœur lui disoit et apprenoit qu'il estoit prince, né et élevé pour autres conduire et gouverner.»

Les Gantois qui occupaient le pays de Waes se trouvaient sous les ordres de Gauthier Leenknecht. Intrépide jusqu'à la témérité et déjà fameux par la prise de Grammont, il avait un instant formé le projet de percer les digues et d'engloutir dans les eaux le duc et toute son armée, mais il en avait été empêché par l'arrivée de quelques archers bourguignons; sa confiance dans le succès n'en avait toutefois pas été ébranlée, et il croyait qu'à l'aide des renforts conduits de Gand par le capitaine de Saint-Jean, Jacques Meussone, il pourrait rejeter dans l'Escaut les Bourguignons, dont le nombre lui était inconnu. En effet, dès que le sire de Masmines eut annoncé que l'on signalait au loin la bannière où le lion de Notre-Dame semble, même pendant son sommeil, chercher de sa griffe entr'ouverte la lutte et le combat, le duc avait ordonné à son avant-garde de se retirer; ce mouvement simulé devait tromper les Gantois et les entraîner au milieu de leurs ennemis, tandis que le duc de Clèves, le comte d'Etampes et le bâtard Corneille de Bourgogne veillaient à ce qu'aucune attaque ne fût dirigée soit contre l'arrière-garde, soit contre l'aile gauche qui s'étendait vers le village de Tamise.

Le comte de Saint-Pol exécuta habilement les instructions qui lui avaient été données. Les Gantois, se disputant l'honneur de le poursuivre, se livraient à l'enthousiasme de la victoire, quand ils entendirent, comme un arrêt de deuil et de mort, retentir tout à coup autour d'eux cent trompettes ennemies dont les lugubres fanfares s'effacèrent dans la détonation de toute l'artillerie du duc. Aux balles de pierres et de fer qui sillonnaient un nuage de fumée ardente se mêlaient les flèches acérées des archers: c'était le signal que les hommes d'armes bourguignons attendaient pour se porter en avant.

Les Gantois, en se voyant enveloppés par toute une armée, avaient reconnu les embûches qui leur étaient préparées: ils ne cherchaient plus qu'à s'inspirer de ces sentiments suprêmes d'abnégation et de courage que le spectacle d'une mort inévitable ne rend que plus vifs chez les âmes héroïques. Jacques de Luxembourg, s'étant élancé le premier dans leurs rangs épais, y eut son cheval abattu sous lui, et peu s'en fallut qu'il ne pérît. Jacques de Lalaing fut atteint à la jambe d'un coup de faux, le sire de Chimay fut blessé au pied. Ce fut en vain que les chevaliers bourguignons cherchèrent à conquérir la grande bannière de Gand: un vieux bourgeois, à qui elle avait été confiée, la défendait si vaillamment que jamais on ne put la lui arracher. Les Gantois, pressés par le choc de la chevalerie ennemie, reculaient en résistant à chaque pas, et leur dernière troupe, près de succomber, ne s'arrêta que pour livrer un dernier combat où le bâtard Corneille de Bourgogne tomba, frappé d'un coup de pique à la gorge. C'était l'objet de l'affection la plus tendre du duc. Il fit aussitôt pendre à un arbre Gauthier Leenknecht qu'on avait relevé parmi les blessés, mais cette vengeance ne pouvait le consoler de la perte de son fils; on disait que la mort de cent mille hommes des communes de Flandre n'y eût point suffi. La duchesse de Bourgogne se chargea elle-même du soin de lui faire célébrer de magnifiques obsèques dans l'église de Sainte-Gudule de Bruxelles, et on l'ensevelit dans le tombeau des descendants légitimes des princes de Brabant et de Bourgogne, avec sa bannière, son étendard et son pennon, ce qui n'appartenait qu'aux chevaliers morts les armes à la main.

Le lendemain, on aperçut une flotte nombreuse qui remontait l'Escaut, étalant au soleil, au milieu de ses voiles blanches, mille écus aux éclatantes couleurs; elle portait des hommes d'armes réunis en Hollande par les sires de Borssele, de Brederode et d'autres puissants bannerets.

Lorsque le duc Philippe vit, immédiatement après sa victoire, cette nouvelle armée se joindre à une armée déjà si puissante, il s'avança jusqu'à Waesmunster, espérant peut-être y trouver des députés de Gand chargés d'implorer sa clémence; mais les Gantois se consolaient déjà de la défaite de Gauthier Leenknecht par les heureux résultats de l'expédition de Jean de Vos qui avait repris Grammont, dispersé la garnison d'Ath, brûlé Acre et Lessines et semé la terreur jusqu'aux portes de Mons, en recueillant partout sur son passage un immense butin; Jean de Vos, rentré à Gand, fut proclamé *upperhooftman* ou premier capitaine de la ville.

A la même époque se forma, de l'appel d'un homme par connétablie, ce corps si célèbre depuis sous les ordres du bâtard de Blanc-Estrain, des compagnons de la *Verte Tente*, destinés à opposer aux Picards une guerre non interrompue d'excursions inopinées et d'escarmouches sanglantes: ils avaient juré, comme les vieux Suèves, de ne connaître d'autre abri que le dôme des forêts et la voûte du ciel.

Le 13 juin, le duc de Bourgogne, averti du débarquement du sire de Contay sur la rive gauche de l'Escaut, avait fait écrire aux ambassadeurs du roi qu'il lui était impossible de les recevoir à Termonde et qu'il les invitait à se rendre à Bruxelles. Il eût désiré qu'ils négociassent avec ses conseillers loin du théâtre de la guerre, sans la troubler par leur intervention; mais les instructions formelles de Charles VII s'y opposaient. Ils ne devaient traiter qu'avec le duc lui-même, et lorsqu'on eut réussi à les retenir trois jours à Bruxelles, il fallut bien se résoudre à leur permettre de se diriger vers le camp de Waesmunster.

Un héraut français, parti le 15 juin de Tournay, était déjà arrivé à Gand, porteur d'une lettre par laquelle les envoyés de Charles VII annonçaient qu'ils avaient reçu du roi pleine autorité pour faire cesser la guerre et juger tous les démêlés qui en avaient été la cause. Un grand enthousiasme accueillit à Gand cette déclaration, et les magistrats répondirent immédiatement aux ambassadeurs français «qu'ils ne desiroient que l'amiableté du roy et estre de lui préservez et entretenuz en justice, laquelle leur avoit longhement esté empeschiée.»

Il est aisé de comprendre qu'au camp de Waesmunster la médiation de Charles VII était jugée avec un sentiment tout opposé. Bien que le sénéchal de Poitou et ses collègues exposassent leur mission «au mieulx et le plus doucement qu'ils pussent,» le duc leur répondit vivement, «sans délibération de conseil,» que les Gantois «estoient les chefs de toute rébellion, qu'ils lui avoient fait les plus grands outrages du monde et qu'il estoit besoing d'en faire telle punition que ce fust exemple à jamais.» Enfin, il ajouta que si le roi connaissait la véritable situation des choses, «il seroit bien content de lui laisser faire sans lui parler de paix,» et il pria les ambassadeurs «qu'ils s'en voulsissent déporter.» Le lendemain (c'était le 21 juin 1452), le duc paraissait plus calme: il avait laissé à son chancelier le soin de parler en son nom, et les ambassadeurs firent connaître leur intention d'aller eux-mêmes à Gand «pour le bien de la besongne.» C'était soulever une nouvelle tempête. Le chancelier de Bourgogne, Nicolas Rolin, objecta qu'il ne pouvait y avoir honneur, ni sûreté à s'y rendre. La discussion s'était terminée sans résultats et les envoyés de Charles VII s'étaient retirés à Termonde, quand ils y reçurent une nouvelle lettre des magistrats de Gand qui les pressaient de hâter leur arrivée dans cette ville, «afin qu'on les pust advertir tout au long des affaires et besoingnes, car bon et playn advertissement sont le bien et fondation de la conducte d'une matière.» Cette lettre légitimait leurs instances. Ils les maintinrent énergiquement dans une conférence avec les conseillers bourguignons, qui se prolongea jusqu'au soir, et bien qu'on leur opposât «plusieurs grands arguments pour cuider rompre leur dite commission et empescher leur alée audit lieu de Gand,» ils fixèrent au lendemain l'accomplissement de leur résolution, après avoir décidé toutefois que le comte de Saint-Pol ne les accompagnerait pas à Gand, puisqu'il se trouvait en ce moment, à raison des fiefs qu'il possédait, tenu de combattre sous les drapeaux du duc de Bourgogne. Les droits de l'autorité royale exigeaient à leur avis qu'ils accueillissent les plaintes de l'opprimé et ils n'y voyaient, disaient-ils, ni déshonneur, ni sujet de crainte: ce qu'ils redoutaient bien davantage, c'était de ne pouvoir se faire écouter ni par un prince obstiné dans ses projets, ni par une population inquiète et accessible à toutes les passions tumultueuses.

Les échevins de Gand et un grand nombre de bourgeois s'étaient rendus solennellement à une lieue de la ville au devant des ambassadeurs du roi. La remise des lettres closes sur lesquelles reposait leur mission eut lieu le lendemain, et dans les conférences qui s'ouvrirent aussitôt après, ils obtinrent que l'on enverrait près du duc l'abbé de Tronchiennes, Simon Boorluut et d'autres députés, afin de tenter un dernier effort pour rétablir la paix, ajoutant que si l'on ne pouvait y parvenir par voies amiables, le roi de France était prêt à maintenir le droit des Gantois par autorité de justice.

Pour juger ce que présentait de sérieux, le 25 juin, ce projet d'un débat contradictoire entre les envoyés du duc et ceux de la commune insurgée, il faut que nous reportions nos regards sur les événements qui se sont accomplis dans le pays de Waes depuis que les ambassadeurs français ont quitté Termonde.

Le 23 juin, Philippe, mécontent et irrité, avait consenti malgré lui à ce que les ambassadeurs français allassent étaler les fleurs de lis royales parsemées sur les cottes d'armes de leurs hérauts au milieu des bannières gantoises. Le même jour, il fit appeler le comte d'Etampes et lui ordonna de s'avancer vers le pays des Quatre-Métiers en mettant tout à feu et à sang. Le comte d'Etampes obéit: la guerre devint de plus en plus cruelle, de plus en plus acharnée; un grand nombre de chaumières avaient été livrées aux flammes et plusieurs retranchements avaient été enlevés d'assaut quand le comte d'Etampes, arrivé près de Kemseke, s'arrêta dans son mouvement. La chaleur était si étouffante, racontent les chroniqueurs bourguignons, qu'il se vit réduit à retourner à Waesmunster: il est bien plus probable qu'il avait appris que six mille Gantois occupaient depuis deux jours le village de Moerbeke et qu'il avait jugé prudent d'ajourner le projet de les y attaquer.

En effet, le 24 juin, l'armée du comte d'Etampes, à laquelle le comte de Charolais avait conduit de puissants renforts, reprit la route suivie par l'expédition de la veille; elle se rangea en bon ordre entre Stekene et l'abbaye de Baudeloo, et l'on envoya des chevaucheurs en avant pour examiner la position des Gantois. Elle était très-forte, et malgré l'avis du sire de Créquy, qui voulait reconnaître de plus près les ennemis, les chevaliers, auxquels était confié le soin de la personne de l'unique héritier de la maison de Bourgogne, résolurent de rentrer de nouveau à Waesmunster.

Lorsque Philippe apprit que son fils était revenu dans son camp, comme le comte d'Etampes, sans que le moindre succès eût couronné ses armes, il résolut, quelque sanglant qu'en dût être le prix, de conquérir sur les Gantois les retranchements de Moerbeke. Les sires de Créquy, de Ternant, d'Humières furent chargés de préparer le plan du combat. Le duc de Bourgogne l'approuva aussitôt et fixa, à tous les hommes d'armes réunis à Waesmunster, l'heure du départ et celle de l'assaut; cependant, lorsque le son des trompettes appela l'armée sous les armes, un mouvement d'hésitation se manifesta; des murmures se firent entendre; ce fut presque une rébellion: les chevaliers eux-mêmes craignaient de s'exposer aux dangers qu'ils prévoyaient. Philippe se vit réduit à céder, mais sa colère éclata en présence des membres de son conseil et on l'entendit donner l'ordre d'enlever l'étendard qui flottait devant son hôtel.

Ceci se passait le jour même où la déclaration des magistrats relative aux négociations était publiée à Gand: le lendemain, 26 juin, le duc accordait une trève de trois jours.

Si les chroniqueurs contemporains mentionnent à peine cette suspension d'armes, il ne faut point s'en étonner. Le duc l'employa à de nouveaux armements: à Gand, les discordes intérieures allaient devenir un fléau de plus pour le peuple déjà épuisé par une longue guerre.

Henri VI et Charles VII poursuivaient en Guyenne la grande lutte de Jeanne d'Arc contre Talbot: leurs ambassadeurs, portant en Flandre les mêmes sentiments de rivalité, se disputaient l'appui des communes. Les uns, accourus les premiers, sans pompe, sans éclat, et plutôt comme des espions, s'étaient adressés aux souvenirs des temps les plus glorieux et des hommes les plus illustres: les autres avaient essayé de réhabiliter cette suzeraineté trop souvent invoquée par Philippe le Bel et Philippe de Valois, et, en effet, ils avaient paru, entourés de respect et d'honneurs, aussi bien au milieu des Gantois auxquels ils promettaient un protecteur, qu'à la cour du duc qu'ils menaçaient d'un juge.

De l'un et de l'autre côté il n'y avait que des promesses. Les Anglais se persuadèrent assez aisément que le meilleur moyen de faire croire à leur sincérité était de les exécuter sans délai et sans bruit; rien n'était plus habile pour faire échouer les négociations entamées par les ambassadeurs français. Tandis que le sénéchal de Poitou, l'archidiacre de Tours et maître Jean Dauvet retournaient à Waesmunster, on vit arriver à Gand quelques archers anglais venus probablement de Calais. Dès ce moment, il y eut un parti français, ou pour mieux dire, un parti de la paix qui favorisait la médiation des ambassadeurs de Charles VII, et un parti de la guerre qu'encourageait l'impuissance de l'armée bourguignonne devant les palissades précipitamment élevées dans les marais de Moerbeke.

Le 29 juin, maître Jean Dauvet était revenu à Gand pour y annoncer qu'on n'avait pu obtenir du duc une trève d'un mois comme les Gantois l'avaient demandé aux ambassadeurs français. Il était en même temps chargé de rendre compte des premières négociations: les principes qui y avaient présidé étaient, d'une part, le maintien de l'autorité du duc si longtemps méconnue, de l'autre, la conservation des priviléges menacés d'une sentence de confiscation, et avant tout le droit d'arbitrage des envoyés du roi en n'y attachant d'autre sanction légale que l'amende, dans le cas où les Gantois seraient reconnus coupables de quelque délit. Cette déclaration, soumise à l'assemblée de la commune pour qu'elle y adhérât, fut vivement combattue et bientôt rejetée: la *collace* n'accepta la médiation des ambassadeurs qu'en repoussant leur arbitrage, et elle se réserva non-seulement ses priviléges et le soin de se justifier des griefs du duc, mais aussi le droit de ratifier toutes les conditions relatives au rétablissement de la paix.

Une expédition s'était organisée sous l'influence de ce sentiment hostile aux négociations. Les partisans des Anglais, se croyant assurés de vaincre les Bourguignons parce qu'ils conduisaient avec eux quelques archers de Henri VI, avaient formé le projet de s'emparer de Hulst. Ils savaient qu'Antoine de Bourgogne, qu'on appelait le bâtard de Bourgogne depuis la mort de son frère Corneille s'y tenait avec Simon, Jacques et Sanche de Lalaing et une partie de l'armée hollandaise: il avait même pillé et dévasté le pays jusqu'à Axel. A l'approche des Gantois qui s'avançaient avec une nombreuse artillerie, il recourut de nouveau à l'une de ces ruses que nos communes ne surent jamais prévoir. Tandis qu'il multipliait sur les remparts de Hulst de vains simulacres de défense, Jacques de Lalaing et Georges de Rosimbos, cachés hors de la ville avec un grand nombre d'archers, enveloppaient les Gantois, et presque au même moment le capitaine d'Assenede, qui portait l'étendard de Gand, le jeta à ses pieds en criant: Bourgogne! Cette attaque, cette trahison non moins funeste et non moins imprévue, répandent la confusion et le désordre parmi les milices communales. Jacques de Lalaing s'y précipite: cent glaives se dirigent vers sa poitrine et trois chevaux tombent sous lui; mais il triomphe, et les Gantois fuient jusqu'aux portes de Gand, où Jean de Vos fait saisir et décapiter quelques-uns de ceux qui n'ont été ni assez prudents pour traiter avec dignité, ni assez intrépides pour combattre avec honneur.

La gloire de la Flandre eût reçu une tache indélébile dans cette journée, si quelques bourgeois de Gand n'avaient continué à lutter presque seuls contre la multitude de leurs ennemis, afin que leur courage fît du moins oublier la honte de leurs compagnons. Leur résistance se prolongea longtemps, et ceux d'entre eux qui survécurent à un combat acharné refusèrent de recourir à la clémence du duc pour se dérober à la hache du bourreau, aimant mieux perdre la vie que de se montrer indignes de la conserver. «En vérité, raconte Jacques Duclercq, je vous diray ung grand merveille, et à peu sembleroit-elle croyable: c'est que les Gantois estoient tant obstinés à faire guerre qu'ils respondirent qu'ils aimoient mieulx mourir que de prier mercy au duc, et qu'ils mouroient à bonne querelle et comme martyrs (29 juin 1452).»

Cependant les vainqueurs, craignant quelque autre attaque des Gantois, avaient envoyé des messagers à Waesmunster afin de réclamer des renforts. Hulst n'est éloigné que de quatre lieues de Waesmunster. Le duc ordonna le même soir à toute son armée de se réunir. En vain les ambassadeurs du roi lui représentèrent-ils qu'un de leurs collègues était resté à Gand et qu'il ne tarderait peut-être point à apporter des nouvelles qui rendraient désormais inutile l'effusion du sang, le duc se contenta de répondre que les mauvaises intentions des Gantois lui étaient assez connues. L'avant-garde, le corps principal et l'arrière-garde se mirent successivement en marche; les chariots suivaient, afin que ceux qui viendraient à se briser ne formassent point un obstacle sur le chemin. Le duc, ayant ainsi chevauché toute la nuit, s'arrêta à une demi-lieue de Hulst. Il y fut rejoint par quelques hommes d'armes hollandais commandés par le sire de Lannoy, et donna aussitôt à Jacques et à Simon de Lalaing l'ordre d'aller examiner de quel côté il serait plus aisé d'escalader les remparts d'Axel, mal défendus par de larges fossés dont un soleil ardent avait épuisé les eaux.

Ces précautions étaient inutiles. Les Gantois, avertis de la marche de l'armée bourguignonne, s'étaient retirés pendant la nuit. Le duc fit mettre le feu aux trois mille maisons qui formaient le bourg d'Axel, et se rendit à Wachtebeke où il passa deux jours, attendant les vivres que les sires de Masmines et de la Viefville étaient allés chercher à l'Ecluse.

Pendant ces deux jours, les hommes d'armes du duc se dispersèrent pour parcourir les champs. Ils découvrirent un petit fort où quelques Gantois s'étaient retranchés. Ils les prirent et les mirent à mort. Leur principal but, toutefois, était de piller. Les laboureurs, dans leur fuite précipitée, avaient abandonné leurs troupeaux qui paissaient dans les prairies. Ils étaient, disent les chroniqueurs, si nombreux que l'on vendait au camp du duc une belle vache du pays de Waes pour cinq sous: pour quatre écus on en avait cent.

Devant le village de Wachtebeke s'étendent de vastes marais qu'arrose un bras de la Durme. Les sires de Poix et de Contay y avaient fait établir un passage pour que l'armée bourguignonne pût les traverser; mais dès qu'elle se fut mise en marche, le sol humide de la route céda et elle devint impraticable. Il fallut reculer, et les hommes d'armes du duc, à demi noyés dans la fange et dans la boue, rentrèrent à Wachtebeke. Bien que leur départ fût fixé au lendemain, on avait profité de ces retards pour incendier quelques villages. La chronique de Jacques de Lalaing en nomme un seul: celui d'Artevelde.

Le 6 juillet, le duc quitta Wachtebeke qu'on livra aux flammes, et passa la Durme près de Daknam. Le lendemain, il se rendit à Wetteren, gros bourg situé sur l'Escaut, à deux lieues et demie de Gand, et y plaça son camp. Les ambassadeurs du roi, qui étaient restés à Termonde pendant ces combats, l'y suivirent et firent de nouvelles instances pour qu'il suspendît la guerre par une trêve qui permettrait de recommencer les négociations. Le moment de ces remontrances était mal choisi: le duc refusa de les écouter, et le 10 juillet il ordonna au duc de Clèves de prendre son étendard et de s'avancer jusqu'auprès de Gand. Il espérait engager les bourgeois à sortir de leur ville et à lui livrer bataille. Il avait même fait connaître, sans qu'on sonnât les trompettes, que chacun scellât son cheval et se tînt prêt à combattre. Toison d'or accompagnait le duc de Clèves et avait amené avec lui tous les rois d'armes, hérauts et poursuivants de la cour du duc, afin qu'ils lui apprissent de suite l'attaque des Gantois.

Cependant les Gantois instruits par les revers de Basele, trompèrent ces espérances. Ils vinrent en grand nombre escarmoucher aux portes de leur ville; mais lorsqu'ils se sentaient pressés de trop près, ils reculaient et attiraient eux-mêmes les hommes d'armes du duc assez loin pour qu'ils pussent les atteindre avec les arbalètes, les couleuvrines et les canons placés sur leurs remparts. Le combat se prolongea pendant deux heures sans que les Gantois cessassent de conserver l'avantage. Un grand nombre d'hommes d'armes du duc avaient succombé, et tous leurs efforts n'avaient amené d'autre résultat que l'incendie de quelques maisons des faubourgs.

Philippe n'avait point assez de forces pour songer à assiéger une grande et populeuse cité comme celle de Gand, qui pouvait armer chaque jour, disait-on, quarante mille défenseurs et en porter même le nombre à cent mille, si le péril l'exigeait. Cette fois, du moins, il avait compté inutilement sur l'inexpérience et l'imprudente témérité de ses ennemis, et il ne lui restait plus qu'à opter entre une retraite honteuse et une inaction qui épuiserait ses ressources sans moins dissimuler son impuissance. Dans cette situation, il n'hésita pas à subir la nécessité d'un trêve, et le 15 juillet, sans consulter ni son chancelier ni les membres de son conseil, il annonça son intention à Jean Vander Eecken, secrétaire des échevins des *parchons*, qui se trouvait depuis plusieurs jours à Wetteren avec les ambassadeurs du roi. Cette suspension d'armes devait durer six semaines depuis le 21 juillet jusqu'au 1er septembre.

Le duc licencia aussitôt son armée. Il se contenta de laisser de fortes garnisons à Courtray, à Audenarde, à Alost, à Termonde et à Biervliet; mais il n'osa point en envoyer à Bruges, de peur de mécontenter les habitants de cette ville, à qui il avait donné pour capitaine un de leurs concitoyens, qui jouissait d'une grande autorité parmi eux, messire Louis de la Gruuthuse. Les Gantois s'étaient déjà empressés d'écrire au roi de France pour placer leurs droits sous la protection de sa suzeraineté. Le duc lui-même lui adressa de Termonde, le 29 juillet, une lettre écrite dans les termes les plus humbles, pour le supplier d'entendre ses ambassadeurs, Guillaume de Vaudrey et Pierre de Goux, avant d'accorder à ses adversaires «aucuns mandements ou provisions à l'encontre de luy.»

Philippe avait désigné la ville de Lille pour les conférences relatives à la paix. Louis de Beaumont et ses collègues s'y rendirent immédiatement. La commune de Gand, qui en ce moment même voyait s'associer à sa magistrature les noms influents des Rym, des Sersanders, des Vanden Bossche, des Steelant, des Everwin, avait choisi, pour la représenter, Simon Borluut, Oste de Gruutere, Jean Vander Moere et d'autres bourgeois, auxquels les historiens bourguignons n'hésitent pas à donner le titre encore si recherché et si rare de chevaliers.

Les députés flamands avaient réclamé les conseils d'un avocat du parlement de Paris, nommé maître Jean de Popincourt. Le mémoire qu'ils présentèrent indique, par son titre, le but dans lequel il avait été rédigé: «C'est le régiment et gouvernement qui longtemps a esté au pays de Flandres contre les anciens droitz d'icelluy pays, et contre raison et justice en grant grief de la chose publique et de la marchandise sur laquelle le dit pays est principalement fondé.» On y lisait successivement que les impôts prélevés par le duc dépassaient ceux que ses prédécesseurs avaient recueillis pendant un siècle, que les transactions commerciales avaient été soumises à des impôts illégaux dont l'exclusion des marchends osterlings avait été le résultat, que le commandement des forteresses de Flandre avait été confié à des étrangers. On y rappelait le complot tramé par George Debul pour l'extermination des bourgeois de Gand, puis les préparatifs belliqueux du duc auxquels s'étaient jointes d'autres mesures prises pour les affamer. Enfin sur chacun des points qui avaient été l'objet des différends du prince et de la commune, on y trouvait citées quelques-unes de ces nombreuses chartes de priviléges octroyées à la ville de Gand depuis Philippe d'Alsace jusqu'à Jean sans Peur. Toutes ces plaintes se résumaient dans ce texte de la keure de Gand de 1192: *Gandenses fideles debent esse principi quamdiu juste et rationabiliter eos tractare voluerit.*

La réponse du duc n'embrasse pas un moins grand nombre de griefs. Si dans le système des Gantois le maintien de leurs priviléges est la condition de leurs serments et la base de leurs devoirs, les conseillers bourguignons n'y voient que le prix d'une obéissance humble et complète. A les entendre, les chefs de la commune insurgée «avoient intention de prendre et tenir le pays de Flandre, de s'en dire et porter contes et de le départir entre eulx et leurs complices,» et pour les punir, le duc pouvait à son gré ou enlever à la ville de Gand ses priviléges, ou même la détruire et la raser *usque ad aratrum*.

Le duc de Bourgogne avait, en quittant Wetteren, annoncé aux ambassadeurs du roi qu'il les suivrait de près à Lille: il y arriva peu de jours après eux. Sa présence sembla devoir imprimer immédiatement une nouvelle marche aux négociations, car, dès le 21 août, les envoyés de Charles VII abordèrent l'exposé du second point de leur mission, ce qu'ils n'avaient osé faire ni à Wetteren, ni à Waesmunster. Ne sachant trop comment entrer en matière pour présenter une réclamation si étrange et, il faut le dire, si peu justifiée, ils commencèrent par rappeler qu'il y avait eu «aucunes paroles et ouvertures à cause d'aucunes terres et seigneuries du roi» entre le comte de Saint-Pol et les sires de Croy, à qui Charles VII attribuait la promesse verbale, si malencontreusement omise dans le traité d'Arras. Il fallait, à leurs avis, supposer que ces terres et seigneuries qui n'avaient point été désignées, source fortuite et éventuelle de contestations, étaient les villes de la Somme, et que le duc, en protestant de son désir de complaire au roi en toutes choses, avait annoncé le dessein de les lui restituer. A ce langage si inattendu et si nouveau, Philippe ne put retenir sa surprise. «Je me donne merveilles, dit-il au sénéchal de Poitou et à ses collègues, de ce que vous me distes touchant la restitution des terres, veu que jamais je n'en ai parlé à messires de Croy, et s'ils se sont advancés d'en parler, je les désavoue, et ils en paieront la lamproye.» Antoine et Jean de Croy assistaient à cette audience; ils se hâtèrent de démentir ce qu'on leur avait attribué. Les ambassadeurs français, s'étant retirés pour délibérer sur ce qu'ils avaient à répondre, jugèrent qu'il ne fallait pas insister davantage sur les paroles et ouvertures des sires de Croy, et ils cherchèrent seulement à établir que la cession des villes de la Somme n'avait été qu'une cession provisoire, destinée à protéger contre les Anglais les frontières des Etats du duc de Bourgogne, et que cela avait été expressément convenu, quoiqu'il n'en eût point été fait mention dans le traité d'Arras. Bien que Philippe se montrât peu disposé à céder, son langage s'était adouci, et il congédia les ambassadeurs en leur déclarant «que la matière estoit grande et qu'il y eschéoyt bien penser.»

Evidemment le duc de Bourgogne ne pouvait consentir à la restitution de ces villes, dont le rachat avait été fixé à la somme énorme de quatre cent mille écus d'or: si elles avaient cessé d'être une barrière contre les Anglais chassés de la Normandie, elles restaient, pour le duc Philippe, ce qu'elles étaient avant tout à ses yeux, une ligne importante de défense contre les rois de France, qui avaient si fréquemment envahi, sans obstacle, les plaines fertiles de l'Artois et de la Flandre. La puissance du duc de Bourgogne reposait sur le traité d'Arras; il ne pouvait, sans en abdiquer les fruits, en déchirer le texte dans l'une des clauses qui lui étaient les plus avantageuses. Cependant il n'ignorait pas que Charles VII, triomphant à la fois du Dauphin réduit à s'humilier et des Anglais expulsés de la Guyenne, réunissait à ses frontières du nord tous ses chevaliers et tous ses hommes d'armes pour le combattre. Il temporisait et attendait son salut de l'Angleterre. Une guerre civile, fomentée par le duc d'York, avait été étouffée par la fortune victorieuse de la maison de Lancastre, à laquelle la duchesse de Bourgogne appartenait par sa mère, et le gouvernement était de nouveau dirigé par le duc de Somerset, si favorable au duc Philippe qu'il avait été accusé au parlement de l'année précédente de vouloir lui livrer Calais. Il n'est guère permis de douter que des agents bourguignons n'aient suivi à Londres le cours des événements, prêts à en profiter dans l'intérêt de leur maître, et s'appuyant sans cesse sur tout ce que les passions nationales conservaient d'hostile contre les Français; l'histoire ne nous a conservé ni leurs noms, ni les traces de leurs négociations; mais nous en connaissons le résultat: le choix de Jean Talbot, le fameux comte de Shrewsbury, pour commander une expédition qui allait aborder dans la Gironde.

C'était le 21 août que les ambassadeurs français avaient réclamé du duc Philippe la restitution des villes de la Somme, «ayant charge de s'adresser à sa personne et non à autre, privément et rondement, sans entrer en grans argumens,» car il suffit d'être fort et redoutable pour avoir le droit de parler haut et bref. L'invasion imminente des Anglais, en appelant de nouveau dans les provinces du midi les forces de Charles VII, qui s'était trop confié dans la trêve, modifia tout à coup leur position. L'ambassadeur mandataire de la colère et des vengeances du seigneur suzerain s'effaça: il ne resta que l'homme timide et faible, entouré des séductions d'un vassal plus riche que le roi lui-même.

Le 30 août, les envoyés du roi de France adressèrent aux échevins de Gand une lettre où ils avouaient que jusqu'à ce jour ils n'avaient rien obtenu du duc de Bourgogne, et toutefois, d'après leur propre aveu, le moment approchait où la fin des trêves nécessiterait l'adoption d'un «appointement.» Quel qu'il dût être, ils leur défendaient, au nom du roi, «qui a bien le vouloir de donner remise à leurs griefs,» de chercher à s'y opposer «en procédant par armes ne par voie de fait.»

Les craintes que fit naître cette déclaration, si ambiguë dans ses termes et si menaçante dans ce qu'elle laissait entrevoir, ne devaient pas tarder à se confirmer. Le 3 septembre, vers le soir, les députés flamands qui avaient pris part aux conférences de Lille rentrèrent tristement à Gand. Leur mission avait été terminée par le rejet de toutes leurs demandes, et dès le lendemain on publia à Lille, au cloître de Saint-Pierre, la sentence arbitrale des ambassadeurs français, toute favorable aux prétentions du duc. Elle ordonnait que les portes par lesquelles les Gantois étaient sortis pour attaquer Audenarde seraient fermées le jeudi de chaque semaine; que celle par laquelle ils s'étaient dirigés vers Basele le serait perpétuellement; qu'ils payeraient une amende de deux cent mille écus d'or; que toutes leurs bannières leur seraient enlevées; que les chaperons blancs seraient supprimés; qu'il n'y aurait plus d'assemblées générales des métiers; que les magistrats de Gand n'exerceraient aucune autorité supérieure sur les châtellenies voisines, et ne pourraient prendre aucune décision sans l'assentiment du bailli du duc; que ces mêmes magistrats se rendraient, en chemise et tête nue, au devant du duc, suivis de deux mille bourgeois sans ceinture, pour s'excuser en toute humilité de leur rébellion et en demander pardon, grâce et miséricorde.

Quelques jours s'écoulèrent. Un héraut chargé par les ambassadeurs français d'interpeller les Gantois sur leur adhésion à la sentence du 4 septembre, quitta Lille et se rendit à Gand. Dès qu'il fut descendu dans une hôtellerie, il s'informa de quelle manière il pourrait remplir son message. «Gardez-vous bien, s'écria l'hôte prenant pitié de lui, gardez-vous bien de faire connaître quel motif vous amène, car si on le savait, vous seriez perdu.» Et il cacha le héraut dans sa maison afin qu'il pût attendre un moment plus favorable pour s'acquitter de sa mission. Cependant l'agitation ne se calmait point. La *collace*, convoquée le 8 septembre, avait rejeté tout d'une voix le traité de Lille comme contraire aux priviléges de la commune, et il ne resta au héraut qu'à tourner sa robe ornée de fleurs de lis et à feindre qu'il était un marchand français revenant d'Anvers. Il y réussit, se fit ouvrir les portes de la ville et frappa son cheval de l'éperon jusqu'à ce qu'il fût rentré à Lille.

Il nous reste à raconter ce qu'était devenue la négociation relative aux villes de la Somme. Le 9 septembre, c'est-à-dire, selon toute apparence, le jour même du retour du messager français envoyé à Gand, le duc Philippe, ne tenant aucun compte de la sentence rendue en sa faveur par les envoyés de Charles VII, repoussa tout ce qu'ils avaient allégué sur l'origine de la cession de 1435, en se contentant de répondre que les causes en étaient assez connues, mais «qu'il ne le vouloit point dire pour l'honneur du roy.» C'était rappeler l'attentat de Montereau, l'alliance du duc Jean et des Anglais, et l'humiliation du roi qui, pour ne pas subir la loi des étrangers, l'avait acceptée d'un vassal. Cette réponse était un défi au moment où le duc se félicitait de voir les Anglais menacer de nouveau la Guyenne et peut-être même se préparer à reconquérir la Normandie.

Du reste, Philippe ne méconnaissait point les bons services des ambassadeurs français qui avaient condamné les Gantois. Comme s'il prévoyait qu'ils pourraient être mal accueillis à leur retour à Paris, il leur promit d'écrire au roi en leur faveur, puis il leur fit donner six mille ridders «pour leur travail.»

Les Gantois avaient déjà chargé un religieux cordelier de porter à Charles VII une protestation contre la sentence de ses ambassadeurs, protestation où ils mentionnaient toutes les promesses qui leur avaient été faites et les réserves admises dans ses négociations pour leurs priviléges et leurs franchises: «néanmoins,» ajoutaient-ils dans leur lettre au roi, «vos ambassadeurs ont fait tout au contraire, mettant arrière et délaissant leurs susdites promesses; car après le partement de nos députés de Lille et sans la présence d'aucun d'iceulx, ont prononcé un très-rigoureux et malvais appointement contre nous, contre nos droits et nos priviléges, franchises, libertés, coutumes et usaiges, et sur nos doléances ne ont-ils baillé quelque provision, ne appointement pour nous.» Puis, arrivant à la défense qui leur avait été faite de poursuivre la guerre, ils en rejetaient la responsabilité sur le duc de Bourgogne qui avait continué «à tenir clos les passages par lesquels vivres et marchandises sont accoutumés estre amenés, ce qui est plus grande et griefve voie de fait que faire nous peut.» Ils cherchaient aussi à établir la légitimité de leur résistance par les dangers qui les entouraient, «veu qu'autrement ils seroient enclos en grande angoisse et nécessité, sans avoir vivres, et destruits et ruinés, ce qui n'est à souffrir.» Cette énergique protestation se terminait en ces termes: «Pour ce, très-chier seigneur, que toutes ces choses sont très-malvaises et frauduleuses, contre votre vraye intention et le contenu de vos lettres, et aussi contre nos droits, privilégées, franchises, libertés, coutumes et usaiges et por ce à rebouter de toutes nos forces, desquelles nous nous complaignons très rigoureusement à Vostre Royale Majesté, comme raison est, nous vous supplions en toute humilité qu'il vous plaise les délinquans corriger et ès dites fautes remédier et pourveoir.»

Les Gantois abordaient déjà cette nouvelle lutte dont leur lettre à Charles VII offrait l'apologie: de toutes parts, ils recommençaient la guerre. Le 17 septembre, le bâtard de Blanc-Estrain quitta Gand pendant la nuit avec les compagnons de la *Verte-Tente* et se dirigea vers Hulst. Tandis qu'il faisait allumer des torches près des remparts afin de tromper les Bourguignons dans ces mêmes lieux où une ruse semblable avait été fatale aux Gantois, il y pénétrait du côté opposé sans trouver de résistance, et passait la garnison au fil de l'épée. Il enleva tous les canons et les ramena à Gand, après avoir fait mettre le feu à la ville de Hulst pour que les ennemis ne pussent plus s'y établir. Peu de jours après, il sortit de nouveau de Gand, s'empara du bourg d'Axel et détruisit le château d'Adrien de Vorholt, chevalier du parti du duc. Le 24 septembre, le bâtard de Blanc-Estrain alla attaquer Alost; mais le sire de Wissocq se tenait sur ses gardes, et il ne parvint qu'à en brûler les faubourgs: le même jour, une autre expédition s'éloignait de Gand sous les ordres de Jean de Vos; elle incendia Harlebeke et menaça Courtray sans rencontrer d'obstacle dans sa marche.

La situation du duc était fort embarrassante. Ses trésors s'épuisaient, et la continuation de la guerre l'obligeait à de nouveaux emprunts. Le Luxembourg se révoltait. Il avait d'autres sujets d'inquiétude pour ses Etats de Bourgogne. Mais il était loin de pouvoir songer à étouffer avec vigueur les désordres du Luxembourg, et ce fut de la Bourgogne même qu'il se vit réduit à appeler en Flandre le maréchal de Blamont. Il lui confia le commandement supérieur de l'armée dont le centre était à Courtray. Courtray avait été aussi, sous Philippe le Hardi, la résidence du sire de Jumont, si fameux par sa cruauté. Le sire de Blamont, né dans le même pays que lui, devait au même titre atteindre la même célébrité. «Le marescal de Bourgongne, qui estoit homme boiteux et contrefait, commanda, porte une ancienne chronique, que tous les villages et maisons estant à cinq lieues entour de la ville de Gand feussent mis en feu et flambe, pour lequel commandement furent en une sepmaine arses et anéanties plus de huit mille maisons, et ne furent, comme on disoit, oncques gens d'armes veus faire tant de desrisions que ceulx dudit marescal faisoient, car ils prenoient hommes, femmes et enfans et les menoient à Courtray et à Audenarde, liez comme bestes et les vendoient ès marchiés, et ceulx que ils ne povoient vendre estoient par eulx noiez, penduz ou esgeullez.» Le sire de la Gruuthuse, ce noble chevalier qui retenait, par l'affection dont il était l'objet, toute la commune de Bruges sous les bannières bourguignonnes, avait seul osé protester contre ces barbares dévastations.

Le sire de Blamont avait également ordonné que tous ceux qui habitaient dans le pays de Gand se retirassent dans quelque forteresse: sa protection inspirait peu de confiance, et malgré ses proclamations, les populations préférèrent chercher un refuge à Gand. On n'exécuta pas davantage une ordonnance du duc qui prescrivait de prendre la croix de Saint-André, en annonçant qu'il considérerait comme ennemis tous ceux qui ne la porteraient point.

Le sire de Blamont, irrité, ne se montra que plus terrible dans ses vengeances. Il se rendait de village en village, ne laissant derrière lui que des ruines. Tantôt il brûlait les églises, afin qu'on n'y sonnât plus le tocsin à son approche; tantôt il renversait les châteaux des nobles ou les fermes des laboureurs, pour que les Gantois n'y trouvassent point un asile. Le pillage et le butin remplissaient son trésor.

Le 27 octobre, un corps de Bourguignons parut devant Gand. Ils avaient quitté Alost sous les ordres du bâtard de Bourgogne. Pleins de confiance dans leurs forces, ils espéraient pouvoir exciter les Gantois à venir les attaquer, et se croyaient trop assurés de vaincre s'il leur était donné de combattre. A peine étaient-ils arrivés à une demi-lieue de la ville que les Gantois s'avancèrent en grand nombre, précédés de quelques Anglais à cheval. Le bâtard de Bourgogne ordonna aussitôt que chacun mît pied à terre; mais cet ordre ne fut point exécuté: dès le premier choc la confusion se mit parmi ses gens, et ils se débandèrent sans que ses prières ni ses menaces les pussent arrêter. Il eut lui-même à grand'peine le temps de remonter à cheval avec son gouverneur, messire François l'Aragonais, et suivit, avec une vingtaine d'hommes d'armes, la route où les fuyards avaient jeté leurs lances, leurs arcs et leurs harnois. Cette retraite rapide, qui les couvrit de honte, assura du moins leur salut. Quatre mille Gantois étaient sortis par une autre porte de la ville pour leur couper la retraite; mais lorsqu'ils parvinrent au but de leur marche, les Bourguignons s'étaient déjà cachés dans les murs d'Alost.

Le maréchal de Bourgogne chercha à réparer cet échec par de nouvelles vengeances. Ses archers chassèrent les Gantois d'Eecloo et incendièrent cette ville; le même sort était réservé au bourg de Thielt. Le 3 novembre, ce sont les moulins d'Assenede qui sont livrés aux flammes; deux jours après, c'est le bourg de Waerschoot. Peut-être les Picards se souviennent-ils que les communes flamandes, à leur retour de Montdidier, ont saccagé leurs campagnes comme ils ravagent eux-mêmes celles de la Flandre.

Gand s'émeut de ces dévastations. Une levée de cinq hommes par *connétablie* est ordonnée: on leur confie le terrible soin des représailles. Tandis que les Picards dévastent Ruysselede, Aeltre et Sleydinghe, les milices de Gand brûlent Oostbourg et Ardenbourg, menacent l'Ecluse et réunissent deux cents chariots de butin. Les Picards s'en inquiètent peu; ils s'avancent, le 19 novembre, près de Gand, jusqu'à l'abbaye de Tronchiennes. Le lendemain, les Gantois, prenant de nouveau les armes, se dirigent, au nombre de dix mille, vers Alost. Mais leur marche est retardée par des tourbillons de neige et de pluie, et ils se retirent en apprenant que le sire de Wissocq, prévenu de leurs desseins, a mandé des renforts de Termonde. Peu de jours s'étaient toutefois écoulés quand les compagnons de la *Verte-Tente* vengèrent cet échec par une autre excursion dans le pays d'Alost. Triste spectacle qui n'appartient qu'aux guerres civiles! Pendant qu'à l'est de la ville de bruyantes acclamations saluaient le butin conquis dans une riche et fertile contrée qui était aussi une terre flamande, des gémissements et des larmes répondaient, sur les remparts opposés, à ces cris de joie. Les habitants de Somerghem, réfugiés à Gand, voyaient à l'horizon se dessiner les lueurs de l'incendie qui dévorait leurs maisons, et maudissaient les Picards comme d'autres maudissaient les Gantois.

Un combat plus important eut lieu le 2 décembre. Mille Gantois étaient allés protéger les habitants de Merlebeke menacés par Philippe de Lalaing. Un instant repoussés, ils reçurent des renforts et poursuivirent les Bourguignons jusqu'à une lieue d'Audenarde. Là, Jacques de Lalaing accourut au secours de son frère et la lutte recommença; déjà un corps de quatre mille Gantois, hâtant sa marche, se préparait à envelopper les ennemis, quand ils cherchèrent dans les murailles d'Audenarde un refuge contre les Gantois, qui passèrent la nuit à l'abbaye d'Eenhaem. Depuis ce jour, les escarmouches devinrent de plus en plus fréquentes; les Bourguignons se voyaient réduits à laisser des garnisons dans les principales forteresses; les intempéries de l'hiver gênaient leurs communications, et les chevaliers n'osaient guère s'aventurer hors des châteaux, de crainte de voir leurs destriers s'enfoncer dans un terrain trempé par les pluies ou les inondations.

Le bruit des succès des Gantois arriva jusqu'en France. Charles VII, apprenant d'une part le rétablissement de l'influence du parti d'York en Angleterre, d'autre part, rassuré sur l'invasion des Anglais dans la Guyenne, se souvient tardivement de la protestation des Gantois, et le 10 décembre 1452, il charge à Moulins son chambellan, Guillaume de Menipeny, Guillaume de Vic et Jean de Saint-Romain, l'un conseiller au parlement, l'autre membre de la cour des aides, d'une mission presque semblable à celle de Louis de Beaumont. Le roi de France sait que les Gantois accusent ses premiers ambassadeurs d'avoir excédé les limites de leur droit d'arbitrage; en sa qualité de leur souverain seigneur, il ne peut refuser d'entendre leurs plaintes; il est même tenu, s'ils le demandent, de leur accorder provision en cas d'appel; mais il désire surtout de voir la paix rétablie dans leur pays. Ses ambassadeurs porteront aussi au duc de Bourgogne les plaintes du roi sur les excursions de ses hommes d'armes dans le Tournésis et sur l'asile qu'ont trouvé dans ses Etats des maraudeurs anglais. Tel est le texte des instructions qui nous ont été conservées; mais, s'il faut en croire les chroniques flamandes, les Gantois avaient reçu vers la même époque des lettres royales bien plus explicites dans lesquelles Charles VII désavouait la sentence prononcée par ses députés comme obtenue par fraude contrairement à sa volonté.

Guillaume de Menypeny, Guillaume de Vic et Jean de Saint-Romain, partis de Paris le 16 janvier 1452 (v. st.), passèrent huit jours à Tournay pour s'enquérir «des maulx et dommaiges que les gens de monsieur de Bourgogne avoient faicts sur les subjects du roy,» notamment du sac du village d'Espierres, situé dans la châtellenie de Tournay. Ils y reçurent le sauf-conduit qu'ils avaient fait demander aux Gantois; puis ils se rendirent le 29 janvier à Lille, près du duc de Bourgogne. Huit jours s'écoulèrent avant qu'ils obtinssent une audience. On leur disait que le duc était «ung peu malade,» mais ses conseillers ne leur cachaient point «qu'ils faisoient grand desplaisir à monseigneur de Bourgogne de luy parler de la matière de Gand.» Ils le trouvèrent enfin, le 5 février, assis près de son lit dans un fauteuil qu'il ne quitta qu'un instant pour les saluer en portant la main à son chaperon, et lorsqu'ils eurent exposé leur créance, le chancelier de Bourgogne leur promit, au nom du duc, une réponse qu'ils devaient longtemps attendre.

Philippe n'avait rien négligé pour faire échouer la nouvelle tentative de médiation qu'il redoutait. En apprenant l'envoi des lettres de Charles VII qui désavouait la conduite de ses premiers ambassadeurs en en désignant de nouveaux, il avait essayé d'abord de profiter des discordes qui régnaient entre les bourgeois de Gand. Jean de Vos, jaloux peut-être des succès des *compagnons de la Verte-Tente*, accusait le bâtard de Blanc-Estrain d'avoir violé la prison du Châtelet pour en retirer un de ses amis, et les disputes devinrent si vives que les magistrats ordonnèrent que les deux adversaires fussent momentanément privés de leur liberté, comme l'avaient été en 1342, dans des circonstances semblables, Jacques d'Artevelde et Jean de Steenbeke; toutefois ces divisions cessèrent lorsqu'on annonça qu'un capitaine anglais, nommé Jean Fallot, avait trahi avec quelques-uns des siens la cause des Gantois. Thierri de Schoonbrouck, qui avait présidé à l'arrestation du bâtard de Blanc-Estrain et de Jean de Vos, se plaça lui-même à la tête de leurs factions réconciliées, pour aller incendier les retranchements de Termonde où les transfuges avaient trouvé un asile.

Le complot de Jean Fallot avait été découvert le 25 janvier, c'est-à-dire le jour même où les ambassadeurs français écrivaient de Tournay aux échevins et aux capitaines de Gand; s'il eût réussi, le messager de Charles VII, le poursuivant Régneville, à l'écu fleurdelisé, n'aurait trouvé aux bords de l'Escaut que les souvenirs de la puissance communale un instant flattée par la puissance royale: mais ce complot avait échoué et, grâce à un revirement rapide de la politique bourguignonne toujours habile, le héraut français ne rencontra au marché du Vendredi qu'un autre héraut revêtu de la croix de Saint-André; celui-ci était aussi chargé d'offrir la paix, non pas la paix incertaine et éloignée à la suite d'une intervention à laquelle, depuis les conférences de Lille, le peuple ne croyait plus, mais la paix immédiate et complète, négociée en Flandre même, sans intermédiaires étrangers, entre le duc, légitime successeur de trois dynasties de princes, et la commune, héritière incontestée de trois siècles de grandeur et de liberté. Ce langage devait séduire et rallier les esprits; on crut que l'intérêt du duc pouvait le rendre sincère, et dès le 28 janvier des députés gantois allèrent porter des paroles d'union et de paix au bâtard Antoine de Bourgogne dans cette ville de Termonde où, deux jours auparavant, ils avaient lancé la flamme pour venger une trahison.

La mission des ambassadeurs français devenait de plus en plus difficile. «Nous étions, racontent-ils eux-mêmes, en grant perplexité sur ce que nous avions à besoigner, car nous savions bien que monsieur de Bourgogne n'avoit pas grande fiance au roy, ne à nous, et luy sembloit que nostre alée par delà estoit à son préjudice, car on luy avoit dit que, n'eust esté l'empeschement de Bourdeaux, l'armée du roy fust tournée sur luy.» Tantôt on leur parlait des conférences qui s'étaient déjà ouvertes, d'abord à Damme, ensuite à Bruges, entre le comte d'Etampes et les députés de Gand; tantôt on ajoutait que Philippe s'était assuré l'alliance du duc d'York et qu'il n'avait même consenti à recevoir, le 5 février, les envoyés de Charles VII qu'afin de pouvoir instruire de l'objet de leur mission le bâtard de Saint-Pol qui allait partir pour l'Angleterre. Las de trois semaines d'attente, ils résolurent d'aller trouver Pierre de Charny, chevalier de la Toison d'or et l'un des principaux conseillers du duc, moins pour se plaindre que pour se faire un mérite de leur inactivité. Ils avouent eux-mêmes qu'ils n'osaient poursuivre leur voyage en Flandre, craignant «que le bastard de Saint-Pol fist quelque mauvais appoinctement avec les Anglois et que monsieur de Bourgongne voulsist prendre son excusation sur leur alée de Gand.» Le sire de Charny exprima nettement le mécontentement du duc et son dessein de continuer la guerre contre les Gantois, lors même qu'ils obtiendraient provision du roi: il termina en essayant de les corrompre comme on avait, quelques mois auparavant, déjà corrompu Louis de Beaumont et Jean Dauvet. Le lendemain, dans une autre entrevue, le chancelier de Bourgogne exprima le même dédain pour les protestations des ambassadeurs français. Il feignit d'ignorer que des conférences avaient eu lieu à Bruges, et accusa le roi d'offrir aux Gantois une intervention qu'ils ne sollicitaient pas plus que le duc «qui n'eust oncques espérance en son ayde ou secours.»

Les nouvelles qu'on recevait de Flandre continuaient à être obscures et confuses. Au nord de Gand, Geoffroi de Thoisy, qui, dix années plus tôt, avait glorieusement combattu avec une flotte bourguignonne contre les Turcs dans les mers de l'Archipel et au siége de Rhodes, avait été chargé du commandement d'une galère, d'une berge et d'un brigantin, dont les équipages formaient à peine cent cinquante hommes, et il croisait dans les canaux du pays des Quatre-Métiers, non plus pour défendre la croix menacée par le croissant, mais pour saisir quelques chargements de blé et affamer l'une des cités les plus populeuses du monde chrétien. Au même moment, les amis du bâtard de Blanc-Estrain déployaient, du côté opposé de la ville, une activité et une énergie que rien ne pouvait suspendre ni affaiblir. Après avoir enlevé Grammont, pillé Lessines, et défait les hommes d'armes de Jean de Croy dans la plaine de Sarlinghen, ils avaient vaincu au pied des faubourgs embrasés de Courtray, Gauvain Quiéret, dont l'aïeul, serviteur dévoué de Philippe de Valois, avait succombé en luttant contre les communes flamandes à la fameuse journée de l'Ecluse; puis ils avaient cherché, non loin du théâtre de ce succès, à s'emparer de la duchesse de Bourgogne, et un sanglant combat avait eu lieu, dans lequel Simon de Lalaing eût partagé le sort du sire de Quinghien, frappé à ses côtés, si le sire de Maldeghem n'était accouru pour relever sa bannière un instant abattue.

C'était au milieu de ces scènes de désolation que Jérôme Coubrake et ses collègues traitaient à Bruges avec le comte d'Etampes. Ces négociations duraient encore lorsque le duc de Bourgogne, complètement rassuré sur la conclusion d'une alliance de Charles VII avec la commune de Gand, consentit à faire connaître sa réponse aux réclamations qui lui avaient été naguère présentées par les ambassadeurs français. Dans une audience solennelle à laquelle assistaient le comte de Charolais et plusieurs chevaliers, maître Nicolas Rolin, chancelier de Bourgogne, prit la parole et déclara que le duc de Bourgogne ne permettrait point aux envoyés de Charles VII de se rendre à Gand, car «il ne vouloit estre en rien obligé, ne tenu à eulx.»— «Laquelle réponse ouïe, ajoutent les ambassadeurs dans la relation de leur mission, nous requismes à monsieur de Bourgongne que nous eussions icelle par escript; mais ledit chancelier respondit qu'il n'estoit jà besoing et le refusa.»

Immédiatement après on voit les ambassadeurs français annoncer «qu'ils sont contens de surseoir pour ung temps,» et se retirer à Tournay. Ils y apprirent que les conférences avaient cessé à Bruges, et ils terminaient, le 28 mars, en ces termes, la lettre par laquelle ils mandaient au roi la rupture des négociations: «Monseigneur de Bourgogne faict très-grosse armée, et dit-on communément par deçà que l'aliance des Anglois et de monsieur de Bourgogne est faicte, et qu'il doit brief arriver à Calais de six à huit mille Anglois et y voyons de grandes apparences.»

Ces bruits sur l'alliance du duc et des Anglais se propageaient de plus en plus. On ajoutait même qu'elle devait être cimentée par le mariage du comte de Charolais avec une fille du duc d'York. Les ambassadeurs français redoutaient cette confédération au moment où Charles VII se préparait à combattre les Anglais en Guyenne et une nouvelle Praguerie dans le Dauphiné. Ils ne s'étaient retirés à Tournay qu'afin «de ne pas donner matière à monsieur de

Bourgongne de consentir quelque chose villaine avec les Anglois.» S'ils n'ignoraient point qu'ils ne pouvaient, sans mécontenter le duc de Bourgogne, «s'embesogner» de la paix, ils savaient aussi que les Gantois étaient peu disposés à accepter de nouveau l'arbitrage du roi de France. Ils leur avaient toutefois adressé deux lettres, mais les bourgeois de Gand leur avaient répondu pour leur exprimer leur étonnement de ce qu'ils ne faisaient point usage de leur sauf-conduit, et pour les presser de se rendre dans leur ville. Ils n'osèrent jamais céder à ces prières: ils commençaient même à penser que dans l'intérêt du roi de France il valait mieux que la guerre de Flandre ne cessât pas sitôt.

Cependant il fallait, pour l'honneur de la tentative du roi, qu'elle parût avoir été accueillie avec quelque déférence par les deux parties, et que ses envoyés, «se despartissent le plus agréablement que faire se pouvoit.» Ils écrivirent donc une nouvelle lettre aux Gantois pour leur annoncer qu'à toute époque le roi recevrait leur appel et leur accorderait provision. Cette fois, ils ne la confièrent pas à un poursuivant d'armes, qui eût peut-être été exposé à quelque insulte, mais à un messager obscur et inconnu: c'était un barbier nommé Jean de Mons.

Avant qu'ils connussent le résultat de cette démarche à Gand, Jean de Saint-Romain se rendit à Lille, où l'on venait d'apprendre que le duc d'York avait pris possession du gouvernement de l'Angleterre sous le titre de *protecteur du royaume.* Jean de Saint-Romain rencontra à Lille des agents du Dauphin et des émissaires du duc d'Alençon. On chercha à lui persuader que pour ces derniers il s'agissait de la collation d'un bénéfice: quant au Dauphin, il n'envoyait, lui disait-on, vers le duc Philippe que pour réclamer un gerfaut. Rien n'était d'ailleurs moins rassurant que l'orgueil des conseillers du duc. Lorsque les ambassadeurs du roi leur demandèrent s'ils étaient disposés à traiter avec les Gantois, ils répondirent sèchement que non et changèrent de propos pour menacer Charles VII de voir bientôt éclater au sein de ses Etats une insurrection aussi dangereuse que celle des communes flamandes. «Le peuple de France est mal content du roy, leur dit le sire de Charny, pour les tailles et aydes qui courent et la mangerie qui s'y fait, et il y a grant dangier.»— «Sachez, au regard des aydes, repartit Jean de Saint-Romain, que l'ayde du vin ès pays de monsieur de Bourgongne, monte plus en une seule ville que toutes les aydes du roy en deux villes;» puis il se retira.

Quand Jean de Saint-Romain revint à Tournay, le barbier Jean de Mons y arrivait annonçant que les Gantois, après l'avoir fait attendre six jours, ne lui avaient pas donné de réponse et s'étaient contentés de déclarer «qu'ils ne demandoient que ce qu'on leur avoit promis, et qu'ils n'estoient pas délibérés de plus rescripre à quelque personne du monde.»

Le 14 avril 1453, les envoyés français quittèrent Tournay pour retourner près de Charles VII, qui s'était rendu au château de Montbazon d'où il surveillait les préparatifs de son expédition contre la Guyenne.

Résumons brièvement les événements qui entretenaient la confiance des Gantois. Vainqueurs des Picards à Essche-Saint-Liévin et à Sleydinghe, ils avaient, malgré la garnison d'Audenarde, étendu leurs excursions jusqu'aux frontières du Tournésis et avaient arboré aux portes de Bruges, à Male, sur le vieux château des comtes de Flandre, la bannière de Gand. Deux attaques avaient été dirigées contre la ville de Termonde; on les avait vus aussi, au nombre de quatorze mille, menacer Alost où s'était enfermé le sire de la Viefville, et se retirer en bon ordre, sans qu'un corps d'armée bourguignon, commandé par le sire de Wissocq, osât les inquiéter. Enfin, Adrien de Vorholt, surpris par les paysans du district d'Axel, n'avait survécu à la défaite de ses compagnons d'armes qu'en traversant à la nage les ruisseaux qui abondent dans le pays des Quatre-Métiers. L'audace des Gantois était devenue si grande que l'un d'eux pénétra dans la ville de Lille et jeta une mèche enflammée dans une tour de l'hôtel du duc, où étaient déposés plusieurs tonneaux de poudre, «et si l'on n'y feust allé, dit Jacques Duclercq, toute l'artillerie du duc eust esté arse.»

Ces combats affligeaient surtout ceux qui y trouvaient le présage d'une guerre plus terrible et plus sanglante que rien ne pouvait arrêter ni prévenir. Philippe était résolu à tenter un dernier effort: il avait convoqué, le 15 mai, ses sergents et ses hommes d'armes, recrutés presque tous parmi des mercenaires, auxquels les bonnes villes fermaient leurs portes, car il suffisait au duc de Bourgogne que son armée fût nombreuse et surtout qu'elle fût promptement réunie. Charles VII maintenait l'ordre dans l'intérieur de son royaume et se préparait à en rétablir les anciennes frontières. On annonçait d'ailleurs que l'insurrection du Luxembourg contre le joug bourguignon se développait de jour en jour: elle pouvait s'étendre plus loin, et rallier aux communes de Flandre les populations des bords de la Meuse et du Brabant.

Dans ces circonstances, au moment où l'agitation renaissante annonçait déjà la guerre, les marchands des *nations* tentèrent un dernier effort pour faire entendre les plaintes impuissantes de l'industrie et du commerce «dont ledict pays de Flandre le plus est «soutenu.» Ils conduisirent à Lille, avec eux, les députés de Gand, Philippe Sersanders, Jean Van der Moere, Jean Van der Eecken et Jérôme Coubrake. Les députés de Gand n'obtinrent, malgré les démarches des *nations*, rien de plus à Lille qu'à Bruges, et lorsque, rentrés dans leur patrie, ils rendirent compte de leur mission à leurs concitoyens, l'on n'entendit sur la place publique qu'une acclamation unanime: «La guerre! la guerre! l'on verra quels sont les loyaux Gantois qui combattront pour leur liberté!»

Cette guerre allait s'ouvrir sous de funestes auspices. Le 16 juin, la garnison d'Ath avait dispersé les *compagnons de la Verte-Tente* et blessé leur célèbre chef, le bâtard de Blanc-Estrain. Deux jours après, le duc de Bourgogne quittait Lille; il réunit son armée à Courtray et la conduisit devant le château de Schendelbeke, d'où les Gantois faisaient de nombreuses excursions dans le Hainaut. Bien qu'il eût une forte artillerie, il y rencontra pendant quatre jours une vaillante résistance; le cinquième, il fit proposer une trêve et négocia avec les assiégés. Jean de Waesberghe, qui commandait à Schendelbeke, n'avait que cent quatre compagnons avec lui; il fit ouvrir les portes et se confia à la générosité du duc; mais le lendemain, lorsqu'on délibéra sur son sort, le grand bailli de Hainaut, Jean de Croy, qui avait à plusieurs reprises échoué dans ses efforts pour s'emparer du château de Schendelbeke, demanda la mort de tous ceux qui l'occupaient. Son avis prévalut: le duc ordonna que l'on pendît toute la garnison, son chef Jean de Waesberghe au pont-levis de la forteresse, les autres Gantois aux arbres les plus voisins.

Un seul prisonnier avait été épargné: c'était le capitaine du château de Gavre. On avait jugé que sa vie pouvait être plus utile au duc que sa mort, si en la lui conservant on s'assurait un nouveau succès. En effet, le maréchal de Bourgogne le conduisit devant le château de Gavre: il le contraignit à crier de loin aux siens qu'ils cessassent toute résistance; mais ils refusèrent de l'écouter et répondirent par des décharges d'artillerie. Le maréchal de Bourgogne, ayant échoué dans sa tentative, se vengea du moins de la fermeté des défenseurs de Gavre en leur offrant le spectacle du supplice de leur capitaine. Si le capitaine du château de Gavre ne s'était pas trouvé à Schendelbeke, la cause des communes de Flandre eût probablement été sauvée.

Philippe, après s'être arrêté à Harlebeke pour y présider à d'autres supplices, s'était rendu devant le château de Poucke.

Le château de Poucke avait été bâti, à une époque reculée, près des bruyères d'Axpoele, où Thierri d'Alsace fut vaincu par Guillaume de Normandie. Au quinzième siècle, il était devenu l'asile des milices communales, qui avaient attaqué le comte d'Etampes à son retour de Nevele, et qui depuis lors n'avaient cessé de parcourir tout le pays depuis Bruges jusqu'à Roulers. Dès le mois de juillet de l'année précédente, le sire de Praet, qui n'avait pas quitté Gand, avait consenti, comme tuteur de Roland de Poucke, à ce que l'on en détruisît les ponts pour en rendre la défense plus aisée. Au mois de septembre, le sire de Blamont avait vainement cherché à s'en emparer et n'avait réussi qu'à brûler les bâtiments extérieurs.

Les ressources dont disposait le duc de Bourgogne lui permettaient d'espérer un succès plus complet: son artillerie était formidable; elle avait à peine été placée vis-à-vis des murailles qui paraissaient les plus favorables à l'attaque, lorsque Jacques de Lalaing arriva de l'abbaye d'Eenhaem, abandonnée par les

Gantois, que le duc lui avait ordonné de livrer aux flammes. Son premier soin fut d'examiner les préparatifs du siége; il avait quitté le parapet construit par les Bourguignons et regardait, avec le sire de Savense et le bâtard de Bourgogne, par l'ouverture d'une palissade, quand une pierre, lancée par une machine de guerre, l'atteignit au front; il tomba, essaya de parler, joignit les mains et mourut. Ce même jour, il s'était dévotement confessé à un docte frère prêcheur de l'incendie de l'abbaye d'Eenhaem; il ne l'avait toutefois exécuté qu'à grand regret et par la volonté expresse du duc, et la renommée de ses vertus était si grande que pendant les trêves de 1452 les Gantois avaient résolu, par une délibération solennelle de la *collace*, de concourir à ses efforts pour délivrer le pays des meurtriers et des maraudeurs. «Il fust, dit son chroniqueur, chevalier doux, amiable et courtois, large aumosnier et pitoyable; tout son temps aida les pauvres, veuves et orphelins. De Dieu avoit été doué de cinq dons: et premièrement, c'estoit la fleur des chevaliers, il fust beau comme Paris, il fust pieux comme Enée, il fust sage comme Ulysse le Grec. Quand il se trouvoit en bataille contre ses ennemis, il avoit l'ire d'Hector le Troyen, mais quand il se véoit au-dessus de ses ennemis, jamais on ne trouva homme plus débonnaire ni plus humble.... Quand mort le prit, il n'avoit qu'environ trente-deux ans d'âge.»

Jacques de Lalaing, succombant dans tout l'éclat de la jeunesse et de la gloire, rappelle l'infortuné Gauthier d'Enghien, également frappé par la mort lorsqu'un long avenir semblait réservé à ses exploits. Tous deux périrent en combattant les communes flamandes; le premier avait été pleuré par Louis de Male, le second fut si vivement regretté de ses compagnons d'armes, qu'un lugubre silence succéda tout à coup dans le camp de Philippe au tumulte et à l'agitation.

Le château de Poucke, protégé par une faible garnison et privé des ressources de sa position par les chaleurs de l'été qui en avaient desséché tous les fossés, résista pendant neuf jours. Le capitaine, nommé Laurent Goethals, était célèbre par l'audace qu'il avait montrée en dirigeant, l'année précédente, au début de la guerre, l'escalade du château de Gavre; il avait épousé la fille de ce Jean de Lannoy qui avait péri le même jour que le sire d'Herzeele en se précipitant du haut de la tour de Nevele au milieu des piques ennemies. Son courage ne fut pas plus heureux; contraint à capituler après une résistance acharnée, il partagea avec les siens le sort du capitaine de Schendelbeke; à peine épargna-t-on quelques prêtres, un lépreux et deux ou trois enfants, et c'était toutefois l'un de ces enfants, fils d'un pauvre aveugle, qui, en mettant le feu à une couleuvrine, avait enlevé à l'armée Bourguignonne et à toute la chevalerie chrétienne son modèle et son héros.

L'énergie de la défense des Gantois à Poucke et à Schendelbeke avait étonné le duc de Bourgogne; si son armée se trouvait ainsi arrêtée devant tous les châteaux qu'occupaient ses ennemis, pouvait-il espérer quelques résultats d'une tentative qui aurait pour but d'assaillir la vaste enceinte de la puissante métropole des communes flamandes? Dès le 20 juin, on avait publié à Gand que tout bourgeois qui voulait sauver sa vie et celle de ses enfants était invité à ne plus déposer les armes. A ces difficultés qui effrayaient le duc de Bourgogne, il faut joindre les murmures de ses hommes d'armes, qui ne recevaient plus de solde et qui avaient rasé jusque dans leurs fondements les châteaux de Schendelbeke et de Poucke sans y recueillir le moindre butin. On ne pouvait rien pour les apaiser, les finances étaient épuisées; la Bourgogne était un pays pauvre qui produisait peu, et l'on n'osait demander des subsides aux villes de Flandre, de peur de les mécontenter et de se les rendre hostiles. Philippe se vit tout à coup réduit, après une stérile campagne de vingt jours, à donner l'ordre de charger l'artillerie sur des chariots et de reprendre la route de Courtray. Dans une lettre écrite de cette ville le 13 juillet, il expliquait lui-même en ces termes les causes de sa retraite à Antoine de Croy: «Nous avons fait faire tant de la place de Poucke que des gens tout ainsi que de Schendelbeke, et, ce faict, nous sommes retraiz en ceste nostre ville de Courtray où nous arrivasmes samedi derrain passé, et n'avons depuis peu plus avant procéder au fait de nostre guerre, pour ce que paiement ne s'est peu faire de nouvel à noz gens d'armes, et nous a convenu jusques à présent séjourner icy où nous sommes encoires de présent à nostre très-grand dommaige et desplaisance. Toutevoies nostre chancellier est en nostre pays de Brabant, pour illec recouvrer et faire finance, laquelle espérons brief estre preste.»

Grâce à l'habileté du chancelier de Bourgogne, le duc ne tarda pas à recevoir l'or qu'il attendait et il en fit aussitôt deux parts: l'une servit à assurer, par le payement d'un mois de solde, l'obéissance et la fidélité de l'armée; l'autre fut destinée à saper secrètement cette formidable puissance des communes, qui ne reposait que sur la concorde et sur l'union. Que fallait-il donc pour qu'elle fût renversée? Il suffisait qu'un seul homme trahît, pourvu qu'il jouît de quelque influence et sût la faire servir, sous de faux prétextes, à la ruine de sa patrie. Cet homme se rencontra. C'était le doyen des maçons, Arnould Vander Speeten. Ajoutons, à l'honneur de la Flandre, que loin de compter un complice parmi ses concitoyens, il n'en trouva que parmi les mercenaires étrangers. Quelques mois s'étaient écoulés depuis que Jean Fallot avait fui à Termonde. Deux autres capitaines anglais, Jean Fox et Jean Hunt, entraînés par l'exemple de l'alliance du duc d'York et du duc de Bourgogne, s'associèrent cette fois à un complot dont les résultats devaient être plus complets et plus désastreux.

Arnould Vander Speeten était devenu capitaine du château de Gavre. L'Escaut, entourant de ses eaux profondes les murs de cette forteresse, paraissait la défendre à la fois contre le tir des bombardes et contre l'approche des hommes d'armes. Les murailles en étaient hautes et épaisses, mais le regard du voyageur en chercherait vainement aujourd'hui quelques traces parmi les herbes d'un pré marécageux; il n'y existe pas même une ruine désolée pour rappeler tous les souvenirs de deuil attachés au manoir, dont la fatale destinée pesa encore au seizième siècle sur le comte d'Egmont.

Qui ne connaît les fabuleux exploits du premier baron de Gavre dont les armes étaient les mêmes que celles de Roland, qui combattit en Espagne avec Roland, qui mourut avec Roland à Roncevaux? Qui n'a lu la gracieuse légende de cc vaillant Louis de Gavre qui alla chercher des aventures avec son écuyer Organor dans les montagnes du Frioul, sur les côtes d'Istrie, à Corfou, dans les mers de la Phocide et de l'Eubée, jusqu'à ce qu'il épousât la belle Ydorie, fille du duc Anthénor d'Athènes?

Avec la fin du quatorzième siècle s'ouvre un autre genre d'histoire pour le château de Gavre.

Lorsque, après la bataille de Roosebeke, François Ackerman et Pierre Van den Bossche relevèrent la bannière des communes, ils eurent soin de garnir le château de Gavre de vivres et d'artillerie. Charles VI songea à aller l'assiéger après son expédition dans le pays des Quatre-Métiers; mais ce fut par des négociations pacifiques que Jean de Heyle prépara, l'année suivante, dans ses conférences secrètes avec Ackerman au château de Gavre, le rétablissement de l'autorité des ducs de Bourgogne. En 1451 (v. st.) le château de Gavre, surpris par les Gantois, avait été le premier prétexte de cette guerre dont ses murailles devaient voir la dernière journée si cruelle et si funeste.

Le duc de Bourgogne avait hésité quelque temps sur les projets qu'il devait adopter: il avait même déjà mandé aux milices du Franc qu'elles le rejoignissent le 30 juillet à Somerghem pour aller s'emparer des retranchements de Sleydinghe avant que les habitants du métier d'Oostbourg eussent eu le temps de rompre leurs digues. Cependant il changea d'avis pour favoriser la trahison du doyen des maçons et résolut d'attaquer d'abord le château de Gavre. Ce fut le 16 juillet qu'il en forma le siége: avant de recommencer la guerre il avait envoyé le comte de Charolais auprès de sa mère, de crainte que le légitime héritier de ses Etats ne succombât dans quelque escarmouche sous les coups des Gantois, comme le grand bâtard de Bourgogne à Rupelmonde. Cette fois la duchesse de Bourgogne, tenant un langage tout opposé à celui qu'elle lui adressait avant la bataille de Basele, mit tout en œuvre pour le retenir; mais ce fut inutilement qu'elle allégua tour à tour les nécessités politiques et la volonté du duc; le comte de Charolais ne voulut rien écouter; il répondit à la duchesse Isabelle qu'il valait mieux que les Etats dont sa naissance lui assurait l'héritage le perdissent jeune que de leur conserver un prince sans courage et sans honneur, et sans tarder plus longtemps, il retourna près de son père.

Les Gantois, accourant pleins d'alarmes sur leurs remparts, entendaient depuis quatre jours les détonations de l'artillerie bourguignonne. Les bourgeois ne quittaient plus les armes, et le 22 juillet on avait inutilement percé toutes les digues qui environnaient la ville, dans l'espoir que les inondations de l'Escaut forceraient le duc à s'éloigner. L'inquiétude devenait de plus en plus vive, et les historiens du temps ont soin de remarquer que la nuit s'était écoulée triste et sombre quand aux premiers rayons du jour le capitaine de Gavre se présenta aux portes de la ville. Aussitôt entouré d'une multitude agitée qui se pressait pour l'interroger, il s'empressa de raconter qu'il s'était laissé descendre du haut des créneaux du château de Gavre dans les fossés qu'il avait franchis à la nage, et il venait lui-même, disait-il, réclamer les secours qu'on lui avait promis. Les discours d'Arnould Vander Speeten respiraient l'ardeur la plus belliqueuse: il se vantait d'avoir traversé, l'épée à la main, tout le camp de Philippe, et prétendait que l'armée bourguignonne était si affaiblie et si peu nombreuse que jamais occasion plus favorable ne s'était offerte pour l'anéantir.

L'un des capitaines anglais, Jean Fox, appuya ces paroles. Arnould Vander Speeten atteignit aisément le but qu'il se proposait; l'enthousiasme populaire demanda à grands cris le combat, et la cloche du beffroi en donna le signal à toute la cité. Tandis que l'on se hâtait de charger sur des chariots les canons et les vivres, les échevins, se plaçant sous les bannières de la commune et des métiers, appelaient à les suivre tous les bourgeois en état de porter les armes depuis l'âge de vingt ans jusqu'à celui de soixante. Les vieillards eux-mêmes offraient à leurs fils l'exemple du zèle et du dévouement, et les femmes se pressaient dans les rues pour exhorter leurs maris à bien combattre.

C'était ainsi que, sous les auspices perfides des discours du doyen des maçons, les habitants d'une grande cité se préparaient à confier leurs destinées et celles de toute la Flandre communale aux chances douteuses d'une bataille. Trente-six ou quarante mille bourgeois avaient quitté les murs de Gand. Il formaient deux armées. L'une, composée des hommes les plus braves et les plus vigoureux, et précédée d'une avant-garde d'archers anglais et de bourgeois à cheval, commandée par Jean de Nevele et le bâtard de Blanc-Estrain, s'avança rapidement vers Merlebeke et de là vers Vurste, par la route la plus directe qui conduisît à Gavre. L'autre, plus nombreuse, s'était dirigée vers Lemberghe, où la rejoignirent les milices communales accourues du pays de Waes. Sa marche était plus lente, car elle avait avec elle une artillerie considérable où tous les canons portaient le nom des métiers, qui en avaient payé le prix par des contributions volontaires afin de remplacer les *veuglaires* perdus au siége d'Audenarde et à la bataille de Basele.

Déjà Jean de Nevele descendait des hauteurs de Semmersaeke. Jean Fox se tenait à côté de lui à la tête des archers anglais. Dès qu'il aperçut les chevaucheurs bourguignons de Simon de Lalaing, il frappa son cheval de l'éperon et galopa vers eux en faisant signe de la main qu'on le protégeât: «Je vous amène, dit-il, les Gantois comme je vous l'avais promis, faites-moi conduire vers le duc de Bourgogne, car je suis son serviteur et de son parti.» Cette défection eût pu éclairer les Gantois sur la sincérité des hommes qui les avaient entraînés au combat: ils n'y virent, dans leur indignation, que la honte de quelques traîtres qu'il fallait chercher pour les punir au milieu même des rangs ennemis, et, se précipitant en avant avec une ardeur irrésistible qu'encourageait l'exemple du bâtard de Blanc-Estrain, ils culbutèrent devant eux les archers de Jacques de Luxembourg, les hommes d'armes allemands du comte de Lutzelstein et les cent lances du sire de Beauchamp. Des ravins bordés de haies épaisses leur permettaient de s'approcher sans obstacle du camp de Philippe, rempli de munitions et d'approvisionnements; mais Simon de Lalaing parvint, en multipliant les escarmouches et par un mouvement simulé de retraite, à les attirer du côté opposé, et les Gantois de Jean de Nevele, arrivés à l'extrémité des bois qui les environnaient, aperçurent, au moment où ils se croyaient déjà vainqueurs, l'armée du duc de Bourgogne qui s'était hâtée de s'éloigner des bords de l'Escaut pour occuper une forte position sur les hauteurs de Gavre; ils découvrirent en même temps au delà de cette armée, à l'ombre des tours du château qu'ils venaient délivrer, de grandes potences couvertes des cadavres de leurs compagnons abandonnés par Arnould Vander Speeten, et de ceux de quelques Anglais que le duc Philippe avait fait pendre plus haut encore que les Gantois, pour les punir d'avoir été plus fidèles aux communes que leurs capitaines.

L'armée bourguignonne, qu'Arnould Vander Speeten avait dépeinte faible et réduite à quatre mille combattants, était aussi nombreuse que formidable. Divisée en trois corps principaux, elle comptait sous ses bannières tout ce que la chevalerie avait de noms fameux et d'illustres courages, tout ce que les bandes de *condottieri* formées dans les longues guerres de la France, de l'Angleterre et de l'Allemagne possédaient de passions avides et cruelles. Philippe voyait autour de lui, dans cette journée, Adolphe de Clèves, Jean de Coïmbre, le comte d'Etampes, les sires de Saveuse, de l'Isle-Adam, de Neufchâtel, de Toulongeon, de la Viefville, de Noyelle, de Noircarme, de Charny, de la Hovarderie, de Créquy, de Ligne, de Rougemont, de Montigny, de Harchies, de Miraumont, de Hautbourdin, de Crèvecœur, de Zuylen, de Goux, de Champdivers, de Fallerans, de Foucquesolle, de Grammont, de Jaucourt, d'Humières, de Guiche, de Beaumont, et une multitude d'autres chevaliers accourus non-seulement de ses Etats, mais de tous les royaumes de l'Europe. Jean de Croy s'était placé au milieu des nobles du Hainaut; ceux de l'Artois et de la Picardie entouraient le comte de Charolais; parmi ceux de Flandre, les chroniqueurs citent Adrien d'Haveskerke, Philippe Vilain, Josse Triest, Aymon de Grisperre, Adrien de Claerhout, Henri de Steenbeke, Louis de la Gruuthuse; mais le duc les avait relégués à l'arrière-garde, soit qu'il ne se confiât point assez complètement en eux, soit qu'ils se fussent eux-mêmes éloignés d'une lutte fratricide, dominés comme les chevaliers *leliaerts* à Roosebeke par le souvenir de leur origine, et ce sentiment invincible d'affection pour la patrie que la nature a gravé dans le cœur de tous les hommes, *naturali amore patriæ capti et originis potius quam militiæ memores.*

Philippe parcourait à cheval les rangs des siens. La haine et la vengeance animaient les discours qu'il adressa à ses barons, et quand il arriva près des Picards, il les exhorta également de la voix et du geste. «Combattez hardiment, leur disait-il; avant le coucher du soleil, vous serez tous riches.» C'était à peu près dans les mêmes termes que Guillaume le Conquérant haranguait quatre siècles plus tôt, les aventuriers normands auxquels son ambition avait promis les dépouilles de la nationalité anglo-saxonne.

Il eût été aisé à un observateur habile de reconnaître que la position des Gantois justifiait la confiance du duc de Bourgogne.

Le premier corps d'armée avait été entraîné trop loin à la poursuite des Bourguignons, et les difficultés du terrain jointes à la défection des Anglais avaient répandu le trouble et la confusion dans son ordre de bataille. Quoique ce fût sur ces milices que reposassent les plus grandes espérances de la Flandre, la témérité de leur premier succès ne leur permettrait plus de coopérer à un succès plus complet et plus décisif, et enlevait aux Gantois tout l'avantage du nombre, puisqu'il divisait leurs forces en présence d'ennemis qui leur opposaient toute la supériorité de leurs armes, de leur discipline et d'une longue expérience à la guerre.

Cependant le second corps était arrivé de Lemberghe et se déployait sur un terrain plus favorable, entre Gavre, Vurste et Bayghem: guidé par Thierri de Schoonbrouck, Jacques Meussone et d'autres chefs prudents et intrépides, protégé d'ailleurs par une redoutable artillerie et par une enceinte de chariots au milieu de laquelle brillait une forêt de piques, il se préparait à se défendre vaillamment et il suffisait qu'il arrêtât les Bourguignons dans leur dernière tentative pour que Gand et la Flandre fussent sauvées.

L'avant-garde du maréchal de Bourgogne, qui s'approchait, fut ébranlée par le feu des bombardes flamandes. Les archers du bâtard de Renty s'avancèrent aussitôt pour la soutenir et la lutte s'engagea. Trois fois les chevaliers bourguignons essayèrent de rompre les rangs des Gantois, trois fois ils furent repoussés; un écuyer du Hainaut, nommé Jean de la Guyselle, périt en cherchant à les suivre. D'autres chevaliers voulurent le venger et succombèrent à leur tour; là tombèrent Olivier de Lannoy, Jean de Poligny et plusieurs nobles serviteurs du duc de Bourgogne.

Le mouvement des assaillants avait échoué; ils reculaient déjà après deux heures d'une mêlée sanglante, et Philippe, qui suivait avec inquiétude les chances du combat, hésitait encore à y intervenir avec les chevaliers qui l'entouraient, quand une explosion effroyable se fit entendre au centre du bataillon carré que formaient les Gantois. Une mèche enflammée avait été lancée sur leurs tonneaux de poudre. Matthieu Vanden Kerckhove, qui commandait leur artillerie, avait été la première victime; on avait reconnu, au milieu d'un nuage de fumée, sa voix expirante qui répétait: «Fuyez! fuyez!» Ce cri qui se mêle à celui des mourants et des blessés, le désordre que les ravages de l'explosion répandent au sein des milices communales, étroitement serrées les unes près des autres, la destruction de toutes les munitions de leur artillerie, la perte d'un de leurs chefs les plus braves, tout tend à ébranler la résolution des Gantois. Ils abandonnent précipitamment leurs positions, et une retraite confuse succède à un combat acharné.

Philippe a remarqué la terreur de ses ennemis: il se porte en avant avec le comte de Charolais et Jacques de Luxembourg, et une longue acclamation retentit parmi les siens; c'est un hymne de victoire. «Notre-Dame et Bourgogne!» s'est écrié le duc: à sa voix toutes les bannières s'inclinent et passent à sa suite sur les cadavres qui couvrent la plaine.

Les Bourguignons, s'avançant rapidement vers Semmersaeke, rejetaient l'aile droite des Gantois dans les fondrières boisées qui s'étendent au nord de Gavre, et la séparaient de l'aile gauche qu'ils enfermaient entre les eaux profondes de l'Escaut et la ligne mobile de leurs archers. La situation des Gantois devenait à chaque moment plus affreuse. Jean de Nevele, le bâtard de Blanc-Estrain et quelques autres Gantois qui avaient des chevaux avec eux réussirent à traverser l'Escaut; mais la plupart de ceux qui les imitèrent trouvèrent la mort dans le fleuve. Le plus souvent le poids de leurs armures les entraînait au fond de l'eau, et ceux-là mêmes qui d'un bras plus vigoureux parvenaient à lutter contre le courant périssaient sous les traits que les archers picards leur décochaient de tous côtés. Quelques historiens racontent que leur sang rougit l'Escaut; selon d'autres, leurs cadavres formèrent une digue devant laquelle le fleuve se détourna comme par respect pour le malheur.

Huit cents ou mille Gantois s'étaient retranchés dans une prairie entourée d'un large fossé et bordée par une haie d'épines. Puisqu'ils ne devaient plus vivre pour voir leur patrie grande et libre, ils voulaient du moins que leur mort servît à sa gloire. On remarquait parmi eux des échevins, des *hooftmans*, des bourgeois appelés depuis longtemps à d'honorables fonctions par l'élection populaire: leur autorité ne leur donnait plus que le droit de mourir au premier rang; mais une dernière espérance était réservée à leur dévouement. Une résistance énergique pouvait, en suspendant la poursuite des vainqueurs, laisser à leurs amis le temps de fermer les portes de Gand et sauver leurs foyers des horreurs du pillage et de l'incendie.

Cependant, les chevaliers bourguignons, mettant pied à terre, rivalisent d'ardeur pour forcer l'asile des Gantois. Philippe les encourage par sa présence, et, n'écoutant que la colère qu'il ressent en voyant ses hommes d'armes arrêtés dans leurs attaques successives, il pousse lui-même son cheval au delà du fossé et se précipite au milieu des Gantois; mais il est aussitôt entouré, et son écuyer Bertrandon de la Broquière a à peine le temps d'élever son pennon en signe de détresse. Ce signal a été remarqué toutefois par le comte de Charolais: réunissant quelques hommes d'armes pour délivrer son père, il s'élance dans la mêlée; au même moment, un coup de pique l'atteint au pied, et les chevaliers qui l'accompagnent craignent de voir disparaître dans cette arène marécageuse toute la dynastie de Jean sans Peur, quand les archers, pénétrant dans le retranchement des Gantois, les contraignent à reculer. Déjà l'on dirige contre eux leurs propres pièces d'artillerie abandonnées sur le champ de bataille; l'issue de la lutte n'est plus douteuse, mais à chaque pas la vigueur de la résistance en retarde le dénoûment. «Certes, écrit le panetier du duc de Bourgogne qui dans cette journée combattait près de son maître, un Gantois de petit état fist ce jour tant d'armes et tant de vaillance, que si telle aventure estoit advenue à un homme de bien ou que je le sceusse nommer, je m'acquiteroye de porter honneur à son hardement.»

La tâche qu'a laissée incomplète le chroniqueur qui admirait, même chez les adversaires du duc de Bourgogne, un dévouement et un courage que rien ne pouvait intimider ni affaiblir, est celle que je m'efforce aujourd'hui de remplir à l'honneur de la mémoire de nos pères. Un chroniqueur catalan rapporte qu'il vit dans ses rêves apparaître un vénérable vieillard, vêtu de blanc, qui lui dit: «Je suis le génie de l'histoire; compose un livre des grandes choses que tu as apprises.» Moins heureux que ce chroniqueur, je n'ai vu que l'image de la patrie assise sur une tombe, les pieds meurtris, le sein déchiré, le front chargé de poussière, demandant en vain aux témoins de sa décadence présente les pompeux récits de sa grandeur passée. C'est à sa voix que j'ai entrepris ce long et pénible pèlerinage de l'histoire qui, ressuscitant la mort et peuplant le néant, rebâtit à son gré, dans la solitude, les grandes cités et les foyers heureux des nations prospères. Je l'ai suivi, par l'étude attentive des sources écrites, depuis la tente vagabonde du *flaming* jusqu'au comptoir du marchand de la Hanse, du château de Robert de Commines à Durham jusqu'aux remparts de Lisbonne et de Bénévent, jusqu'aux tours de Byzance et de Jérusalem; puis, lorsqu'aux palmes des guerres lointaines succédait la paix intérieure, fécondée par les merveilles de l'industrie, je l'ai continué pas à pas avec l'ardeur du voyageur et de l'antiquaire sur la terre natale de ces illustres représentants des communes dont j'avais à peindre les vertus ou les exploits, dans les lieux où ils naquirent, luttèrent et moururent. Tantôt, dans l'enceinte désolée des cités reines de la triade flamande, mon regard, trompé par mes souvenirs, rendait au marché du Vendredi, à Gand, tout son peuple transporté par l'éloquence d'Yoens et d'Ackerman, aux faubourgs d'Ypres leurs innombrables métiers, aux rues de Bruges ces somptueux ornements d'orfévrerie que leurs habitants prodiguaient pour flatter les ducs de Bourgogne, tandis qu'ils eussent pu leur montrer comme un plus noble gage de fidélité la pauvre maison où Louis de Male avait trouvé un asile; tantôt, au sein d'une riche campagne ou bien au milieu des bois et des bruyères, j'allais tour à tour sonder la fondrière couverte de roseaux qui fut le ruisseau de Groeninghe, et me reposer à Azincourt sur les débris du manoir que remarqua Henri V, ou à Guinegate sous l'orme de Bayard, retrouvant au Beverhoutsveld le camp de Philippe d'Artevelde victorieux, à Roosebeke le ravin étroit où il périt vaincu et fugitif; mais jamais mon émotion ne fut plus vive qu'au moment où l'on me fit voir aux bords de l'Escaut le théâtre de l'extermination des huit cents Gantois qui arrêtèrent toute l'armée victorieuse du duc de Bourgogne. Vues de là, les collines de Semmersaeke, par un bizarre rapprochement, rappellent assez exactement les hauteurs de Roosebeke lorsqu'on les découvre du Keyaerts-Berg. Le rideau des haies et des arbres me cachait Gavre et le vallon où le combat s'engagea, mais je découvrais derrière moi les clochers de Gand. Ainsi les derniers défenseurs de la liberté flamande aperçurent de leur dernier asile la fumée du toit paternel; ce spectacle put contribuer à soutenir leur énergie dans le combat, et leur œil mourant salua sans doute les remparts qu'ils ne devaient plus revoir. Les habitants de Gavre et de Semmersaeke conservent pieusement ces traditions d'un autre temps; ils donnent encore au pré de 1453, en souvenir du combat dont il fut le théâtre, le nom de *Roode zee* (mer rouge), presque synonyme de celui du *Bloedmeersch* de 1302. Que de flots de sang ont coulé entre ces deux prairies!

Vingt mille Gantois avaient succombé à la bataille de Gavre; trois cents à peine furent faits prisonniers et le duc ordonna qu'on les mît à mort. Cependant, quand il laissa s'abaisser ses regards sur cette plaine jonchée de morts et sur ce fleuve dont les ondes ensanglantées ne charriaient que des cadavres, il ne put s'empêcher de s'écrier: «Quel que soit le vainqueur, je perds beaucoup, car c'est mon peuple qui a péri,»—«et là, ajoute Chastelain, fust la première fois qu'il avoit eu pitié des Gantois.» Pitié douteuse après le combat et les supplices, surtout lorsqu'on voit Philippe l'oublier aussitôt pour conduire les siens de l'extermination du champ de bataille à l'assaut de Gand, c'est-à-dire au sac et au pillage; mais il fallait chercher un guide qui enseignât le chemin le plus facile. On s'empara d'un laboureur, on le menaça, on le contraignit à marcher le premier à l'avant-garde; il obéit, et exécutant son dessein au péril de ses jours, il ramena l'armée bourguignonne, par des routes détournées, au camp qu'elle occupait la veille. «Comment, s'écria Philippe, je entendois qu'on me menast droit à Gand et on m'amaine en mon logis!» Le guide avait disparu: noble trait de courage qui sauva Gand et confirma les espérances que d'autres défenseurs de la Flandre avaient payées de leur sang en mourant pour retarder l'issue du combat.

Déjà d'épaisses troupes de fuyards se pressant en désordre avaient paru devant Gand: on leur avait fermé les portes de crainte que les Picards ne pénétrassent avec eux dans la ville; mais les femmes éplorées, assemblées sur les remparts, cherchaient à reconnaître parmi eux un père, un époux ou un fils, et les interrogeaient de loin sur les désastres de cette journée. Il n'y avait point de famille qui n'eût été frappée dans ses affections les plus chères, point de maison qui n'eût son deuil. Huit échevins de Gand étaient morts les armes à la main; deux cents moines accourus au combat, à l'exemple du frère lai de Ter Doest, qui s'illustra à la bataille de Courtray, n'avaient pas reparu; ils gisaient à Gavre dans leurs robes de bure au milieu des cottes d'armes ensanglantées. Pendant toute la nuit des gémissements lamentables retentirent à Gand dans toutes les rues, et l'effroi s'accrut le lendemain à l'aspect des hommes d'armes bourguignons: l'on se préparait à repousser leurs tentatives hostiles lorsqu'on distingua au milieu d'eux Gauvain Quiéret et le roi d'armes de Flandre, porteurs d'un message pacifique.

Le duc de Bourgogne avait, le soir même de la bataille, réuni son conseil: le sire de Créquy et les chevaliers les plus sages insistèrent pour que l'on offrît la paix aux Gantois, telle qu'on l'avait proposée à leurs députés aux conférences de Lille: ils représentèrent sans doute que Gand pouvait se relever et venger ses pertes ou tout au moins en réparer les malheurs; que le siége d'une si grande cité présentait toujours, par les difficultés qui en étaient inséparables, des chances incertaines de succès; que cette guerre pouvait d'ailleurs être troublée par des complications extérieures, soit par de nouveaux bouleversements en Angleterre où les communes favorisaient les communes flamandes, soit par les triomphes des Français en Guyenne qui permettraient à Charles VII de prendre ouvertement leur parti. Philippe adopta cet avis et fit apposer son sceau sur des lettres où il engageait les Gantois à traiter sous la protection d'un sauf-conduit.

Une suspension d'armes avait été conclue: elle devait durer jusqu'au 25 juillet à midi. Dès le point du jour, l'assemblée du peuple fut convoquée. Le bâtard de Blanc-Estrain et les compagnons de la Verte-Tente se rangèrent du côté de ceux qui voulaient continuer la guerre; mais la plupart des bourgeois jugeaient que le moment était arrivé de fermer les plaies de ces longues guerres civiles. On racontait d'ailleurs que, par exception à une sentence commune, quelques-uns des plus notables bourgeois de Gand, tombés au pouvoir des Picards, avaient été épargnés, parce que les Picards en attendaient de riches rançons: rejeter toute négociation, c'était les condamner à la mort.

Parmi les députés de Gand, on remarquait l'abbé de Tronchiennes, le prieur des Chartreux, Baudouin de Fosseux, religieux de Saint-Bavon, Jean Rym, Simon Borluut et Antoine Sersanders. Ce fut en vain qu'ils s'adressèrent au comte de Charolais pour que l'on adoucît les conditions de la paix. Ils ne pouvaient guère espérer qu'on modifiât, après leurs revers, les propositions qui leur avaient été faites au temps de leur puissance, et on se contenta de leur répondre «que seurement on ne leur changeroit ung *a* pour ung *b*.»

Le traité de Gavre fut conclu le lendemain.

Il portait que le doyen des métiers et le doyen des tisserands n'auraient plus de part à l'élection des échevins;

Que les usages qui réglaient la concession du droit de bourgeoisie seraient abrogés;

Que les sentences de bannissement ne pourraient être prononcées par les échevins qu'avec l'intervention du bailli du duc;

Que les échevins de Gand ne pourraient plus faire publier des édits, ordonnances ou statuts sans l'autorisation du bailli, et qu'il ne leur serait plus permis dorénavant de placer leurs titres au haut des lettres qu'ils écriraient aux officiers du duc;

Que les Gantois livreraient leurs bannières au duc «en signe de la réparacion de l'offense que ceulx de Gand ont commise en eslevant et portant contre luy icelles bannières;»

Qu'ils supprimeraient les chaperons blancs établis «soubz couleur d'exécuter leurs sentences et commandements;»

Qu'ils ne connaîtraient plus des appels interjetés dans le pays des Quatre-Métiers, dans le pays de Waes ou dans les châtellenies d'Alost, d'Audenarde et de Courtray;

Qu'ils payeraient une amende de deux cent mille ridders d'or et cinquante mille ridders pour relever les croix et les églises;

Que les *hooftmans*, les échevins et les doyens, accompagnés de deux mille bourgeois de Gand, feraient amende honorable au duc «à demie lieue hors d'icelle ville, à tel jour qu'il plaira à mondit seigneur ordonner et déclarer, à savoir les dix *hoofmans* tous nudz en leurs chemises et petits draps, et tous les autres deschaus et nues testes, et tous se mettront à genoulx devant mondit seigneur, et eulx estans en l'estat dessus dit, diront, *en langage françois*, que faulsement et mauvaisement et comme rebelles et désobéissans, et en entreprenant grandement à l'encontre de mondit seigneur et de son autorité et seigneurie, il se sont mis sus en armes, ont créé *hooftmans* et couru sus à mondit seigneur et ses gens; qu'ilz s'en repentent et en requièrent en toute humilité mercy et pardon à mondit seigneur. Et ce fait, tous ensemble et à une voix crieront mercy.»

On y lisait de plus que les portes de la ville par lesquelles les Gantois étaient sortis pour attaquer Audenarde seraient fermées le jeudi de chaque semaine, et que celle qui s'ouvrit à leur armée se préparant à combattre le duc lui-même à Rupelmonde serait «murée et à toujours comdempnée.»

Pour reproduire toute la physionomie de ce traité, il faut y ajouter cette phrase latine de Jean de Schoonhove qui dressa l'acte public de la soumission des Gantois: *Acta fuerunt hæc in campis in exercitu prope castrum de Gavre in domuncula portabili illustrissimi domini ducis.* Le notaire s'inquiétait peu de l'élégance du style dans la rédaction de ce parchemin où le duc de Bourgogne pouvait imprimer pour sceau la pointe sanglante de son épée.

Cependant, quelle que soit la forme de la soumission, toujours si humble dans les usages, quoique les mœurs fussent si fières, il faut remarquer dans ce traité une tendance à donner sur plusieurs points satisfaction aux réclamations des Gantois.

Leurs priviléges furent maintenus par une charte spéciale où le duc déclara vouloir «qu'ils restassent entiers en leurs franchises.»

La liberté des personnes fut garantie, et Gand ne déposa les armes qu'en trouvant dans la paix même une protection suffisante pour les capitaines et les magistrats qui avaient combattu pour ses droits.

Il fut aussi expressément entendu que si le bailli refusait de soutenir les échevins dans l'exercice de la justice, ou cherchait à étendre son autorité criminelle et civile au delà des termes du privilége de Gui de Dampierre du 8 avril 1296 (v. st.), il serait privé de son office, et de plus «puni et corrigé selon l'exigence du cas.» Les bourgeois de Gand devaient continuer à ne relever que du jugement de leurs échevins, s'ils commettaient quelque délit «hors franches villes de loy,» c'est-à-dire dans un lieu où leur manqueraient les garanties protectrices des institutions communales.

Enfin le duc de Bourgogne abandonna, quoiqu'il eût été vainqueur, le projet de rétablir la gabelle du sel, cet impôt odieux qui avait été la source de toutes les divisions, et l'un de ses premiers actes, après la pacification de Gand, fut de faire enfermer au château de Rupelmonde Pierre Baudins, dont les intrigues avaient profité de ces discordes pour allumer la guerre.

Ajoutons qu'en 1454 le duc remit aux Gantois une partie de l'amende qui leur avait été imposée, et qu'en 1456 il leur accorda quelques nouveaux priviléges afin que le retour de leur prospérité les consolât de leur abaissement et de leur humiliation. Moins généreux à l'égard des villes qui étaient restées étrangères à l'insurrection, il avait résolu, à l'exemple de Louis de Male après la bataille de Roosebeke, de les obliger à venir remettre entre ses mains toutes leurs anciennes chartes de priviléges, pour qu'elles fussent revues et scellées de nouveau: leur fidélité lui avait uniquement appris qu'il n'avait rien à redouter de leur puissance.

Deux jours après son triomphe, le 25 juillet 1453, le duc de Bourgogne en avait adressé, de son camp de Gavre, une pompeuse relation au roi de France: «Lesquelles choses, disait-il en terminant, je vous signifie, pour ce que je sçay de certain que serez bien joieux desdites nouvelles et de la grâce que Dieu m'a fait présentement.» Cette lettre parvint à Charles VII le 9 août; la nouvelle du combat de Castillon, où Talbot avait péri, ne le consola peut-être pas du résultat de la bataille de Gavre: la soumission de la Guyenne était désormais inutile à l'accomplissement de ses desseins sur la Flandre.

Il ne restait plus à Philippe qu'à recevoir solennellement «en sa grâce» ces bourgeois de Gand qui l'avaient en 1443 retenu captif pendant quelques jours. Le 30 juillet, vers midi, à Ledeberg, assez près de la porte Saint-Liévin, il se plaça au milieu de son armée rangée en ordre de bataille: il était lui-même armé de toutes pièces, et montait le cheval qui avait été blessé sous lui dans le pré de Semmersaeke. Le maréchal de Bourgogne conduisit successivement près du duc les magistrats et les bourgeois de Gand, les uns «en leurs chemises et petits draps,» les autres vêtus de deuil, sans ceinture et sans chaperon. Baudouin de Fosseux, moine de Saint-Bavon, prit la parole en leur nom et demanda, par trois fois, merci pour le peuple de Gand. Philippe répondit en français: «Soyez-nous doresnavant bons sujets, nous vous serons bon et loyal seigneur.» Puis, sans entrer à Gand, il reprit la route d'Audenarde. On portait devant lui, comme des trophées de sa victoire, les bannières des métiers qu'il s'était fait remettre, et ce fut par son ordre qu'on les déposa, partie à Notre-Dame de Halle, partie à Notre-Dame de Boulogne. Depuis ce jour, dans les fréquents pèlerinages qui se dirigèrent de Gand vers ces sanctuaires vénérés, les souvenirs de la patrie puissante et libre se mêlèrent à toutes les prières, se retrouvèrent dans tous les vœux.

L'année 1453 fut la plus triste du quinzième siècle; elle vit aux deux extrémités de l'Europe le triomphe de la force sur la civilisation, représentée ici par les traditions expirantes des lettres, là par les progrès sans cesse croissants de l'industrie et des arts. Les Ottomans de Mahomet II envahissaient Constantinople, héritière d'Athènes et de Rome, au moment où les Picards de Philippe effrayaient par leurs violences ce peuple et ces cités que l'éloquent historiographe de la maison de Bourgogne appelle lui-même «très-grave peuple, et villes de grant pollicie, lesquelz il convient régir «en justice et en droit.»

Milton Keynes UK
Ingram Content Group UK Ltd.
UKHW011140220424
441551UK00007B/705